호텔프런트오피스 객실실무

신형섭 저 _

Hotel Front Office & Room Practice

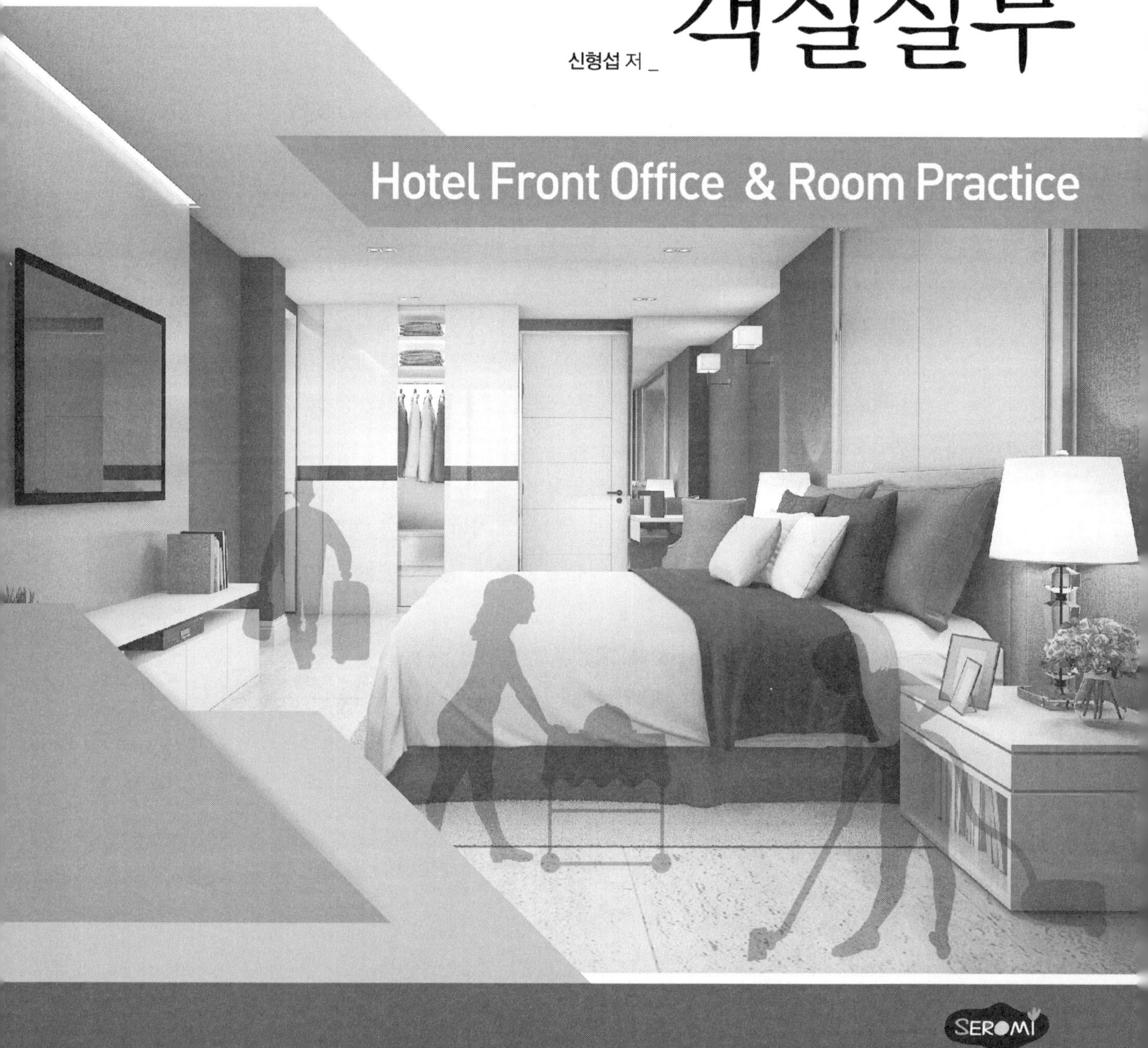

SEROMI

머리말

호텔사업은 미래의 성장산업으로써 수출산업보다 외화가득률이나 고용효과 면에서 월등하기 때문에 국가전략사업으로 육성 발전시키고 있다. 따라서 광범위한 국민경제성장과 국민소비성향의 변화에 따라 고객의 욕구도 다양화·개성화되어 가고 있고 호텔산업의 급격한 변화에 비해 호텔의 수준인식이나 개념적 이론지침이 미흡한 실정이다. 따라서 오늘날 호텔은 단순하게 식사를 제공하는 시설보다 고객에게 숙박을 제공하여야 하는 등 광범위한 기능도 가지고 있다.

그러므로 호텔 F&O 프런트 객실 부문에 기초 서비스 이론부터 포괄적으로 기술하여 호텔 객실의 이론 및 실무적인 흐름과 학생들이 현장에 접근할 수 있도록 알기 쉽게 저술하였고 호텔 산업분야에 관심을 갖고 있는 모든 사람들에게 관련된 새로운 정보를 습득하고 현장실무능력을 배양하는 데 가장 효과적인 호텔 프런트 오피스의 객실실무 지침서가 되길 바란다.

따라서 본서는 호텔, 관광분야를 전공하는 학생 및 실무자에게 구체적이며 이론과 실무를 접목하여 호텔 객실 분야의 이론적이 체계를 명확히 제시하고 현장 서비스 실무를 바탕으로 본서의 내용을 다음과 같이 전개하였다.

제1부 호텔 객실부문의 기초 개념과 일반적인 내용을 다루었으며,
제2부 호텔 프런트 서비스 업무의 실무적 개요를 파악하였다.
제3부 호텔 유니폼 서비스 업무의 실무적 개요
제4부 호텔 하우스키핑에 관련된 실무적 업무
제5부 객실안전관리 보안 시스템 서비스 실무
제6부 객실판매촉진 실무에 대하여 실제를 다루었다.

본서가 호텔 프런트 객실 분야의 이론과 실무적 자료를 토대로 과거의 실무적 경험과 강의를 바탕으로 저술하려고 노력하였으나 부족한 점이 있음을 밝히는 바이다.

따라서 본서는 호텔 프런트 객실 부문의 실무에 관련된 연구의 토대이므로 동기적 부여의 지침서가 되길 바란다.

끝으로, 본서가 출판되기까지 물심양면으로 지도와 격려를 아끼지 않은 관계자 여러분들과 자료를 제공하여주신 호텔 프런트객실 담당자와 자료정리를 도와준 제자에게 감사드리며, 본서가 결실을 맺도록 허락하여 주신 새로미 편집부를 비롯하여 원고 교정작업에 최선을 다해주신 직원 여러분께 감사드립니다.

저자 씀

Chapter 01 호텔 객실의 이해

Chapter 02 호텔 프런트 오피스 서비스의 실무

Chapter 04 하우스키핑(Housekeeping) 서비스의 실무

Chapter 05 객실 안전관리 및 보안 시스템(Room Safety & Security System)

Chapter 06 객실 판매 촉진 실무

Chapter 07 각종 체크리스트 및 양식(Check List & Formats)

Chapter

01

호텔 프런트 객실 실무의 이해

호 텔 프 런 트 오 피 스 객 실 실 무 론

제1장 호텔 객실의 이해

01 호텔의 객실

현재의 호텔 이해는 편하고 안락함을 추구하며 고객에게 인간의 삶의 기본요소인 의, 식, 주 중 '식'과 '주'를 제공하고 또한 레크리에이션과 휴식의 기능을 접목시켜 고객에게 최대한의 서비스를 제공하는 것이다.

호텔의 어원은 라틴어의 Hospitale에서 시작하여 현대의 병원을 뜻하는 Hospital이 생성되고 Hostel, Inn, Hotel의 용어로 변천되어 오늘날의 숙박시설을 갖춘 Hotel로 발전하였다. 따라서 웹스터 사전에서 그 뜻을 찾아보면 호텔은 'A place of shelter and rest for travelers'.—여행자의 숙박과 휴식을 위한 장소—, 'A building or institution providing Lodging, Meals, and service for the public'. —숙박과 식사 및 서비스를 일반 대중에게 제공하는 시설 혹은 건물 그 자체— 라고 한다. 이렇듯 어원에서도 알 수 있듯이 호텔의 기본은 숙박이다. 숙박을 함으로써 식사도 하는 것이고 식사를 함으로써 여흥 또한 즐기는 것이다. 오늘날에는 식음료 부문에서도 큰 수익과 주가를 올리고 있지만 호텔에서의 주 기능은 숙박이며 가장 중요한 부문임은 틀림없다.

따라서 호텔 경영의 존재 목적은 가정의 확대라는 개념 하에 갖게 되고, 이는 호텔경영 전반을 일관하는 철학을 제공한다. 따라서 호텔은 고객의 기본적 욕구와 기대를 만족시켜야 한다. 깨끗하고 안락한 분위기가 연출되는 객실 및 식음료, 예의바르고 격조 높은 서비스 수준, 안전성과 신뢰성, 잘 정돈된 실내 및 시설물 등이 이에 속한다. 또한 호텔은 경영자의 철학을 반영하여야 하고 직원이 고객과 경영자나 관리자 간의 기대에 부응할 수 있도록 중간 매개체 역할을 하여야 한다.

02 객실의 개념

호텔의 가장 기본적인 기능은 고객에게 식사와 객실을 제공하는 것이며 숙박은 가장 대표적인 상품이다.

호텔 객실 매출은 호텔 수익의 가장 큰 단일 소득원이며, 다른 모든 서비스의 매출을 합한 것보다 이윤이 더 많다.

따라서 호텔 객실의 기본적인 개념을 살펴보면 객실(guest room)은 글자 그대로 손님을 위한 방이다. 사전적 의미의 객실은 '손님을 거처(일정한 자리를 잡고 살거나 숙박함)하게 하거나 접대하는 방', 그리고 '여객선, 여객기, 열차 등에서 손님이 타는 방'으로 설명되고 있다. 이와 같이 객실이라는 단어는 여객선이나 여객기, 열차 등에서도 사용되고 있지만, 전자의 정의가 호텔객실의 설명에 가깝다고 볼 수 있겠으며, 후자의 정의는 호텔의 객실과는 달리 인간이 일정한 지점에서 다른 곳으로 이동하기 위한 수단으로 사용되는 객실인 것이다. 다시 말해 호텔의 객실은 숙박이 주목적인 반면에 여객선이나 여객기, 열차 등의 객실은 인간의 이동을 주목적으로 한다.

시사영어사의 'The Random House Dictionary Of The English Language'에서는 객실을 '고객들의 숙박을 위한 방'으로 설명하고 있으며, 또한 방을 '건축물이나 구조물의 내부에 다른 부분들로부터 칸막이를 하거나 벽으로 분리시킨 공간의 일부'라고 설명하고 있다.

결론적으로, 같은 맥락으로 현대적 의미의 호텔의 객실은 식음료, 연회, 집회, 문화, 레저, 스포츠, 쇼핑, 오락, 비즈니스 등의 기능과 고급의 인적 서비스 기능을 갖고 있는 영리사업체가 고객에게 편안한 휴식과 조용하고 안락한 잠자리 장소로 제공하는 건축물 공간의 일부라고 말할 수가 있다.

03 객실의 구성요소

호텔 객실의 숙박 기능의 구성요소는 시설과 서비스, 이미지, 가격으로 분류할 수 있다. 객실상품에서 시설은 객실상품의 외형으로 관광자의 취향에 맞는 미관, 장비, 청결성 등의 다목적 활용성과 안전성, 편리성, 쾌적성과 함께 관광자의 사생활을 보호할 수 있어야 하며 인간이면 누구나 건전하고 좋은 시설과 쾌적한 분위기 속에서 인간다운 생활을 할 권리를 가지기 때문에 시설에서 최우선적으로 할 것은 위생과 청결 및 안전성이다.

객실서비스는 근본적으로 무형적인 것이므로 관광객을 위해 견본을 제시하는 것이 불가능하다. 그러나 서비스의 형태가 객실의 이미지와 직접적인 관련이 있어야 하며 서비스의 수준과 신속, 정확한 서비스 및 개인적인 친근감, 친절성이 객실상품의 질을 결정한다.

숙박 기능의 주요 구성요소

❶ 호텔 숙박등록 : 객실판매, 고객계정, 우편 및 기타 고객서비스

❷ 유니폼 서비스 : 호텔 도착 및 호텔 출발 고객 서비스 제공
고객정보 서비스와 고객 편의 제공
기타 유니폼 서비스

❸ 호텔 하우스키핑 : 고객 객실 정비 및 정돈
공공 구역의 정비 및 정돈
기타 하우스키핑 서비스

04 객실의 중요성

호텔상품은 대별하여 객실상품과 식음료상품 및 인적 서비스 상품으로 나눌 수 있다. 호텔의 규모나 등급은 객실의 면적과 객실의 수에 따라 결정되고, 호텔의 수익은 객실상품이 주라고 할 수 있으므로 호텔의 객실판매수와 객실매출액의 대소로 결정된다.

객실판매로 인한 객실이익은 그 자체만의 수익으로 그치는 것이 아니라 호텔경영 이익 전반에 영향을 미친다. 그러므로 레스토랑의 식음료 판매와 부대사업장의 수익발생은 숙박객의 증대에 따라 수익도 높아짐을 나타내고 있어 숙박 고객이 많으면 그만큼 호텔에서는 고객의 부대시설 이용도가 높아져 영업수익이 향상되기 때문에 호텔에서는 객실 수익의 승수방법을 주요한 호텔 경영책으로 삼고 있다.

최근 호텔의 객실변화추세는 크게 두 가지로 나눌 수 있는데 첫째, 융통성을 고려하는 객실이다. 최근 호텔들은 스위트 룸을 일반객실 두 개로 만들어 판매할 수 있는 객실구조가 보편화되고 있다. 즉 스위트 룸의 응접실에도 욕실을 설비하고 침대를 별도로 준비해 두었다가 일반객실이 부족할 경우 응접실에 침대를 넣고 Connection Door를 닫아 Standard Room으로 만들어 판매가 가능하도록 하는 것이다

두 번째는 공간의 효율적 활용을 도모한 객실 등이 있다. 현대 호텔을 이용하는 고객들은 객실공간의 넓은 것을 선호하므로 객실공간을 최대한 효율적으로 활용하고 있다. 즉 화장대와 Writing Table을 겸용으로 한다든지 TV와 냉장고를 벽속으로 넣을 수 있도록 설비하는 것 등으로 고객의 니즈(needs)를 만족시키며 각자의 개성으로 경쟁하고 있다.

따라서 호텔경영에는 객실의 점유율이 중요시되고 있으며 객실경영의 손익분기점도 객실점유율 여하에 따라서 결정된다. 관광호텔의 적정한 객실점유율을 위한 호텔관리의 중요한 기능의 하나가 판매관리이다. 따라서 경영관리자는 판매관리와 경영분석에 관한 지식과 실무 경험을 필요로 한다. 또한, 숙박객이 많으면 그만큼 호텔에서는 부대시설의 이용도가 높아지고 영업수익이 향상되기 때문에 호텔에서는 객실 수익의 증대방법을 중요한 호텔경영정책으로 삼고 있다.

객실 수익의 승수방법은 객실 수, 점유율, 실제 평균 객실요금(객실수익의 구성요소)을 각각 최고로 하여 객실 수익을 증대하는 것이다. 객실 수익에 영향을 주는 것은 객

실의 청결함과 종사원의 훌륭한 서비스 정신이다. 객실이 정비와 정돈이 되지 않고 종사원이 자기가 맡은바 임무를 충실히 해내지 못하면 고객의 불만을 초래할 뿐만 아니라 객실수익에 지대한 영향을 미치게 된다. 만일 불결한 객실이나 서비스가 좋지 않은 호텔을 고객이 이용하였다고 가정했을 때 호텔은 그 순간에는 수익이 발생될지 모르나 재 수익의 기회는 잃을 것이다. 객실수익은 자체의 원가면에서 볼 때 건물의 건축비 또는 객실운영에 대한 고정비가 객실 판매에 좌우됨이 없이 거의 고정성을 지닌 고정비의 비중이 큰 관계로 객실이 판매되지 않은 경우에 객실 부문의 수익률은 이중으로 저하하게 된다.

05 객실 상품의 특성

호텔의 상품은 객실이 주 상품이라고 할 수 있는데 호텔의 수익성은 판매객실 수와 객실판매금액의 영향을 많이 받는다.

또한, 호텔경영에서 객실부문의 비용은 객실판매 여부와 관계없이 지급되므로 판매되지 않는 빈 객실은 호텔에 손실이 된다.

객실이란 상품은 보관할 수 없으며 판매에 있어서 신축성도 없다.

호텔의 객실상품은 유형적인 것과 무형적인 것까지 포함해서 관광자의 욕구에 맞도록 제공될 수 있는 물적·인적 종합 시스템적 상품으로 구성되어 있다. 즉 객실상품은 물적 자원에 속한 상품과 시설상품의 유형재로써의 관광자에게 제공하는 기본적인 상품이다. 인적 자원으로서의 서비스상품은 호텔종사원의 인적서비스를 상품화한 것이다.

객실상품의 상품적인 가치는 물적 자원의 상품과 인적서비스 상품의 단순한 구성만으로 성립되는 것이 아니며 관광자에게 전달될 수 있는 종합 시스템적 서비스가 첨부되어야만 완전한 하나의 상품이 된다.

객실상품이 물체로 나타나는 것은 제반시설과 식·음료, 가구 등의 효용가치 및 인적인 것의 3대 기능으로 나눌 수 있다. 이러한 물적 기능, 시스템적 기능, 인적기능은 객실상품의 상품적 요소에 따라 달라진다.

호텔상품으로서의 객실의 특성은 식음료, 기념품 등과 같은 유형적인 상품과는 달리 무형적인 상품으로 종사원의 인적 서비스가 포함되어 하나의 상품으로 판매되는 것이다. 일반적으로 객실부문의 상품구매력은 공공기관의 밀도, 경제발전 정도에 따른 각종 기업체 활동규모의 수준, 무역거래환경, 관광대상 및 기타 수요창출요인들에 의해 결정된다. 즉 객실상품의 특성을 일반상품과는 달리 예약에 의해 판매되는 상품이며 비신축성·비보관성 등의 특성을 갖고 있으며 금일 판매하지 못하면 내일의 판매가 불가능한 시간적·공간적 제약을 가지고 있다.

현대호텔의 대부분은 객실상품을 호텔이 갖고 있는 주요수입원의 하나로서 인식하여 호텔이 지향하는 성격과 목적에 따라 객실의 규모와 유형을 다양하게 갖추고 있다. 이는 객실상품을 이용하는 숙박객이 많으면 많을수록 부대시설의 이용도가 높아지고 그에 따라 수익이 향상되기 때문에 대부분의 호텔에서는 객실의 수익증대를 호텔경영의 주된 목표로 삼고 있기 때문이다.

호텔의 객실상품은 계절별, 월별, 주별, 요일에 따라 수용의 변동이 심하고 보관할 수 없으며, 판매에 있어서 신축성도 없다. 또한 호텔경영의 단위와 척도로서 객실의 면적과 개수에 따라 호텔의 규모가 결정되며, 그 당일에 판매되지 않으면 다시는 팔수가 없는 시한성 상품이므로 수용객실을 초과하는 판매를 할 수도 있다. 즉 객실은 장소적·시간적·양적제약을 받으며 그 상품의 가치를 유형적으로 저장할 수 없는 성질을 지니고 있어, 상품의 장소적 이전도 불가능하다.

호텔 객실상품의 경영성과는 손익분기점과 객실 판매수와 객실점유율 및 객실 평균단가를 기준으로 결정된다. 이에 성수기와 비수기가 뚜렷한 계절적 상품이며 일정 수준을 넘을 수 없는 한계성이라는 객실상품의 특성이 존재하기에 비수기에는 다양한 패키지 상품을 개발하여 객실점유율을 높이는 방법을 간구할 수 있다. 또한 성수기에는 공표에 의한 요금정책을 실시하여 평균객실단가를 높임으로서 수익을 극대화하려고 노력한다.

일반적으로 객실부문의 상품구매력은 공공기관의 밀도, 경제발전 정도에 따른 각종 기업체 활동 규모와 수준, 무역거래환경, 관광대상 및 기타 수요 창출요인들에 의해 결정된다. 즉 객실상품의 특성을 일반상품과는 달리 예약에 의해 판매되는 상품이며 비신축성·비보관성 등의 특성을 갖고 있으며 금일 판매하지 못하면 내일의 판매가 불가능한 시간적·공간적 제약을 받는 상품이다. 객실상품이 일반상품과 다른 점은 비 재고상품이라는 것이다. 일반상품은 금일 판매되지 않더라도 재고로 남게 되어서 금일 이후에도 판매가 가능하며 이동판매가 가능하다. 즉 판매장소의 이동이 가능하다는 것이며 예약 없이도 판매가 가능하다는 것이 차이점이다.

반면 객실상품은 금일 판매하지 못하면 재고로 남지 않는다. 또한 객실상품은 예약에 의한 판매이기 때문에 예약시점에서 예약이 거절되면 판매가 거의 불가능하다.

현대호텔의 대부분은 객실상품을 호텔이 갖고 있는 주요수입원의 하나로서 인식하여 호텔이 지향하는 성격과 목적에 따라 객실의 규모와 유형을 다양하게 갖추고 있다.

이는 객실상품을 이용하는 숙박객이 많으면 많을수록 부대시설의 이용도가 높아지고 그에 따라 수익이 향상되기 때문에 대부분의 호텔에서는 객실의 수익증대를 호텔경영의 주된 목표로 삼고 있기 때문이다.

호텔 객실의 일반적인 특징 외에 최근의 객실상품의 공통적인 특성을 나열하면 다음과 같다.

첫째, 객실형의 균일화이다. 객실판매관리의 합성을 제고시킬 목적으로 객실상품을 표준화하거나 규격화하고 있다. 즉 호텔의 싱글 룸이나 트윈 룸 등의 객실을 같은 형태의 침대, 가구, 집기가 사용되고 요금도 동일한 객실일 경우에는 균일하게 책정하며 객실의 색상도 통일성 있게 단일화되고 디자인도 동일하게 하여 자재의 대량구입과 대량생산에서 발생하는 원가의 절감과 대량판매를 유도할 수 있는 계기를 제공한다.

둘째, 객실의 융통성이다.

특정한 객실을 한 가지의 목적으로 판매하는 것이 아니고 여러 가지 목적으로 사용할 수 있도록 객실의 형태를 다양화하는 것이다.

이러한 결과 한 개의 객실상품이 1일 1회 판매 이외에 시간판매를 최대화함으로써 숙박의 목적 외에 사업상의 목적 등으로 이용할 수 있도록 객실을 다양화 한 것이다.

셋째, 객실용적의 농축화이다. 호텔의 객실은 막대한 자본이 소요되는 특성을 가지고 있는 상품이기 때문에 객실공간을 최대한 활용하여야 객실판매의 목적을 달성할 수 있다. 하나의 객실을 주간에는 사무실로, 야간에는 침실로 이용할 수 있도록 한다.

이를 위해 다용도의 집기를 배치하고 남는 공간을 최소화하고 각층간의 간격도 최소화하여 에너지 절감을 꾀하고 있다.

넷째, 객실형태의 적합한 배합이다. 호텔의 객실은 시장의 상황을 고려하여 도심의 호텔과 휴양지의 호텔에 따라 상이하게 배치한다.

즉 관광자의 여행목적을 고려하여 객실형태를 달리한다.

다섯째, 객실설비의 고급화이다. 객실의 표준화와 규격화가 진행됨에 따라 타 호텔 특히 호텔의 용구는 다른 상품에 비하여 내구연한이 짧아 자주 교체하여야 하며 유행에 민감한 고급의 소재를 사용해야 한다.

여섯째, 객실내에 식·음료를 배치하여(미니빠 등) 객실 내에서 관광자의 구매를 촉진하고 있다.

이러한 판매는 무인판매의 형태로 호텔의 매출액에 많은 영향을 주고 있다.

객실상품은 일반적으로 다음과 같은 특성을 가지고 있다.

(1) 무형성(Intanguibility)

무형의 상품이기 때문에 저장할 수 없으며 특허와 같은 법적제도를 통해 보호받을 수 없고 그 객실 서비스 상품의 내용을 미리 보여주거나 알려 줄 수도 없으며 견본을 제시할 수 없다.

(2) 동시성 (Inseparability)

생산과 소비가 동시에 이루어지기 때문에 분리하여 생각할 수 없다. 그러므로 관광자의 입장에서 객실 서비스상품을 소비하기 위해서는 생산현장에 직접 와야 하고 동시에 생산에 참여하지 않을 수 없게 된다. 따라서 객실 서비스 상품의 대량생산은 어려운 일이다.

(3) 이질성(Heterogeneity)

많은 이질적인 요소들이 모여 하나의 객실 상품을 구성하다보니 객실 서비스상품을 표준화한다거나 전체상품을 질을 관리하기가 매우 어렵다.

(4) 소멸성(Perishability)

객실 서비스상품은 재고가 있을 수 없다. 그러므로 당일 사용하지 못한 객실 상품을 저장했다가 사용한다는 것은 있을 수 없다.

표1-1 객실상품의 특성

특성	세부적용
재고의 소멸성	저장 및 이동 불가능, 시한성 상품(당일판매 못 할시 가치 소멸)
요금체계의 다양성	동일 객실을 이용하더라도 고객, 숙박기간, 시간, 계약조건, 이용횟수 등에 따라 차등적용
높은 고정비용과 낮은 변동비용	초기 투자비용은 높으나 판매 시 원가비용은 낮음
격한 계절적 수요의 변동	계절별, 월별, 주별, 요일별 수요의 변동이 높고 비수기 성수기에 따른 요금정책이 적용(비수기-할인, 성수기-평균객실단기 높임)
공간의 효율성	객실을 표준화 규격화하여 고객의 다양한 수요를 맞출 수 있음(휴식공간, 사무공간, 위락공간 등)

06 객실의 구성

호텔 객실 구성이 편안하고 안락한 장소가 되려면 육체적으로나 심리적으로 밀착하는 실내로 구성되어져야 한다. 따라서 객실은 기능적 요소와 감상적 요소를 모두 갖춘 객실 구성을 갖추어 투숙객의 편의 증진을 도모해야 한다.

1) 물리적 요인(기능적 요인)

관광객의 호텔 객실 생활의 쾌적함을 높이는 기능성과 심미성에 입각하여 볼 때, 그 기본은 실용적으로 접근 방법이 필요하다.

(1) 인간 척도

객실 실내의 질과 분위기는 인간에 대한 척도의 관련성에 의해 가장 명확하게 결정되고 기능적인 면에서 실내의 가구 치수 및 배열이 중요하며 심리적인 면에서는 가구와 공간, 공간의 볼륨을 들 수 있다.

(2) 객실의 가구

튼튼하고 파손되지 않는 재질과 디테일, 쾌적한 디자인이 요구되며 가구의 돌출부분은 둥글게 하여 안전과 가구자체의 보전에도 주의가 필요하다. 가구의 형태·재질·색조는 객실에 개성미를 느끼게 하고 가구의 선정과 배열은 신중을 기해야 한다.

(3) 천장의 높이

이용목적에는 높은 천장을 갖는 공간보다 오히려 친밀한 스케일의 공간이 적당하지만 너무 낮은 천장은 심리적 압박감을 주게 되므로 합리적인 계획이 필요하다.

(4) 환기

사용자의 생리작용에 의한 공기성분의 변화와 실내 활동에 의해서 생기는 오염된 공기를 실외로 내보내기 위한 공기의 순환 교체를 의미한다.

(5) 온도

인간의 건강과도 깊은 관계가 있으며 심리적인 면에도 영향을 미친다. 연중무휴로 24시간 운영의 냉·난방이 필요한데 숙박객 자신이 조절할 수 있는 휀코일유니트 방식과 인적션 방식 및 가변풍량 방식이 주류로 되어있다.

(6) 방음

소음에 시달리지 않고 편안한 휴식과 수면을 할 수 있어야 하며 내부의 이야기가 밖으로 새어 나가지 않도록 하는 것이 매우 중요한 조건이다. 객실을 보호하기 위해서는 외벽, 창, 칸막이, 출입문, 설비기계 등의 요인으로 대응하는 방음대책이 필요하다.

2) 심리적 요인(감상적 요인)

실내의 공간은 객실의 목적과 기능과 아름다움을 모두 갖춰야 하므로 객실 디자인을 계획하는 사람은 자신이 제작에 이용하려는 각각의 색채, 재료 등 모든 배합에 있어서 진정한 창작과정을 밟아 수립해야 한다.

07 객실의 기능

호텔은 크게 공공부분, 숙박부분, 식음부분 세 가지로 나눌 수 있다. 그 중에서 객실은 숙박부분에 속하며 이것은 호텔의 기능 중에서 가장 중요한 역할이라 할 수 있다. 호텔에서 객실은 주요 수입원이며 호텔이 지향하는 성격과 목적에 따라 객실의 유형을 다양하게 갖추면서 경영에 중요한 역할을 담당하고 있다.

호텔 객실은 문화적 욕구 및 관광에 대한 주체적, 객체적 동기가 자극이 되어 체재지의 숙박기능을 담당하는 주거기능으로써 관광객의 체재지 효용증진에 크게 기여하고 있으며, 주거기능으로 갖추어야 할 안정성, 쾌적성, 청결성, 편리성, 프라이버시 보호, 정숙 등을 기본 조건으로 하여야 한다. 이것은 객실의 사용목적에 맞도록 물리적면이나 심리적면에 만족할 수 있도록 쾌적한 기능이어야 함을 의미하는 것이다.

또한 객실의 기능은 숙박객의 생활을 중심으로 기능 구분하면 주거기능, 수납기능, 위생기능으로 객실 이용 및 인적서비스 제공을 기능상 다양한 종류의 객실로 구분할 수 있으며, 문화기능, 비즈니스기능 등 다양한 기능에 최고급의 인적 서비스를 제공한다.

호텔객실은 문화적 욕구 및 관광에 대한 주체적, 객체적 동기가 자극이 되어 거주지에서 관광목적지로 이동하는 과정에서 체재지의 숙박기능을 담당하는 주거기능으로써, 관광객의 체재지 효용증진에 크게 기여하고 있다. 따라서 객실의 실내기능은 객실이용객에게 자기 가정과 같은 안락한 휴식처가 되어야 하므로 주거기능이 갖추어야 할 안정성, 쾌적성, 청결성, 편리성, 사생활 보고, 정숙 등을 기본조건으로 하여야 한다. 이것은 객실의 사용목적에 맞도록 물리적인 면이나 심리적인 면에 만족할 수 있도록 쾌적한 기능이어야 함을 의미하는 것이다.

표1-2 객실 이용객 생활중심의 기능

공간분류	기능	관련시설물
주거기능	취침과 휴식의 공간으로 관광자에게 안전하고 쾌적한 휴식과 수면의 제공으로 가장 중요한 기능	침대, 나이트 테이블, 커튼 등
문화기능	거실의 기능으로 다목적 공간으로 독서,TV시청, 음악 감상, 업무, 대화 등 활동 공간	TV, 오디오, DVD, 잡지, 소파
위생기능	생리적 행위를 위한 공간으로 배수, 세면, 목욕 등의 활용 공간	샤워부스, 욕조, 변기, 세면시, 화장대 등
비즈니스기능	비즈니스를 위한 사무공간으로서 현대 객실환경의 주요 요인으로 활용	사무용책상, 컴퓨터, 팩스, 전화, PDA, 스탠드 등
수납기능	일정한 양의 관광자 수화물을 보관할 수 있는 공간으로 휴면공간과 자유공간에 침해를 주지 않는 범위에서 활용	Luggage chair, 옷장, 가구 등

08 객실의 공간적 요소

호텔은 일반적으로 가정을 떠난 가정으로 안락한 분위기와 정성어린 서비스가 제공되고 여행 중 심신의 피로를 풀고 생활의 여러 활력을 줄 수 있는 시간적·공간적 여건을 충분히 갖춰야 한다.

최근에 와서는 호텔은 단지 수면과 휴식을 위한 숙박, 식·음료, 모임, 대화, 사교장소를 제공하는 연회, 국제회의, 국제협약, 화상회의를 제공하는 서비스산업이라는 인식에서 벗어나 대·소회의 등을 제공하는 집회, 교육, 예술, 패션, 공에, 학습, 전시회 등의 문화 행사장, 즐거움, 단련, 놀이, 휴식 등의 레저·스포츠, 쇼핑, 상담, 거래, 정보통신, 생활정보수집 등의 상업 공간, 법적으로 허용되는 지역의 카지노, 게임 룸 등 도박, 클리닉, 헬스, 미용, 이용, 사우나, 수영 등의 건강관리, 국제전화, 전보, 인터넷, 팩스, 항공, 렌터카, 호텔 등의 예약, 관광에 관한 안내업무 그리고 지역사회의 정치, 경제, 사회, 문화, 예술, 커뮤니케이션 등 다양한 문화 및 경제적인 기능을 수행하는 복합공간이다. 호텔은 크게 공공부분, 숙박부분, 식음부분, 휘트니스센터(F/C)부분 4가지로 나눌 수 있다. 그중에서 객실은 숙박부분에 속하며 이것을 호텔의 기능 중에서 가장 중요한 역할이라 할 수 있다. 호텔에서 객실은 주요 수입원이며 호텔이 지향하는 성격과 목적에 따라 객실의 유형을 다양하게 갖추면서 경영에 중요한 역할을 담당하고 있다.

호텔객실은 문화적 욕구 및 관광에 대한 주체적, 객체적 동기가 자극이 되어 거주지에서 관광목적지로 이동하는 과정에서 체재지의 숙박기능을 감당하는 주거공간으로써 관광객의 체재지 효용증진에 크게 기여하고 있다.

따라서 객실의 실내공간은 객실이용객에게 자기 가정과 같은 안락한 휴식처가 되어야 하므로 주거공간의 갖추어야 할 안정성, 쾌적성, 청결성, 편리성, 프라이버시 보호, 정숙 등을 기본조건으로 하여야 한다. 이것은 객실의 사용목적에 맞도록 물리적인 면이나 심리적인 면에 만족할 수 있도록 쾌적한 공간이여야 함을 의미하는 것이다.

객실상품은 공간적인 측면에서 휴식공간·자유공간·생활공간·사무공간·수화물공간으로써 다양한 공간적인 특성을 가지고 있다.

또한 호텔의 객실상품은 관광객의 욕구를 주체적·객체적 동기가 자극시켜 정주지에서 관광지로 이동하는 과정에서 숙박기능을 담당하고 있는 주거공간으로써의 역할을 수행하고 있다.

그리고 최근에 와서는 객실의 질을 높이기 위하여 침식· 휴식공간 이외에 비즈니스 기능을 첨가한 이그젝큐티브 플로어서비스(Executive floor service),를 통하여 신속한 메시지 전달 등의 서비스안전에 관한 기능, 금연층의 지정 등 다양한 욕구를 충족시킬 수 있도록 하여야 한다.

객실은 쾌적함과 개성을 필요로 하며 필요에 따라서 변화를 주어 호텔의 특성을 살려야 하는데 객실의 기능을 숙박객 삶의 공간별 생활중심으로 살펴보면 다음과 같이 나눌 수 있다.

1) 휴식공간

침실의 기능으로써 취침과 휴식공간이다. 호텔의 주체는 객실이고 관광자에게 안전하고 쾌적한 휴식과 수면을 제공하는 가장 중요한 기능이 되며 취침기분을 좌우하는 침대는 객실의 설비물 중 가장 중요한 품목이 된다.

2) 자유공간

거실의 기능으로 다목적 공간이 된다. 즉 독서, TV시청, 음악 감상, 작업, 사무, 대화, 상담 등의 활동공간으로 이용되어 손님 접대로 외부와의 관계를 맺게 되는 공간이 된다.

3) 생활공간

배수설비를 핵심으로 하는 공간으로 배수, 세면, 목욕 등 생리적 행위를 위한 공간이다. 이와 같은 기능이 핵심이 되는 욕실에는 화장실과 세면장이 있다.

4) 사무공간

오늘날 객실환경의 주요요인으로써 기존의 관광과 여행의 단순한 숙박이 현대는 숙박보다는 비즈니스를 하는 사무공간으로써의 활용도가 확대되면서 현대의 호텔은 각각의 객실에 랜선, 컴퓨터, PDA, 휴대폰, 팩스 등 비즈니스 관광객의 이용 만족을 위하여 지속적으로 급격히 발전되고 있다.

5) 수화물공간

일정한 양의 관광자 수화물을 보관할 수 있는 공간이 반드시 필요하다. 휴면공간과 자유공간에 침해를 주지 않으며 관광객이 쉽게 이용할 수 있어야 한다.

표1-3 실의 공간별 시설물 및 고려사항

공간 분류	시설물	고려 사항
휴면공간	침대, 나이트, 테이블, 커튼	창에서 이격, 입구의 시야차단 조용한 공간
자유공간	TV, DVD, 잡지, 소파, 게임기	창문근처 이동 가능한 가구(movable furniture) 편안함, 쾌적함(comfort)
위생공간	욕실 (샤워부스, 욕조, 변기, 세면기)	소음의 외부유출 차단 쾌적한 공간
사무공간	사무용 책상, 컴퓨터, 랜선, 팩스, 전화(유/무선), PDA, 스탠드	독서와 사무에 맞는 조도 및 조명 일정한 채광 풍수지리에 의한 가구배치
수화물공간	수화물(Luggage chair, bag, closet, furniture 등)	출입문 쪽에 배치 충분한 공간의 확보

호 텔 프 런 트 오 피 스 객 실 실 무 론

제2장 호텔 프런트 객실 부문의 조직 구성

01 호텔 프런트객실 조직

호텔을 포함한 모든 조직은 목적을 수행하기 위해 정돈되고 체계화된 조직을 필요로 한다.

호텔은 대부분 하나 이상의 조직구성을 중심으로 경영조직의 형태를 나타내는데, 일반적으로 직위에 의한 조직, 기능 활용에 의한 조직, 고객과의 접촉 여부 및 수입, 비용에 따른 기능적 조직체계로 구성되어 구분할 수 있다.

1) 직위에 의한 조직

직위를 기준으로 구성된 조직은 호텔조직 내에서도 전통적 호텔조직 구조라고 할 수 있다. 이 구조는 조직의 상하관계를 나타내는 수직구조로써 많은 호텔들이 이행해 왔던 조직이다. 또한 전체적으로 호텔운영의 흐름을 파악하고 이해할 수 있다. 비교적 중·소규모의 호텔에서는 아직까지 사용하고 있다.

2) 기능 활용에 의한 조직

현재 많은 호텔들이 기능에 의한 조직체계로 구성되어 있으며, 객실부문, 식음료부문, 경영지원부문 등이 각 조직이다. 이 조직구성원 관리자가 담당하는 업무는 전문화되어 업무의 효율성 측면에서 매우 긍정적이라고 할 수 있다.

3) 고객과의 접촉 여부에 의한 조직

(1) 접객부서(Front of the House)

관광자와 직접적으로 접촉하는 호텔의 부서들로써 호텔에 입장하는 모든 관광자와 접하게 되는 최초의 부서이며 배웅을 담당하는 최종적 부서이다. 주요 기능으로는 관광객영접, 객실배정, 등록, 정산 등이 있다.

고객과의 접촉 여부에 따라 전방부문(Front of the house)과 후방부문(Back of the house)으로 나누어 질 수 있다. 전방부문은 호텔의 영업상 고객이 호텔에 투숙하는 기간 동안 고객과 직접적인 접촉을 하는 부서로서 프론트 데스크와 객실관리 및 식음료업장 등 대부분의 영업부문을 말한다.

(2) 후원부서(Back of the House)

관광자와의 접촉이 없고 관광자를 접객하는 부서의 업무를 지원해주는 부서들이며 특히 객실관리부서는 객실의 정비와 관리 등을 담당하여 항상 관광객에게 쾌적한 체류경험을 제공하는 것이 주된 임무이다.

후방부문은 고객과 거의 접촉이 발생하지 않는 부문을 가리키는데, 총무·인사, 회계, 조리 등으로 대부분 경영지원 부문이 이에 속한다.

* 고객에게 노출 정도 측면

◦ Front of the House : 객실부, 식음료부, 연회부, 부대업장(F/C),마케팅부 등

◦ Back of the House : 경리부, 시설부, 인사부, 조리부 등

4) 수입 및 지출발생에 의한 조직

(1) 수입창출부서(이익창출부서/Revenue center)

수입과 지출발생의 여부에 따라 수입창출부서(이익창출부서: Revenue center)와 비용발생부서(Cost Center)로 나눌 수 있다. 수입창출부서는 실제적인 호텔의 운영에 참여하여 이익을 발생시킬 수 있는 부서로서 고객에 대한 직접 서비스를 담당하는 역할을 하고 있다. 수입 창출부서는 고객과의 접촉을 자주 갖는 접객 부서로서 객실부, 식음료부, 연회부, 부대업장(F/C) 등이 이에 속한다.

(2) 비용발생부서(Cost center)

비용발생부서는 비수익부문으로 언급되는데, 고객과의 접촉이 거의 없고 접객서비스를 수반하지 않으며 비용만을 발생시키는 부서들이다. 비용부문은 그 자체가 스스로 영업을 하여 수익을 올리지는 않지만 수익부문의 서비스를 제공하고 영업을 잘할 수 있도록 지원하는 기능을 갖는다. 그 대표적인 부분은 기술, 광고, 경비, 회계부서이다.

또한 수익과 비용은 직접적으로 발생시키지 않지만 수익을 창출할 수 있게 지원하는 부서(Support Center)로는 객실관리부, 마케팅부, 관리부, 조리부 등이 있다.

(3) 분류 숫자에 의한 객실조직 분류

◦ 객실 부분 2대 분류 : 프론트, 하우스키핑
◦ 객실 부분 3대 분류 : 프론트, 하우스키핑, 현관(영접과 환송)
◦ 객실 부분 4대 분류 : 프론트, 하우스키핑, 현관(영접과 환송), 세탁서비스

프런트 객실부문의 조직

호텔에서 객실부는 고객 체제 중에 제공되는 서비스의 기능에 따라 아래와 같이 구분될 수 있다.

❶ Front Desk : 호텔에서 가장 중심부에 있는 부분이고 주로 로비에 위치하여 고객의 숙박등록, 객실지정, 퇴숙 절차를 담당한다.
❷ Telephone Switchboard : 호텔 내의 복잡한 커뮤니케이션의 네트워크를 권장한다. 보통 private branch exchange (PBX)를 사용하여 업무를 수행하는 이유에서 PBX Operator라고 부르기도 한다. 단순히 전화 응답하는 기능 이상으로 국제전화연결, Wake-up Call, 자동체계 감시, 비상연락망 관리 등을 수행한다.
❸ Reservation : 숙박객의 예약을 접수하고 진행시킨다.
정확한 예약 장부를 유지하여 고객의 숙박 고객에게 편의를 제공한다.
❹ Uniformed Service : 현관 부문을 담당하는 도어맨, 포터, 발렛, 벨맨, 컨시어지, 리무진 드라이버 등이 포함된다. 고객을 가장 많이 접하는 종사원으로서 고객의 체재기간 동안 최대한 고객의 편의를 제공한다.
❺ Business Center : 사업상 체재 중인 고객에게 각종 비즈니스 업무 등을 제공한다.

이러한 객실 조직을 표현하는 일반적인 방법이 조직표를 만드는 것으로 조직내 직무간의 연계성을 도식적으로 구성한다.

표1-4 대형호텔 객실부서의 조직표(500실 이상)

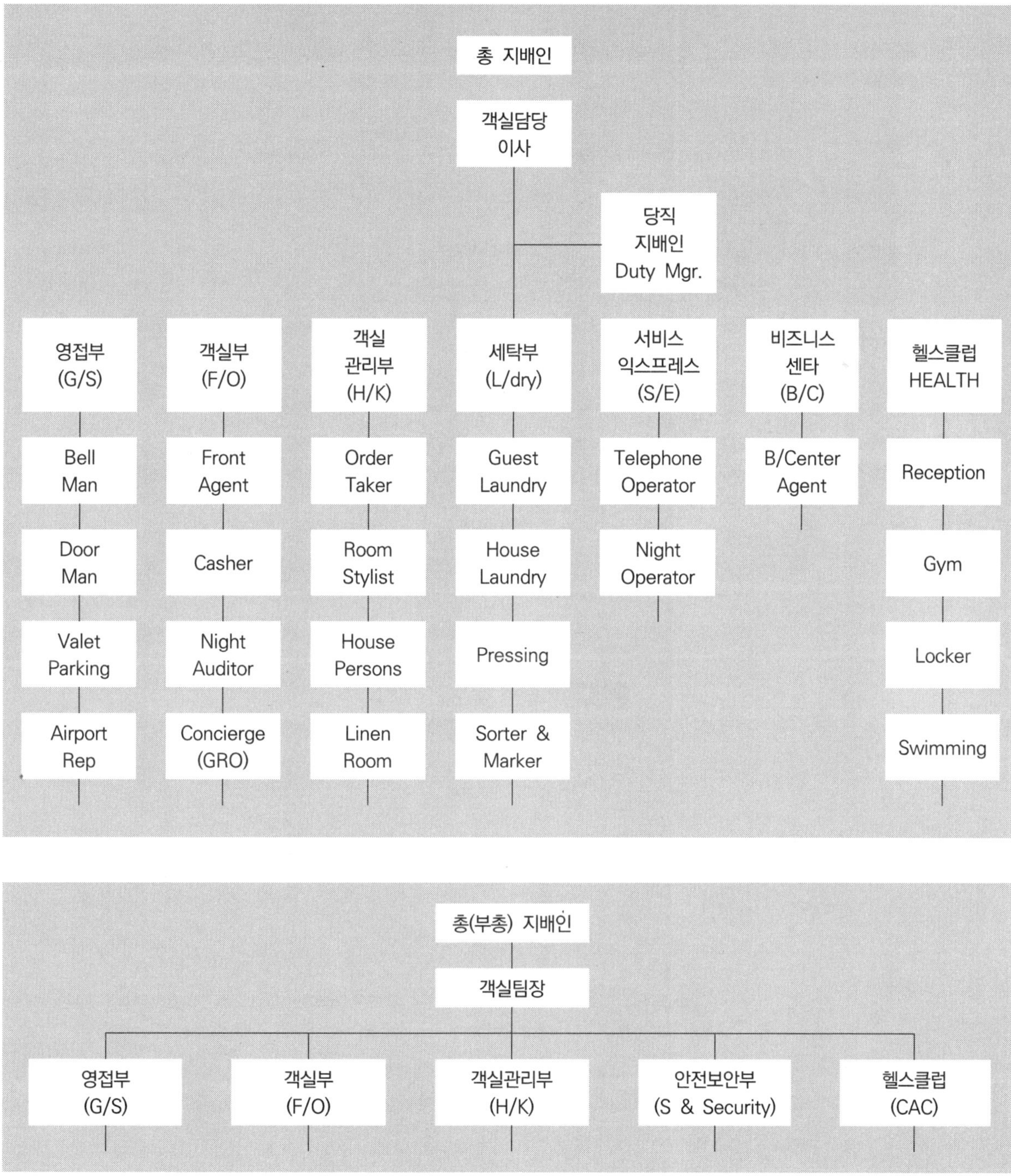

표1-5 소형호텔 객실부서의 조직표(500실 이하)

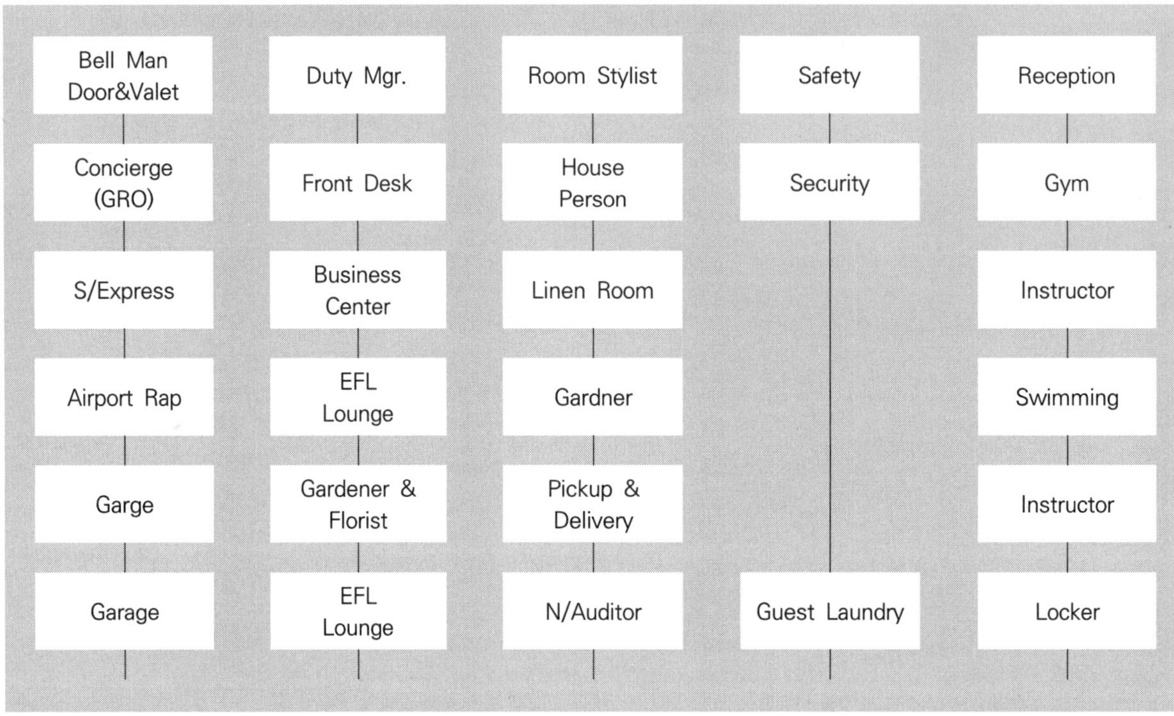

표1-6 객실 부문의 조직

02 프런트 부문의 조직과 직무

호텔 프런트는 호텔을 이용하는 모든 고객이 접하는 최초의 부서이며, 숙박과 퇴숙을 시키는 최후의 부서이다. 또 객실 예약, 객실 배정, 서비스, 퇴숙, 출납 등이 이루어지는 호텔의 얼굴인 동시에 모든 정보의 중심이 되는 장소이다. 객실부문 지배인을 중심으로 현관부문과 객실관리 부서로 나누어지고 현관 접객부서는 예약, 프런트 데스크, 유니폼 서비스, 전화 교환실 등으로 업무가 구분되어진다.

1) 객실부 팀장(Room Division Manager)

객실부의 최고의 직책을 가진 책임자이다.

(1) 객실상품의 생산과 판매에 대한 책임을 가지고 객실수입에 총력을 기울인다.

(2) 객실 내 타 부서와 상호 협력 관계를 유지시킨다.

(3) 현관부문의 모든 종사원들의 업무를 지휘·감독한다.

(4) 객실부문에 대한 충분한 지식이 있어야 하고 외국어에 능통하여 고객에게 안전과 편의를 제공해야 한다.

2) 프런트 지배인(Front Office Manager)

현관부문의 총 책임자이며 객실부 팀장을 보좌한다.

(1) 현관 부서의 책임자로서 외국어 구사능력을 겸비하는 양질의 서비스 자세를 갖는다.

(2) 객실 관리부서(Housekeeping)와 유기적인 업무관계를 유지한다.

(3) 현관부문 종사원의 업무를 지휘·감독한다.

(4) 고객에 대한 서비스와 객실판매에 최선을 다한다.

3) 프론트 데스크 클럭(Front Desk Clerk)

프런트 데스크(Front Desk)에서 가장 중요한 업무를 수행하는 종사원으로서 고객의 객실 배정을 담당한다.

(1) 체크 인(Check In), 체크아웃(Check Out) 업무 및 예약 업무를 담당한다.

(2) 유니폼 서비스 종사원의 일과 지시 및 감독을 한다.

(3) 객실 변경 업무를 한다.
(4) 룸 랙(Room rack) 관리 및 V. I. P의 보고를 담당한다.
(5) 숙박고객의 우편물 송달과 고객의 불편사항(Complaint)을 취급하고 처리한다.
(6) 고객에게 각종 안내와 정보를 제공한다.
(7) 타부서와 상호협력관계를 유지한다.

4) 레저베이션 클럭(Reservation Clerk)

근무지는 프론트 오피스(Front Office)이며 예약업무를 담당한다.
(1) 숙박 예약접수와 확약통보를 한다.
(2) 예약수단(구두, 전화, E-mail, 편지, 텔렉스, 팩스) 등을 최대한 활용하여 예약을 받는다.
(3) 예약신청자의 모든 기재사항을 철저히 기재하고 룸 클럭(Room Clerk)에게 인계를 확실히 한다.

5) 전화 교환원(PBX Operator)

호텔의 제반적인 모든 부분을 안내 서비스한다.
(1) 교환실 책임자의 지시에 따르며 전화, 전보 접수 업무를 수행한다.
(2) 시외 및 국제 통화 업무를 한다.
(3) 전화요금계산서 및 업무일지 작성을 한다.
(4) Wake-up Call을 관장·실행한다.
(5) 외부로부터 문의·안내를 한다.

6) 인포메이션 클럭(Information Clerk)

관광객 및 내방객의 호텔 안내 및 각종 정보를 제공한다.
(1) 호텔에 대해 물어보는 고객의 질문에 답하고 안내를 한다.
(2) 청결하고 단정한 복장을 착용하고 항상 호의적인 자세로 질문하는 고객에게 적극적인 자세를 취한다.
(3) 단체 숙박 고객으로 인한 룸 클럭(Room Clerk)의 업무를 협조한다.
(4) 타부서와 상호협력관계를 유지한다.

7) 야간당직(Night Clerk)

야간 근무만을 전문적으로 하는 직원으로 주로 밤 10~12시부터 다음날 7~9시까지 한다. 하지만 요즘은 대부분의 호텔의 룸 클럭이 교대로 나이트 클럭으로 근무하고 있다.

(1) 객실 열쇠 점검(Key Inventory)과 객실 판매 현황을 작성한다.
(2) 야간도착 고객의 체크 인(Late Check In)을 한다.
(3) 노 쇼우(No Show) 파악처리 및 취소(Cancellation)처리를 한다.
(4) 모닝 콜(Morning Call)의 접수·처리를 한다.
(5) 객실 영업 일보(Daily room report, Daily morning room report) 작성을 한다.
(6) 업무일지(Log book) 작성 및 메일, 메시지(Mail, message) 점검
(7) 다음날 출발예정자의 현황파악 작성 및 객실변경(Room Change)요구사항을 점검한다.
(8) 다음날 투숙객 객실 지정(Room assignment)업무 등을 한다.

03 유니폼 서비스의 조직과 직무

유니폼 서비스란 프런트 데스크와 접속되어 숙박 고객과 일반 호텔이용객들에게 기동성 있는 각종 서비스를 제공하는 곳이다. 그러므로 유니폼 서비스 업무란 도어맨(Door man), 포터(Porter), 벨맨(Bell man), 클로억(Cloak), 발렛서비스(Valet service), 컨시어지(Concierge)가 업무를 담당한다. 숙박 고객이나 호텔시설 이용객들의 안내, 화물운반 및 보관, 부대시설, 이용안내, 현관, 로비의 청결 및 질서 유지로 하며 고객의 요구를 도와 불편이 없도록 하는 제공하는 업무이다.

표1-7 유니폼 서비스의 조직도

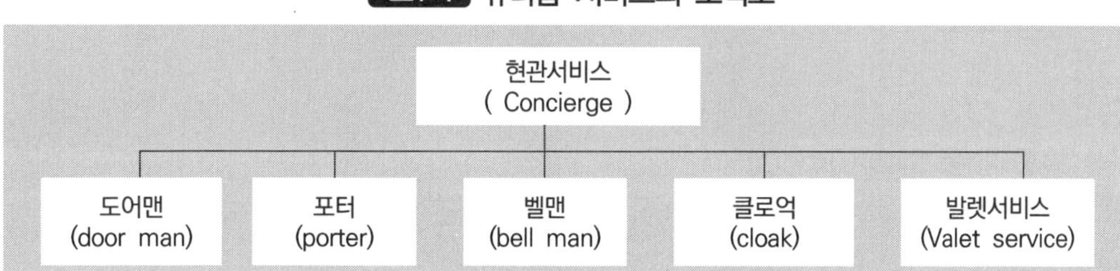

1) 도어맨(Door man)

호텔 현관입구의 총지휘자로서 특수한 복장으로 근무한다.

(1) 출입하는 고객을 영접하고 제 차량의 유도 및 주차 관리를 한다.

(2) 고객 출발 시 자동차 호출 및 수배업무를 한다.

(3) 교통질서 및 차량정리를 한다.

관광호텔 등급결정기준

차량 및 고객의 안전관리를 위하여 주차장내 보안시설(폐쇄회로 등)의 설치 및 운영상태, 주차면수의 도색상태, 주차장 주변 환경 정리상태, 조명상태, 소음상태 등을 철저히 관리해야 한다.

2) 벨맨(Bell man)

호텔 이용 고객에게 호텔 내·외의 관련 정보를 제공하여 보다 편리하게 호텔 이용이 가능하도록 하는 차별화된 서비스로 인식되도록 하여야 한다.

(1) 기동성 있는 서비스와 숙박객의 배정객실을 안내하는 역할을 한다.

(2) 각종 매세지 전달과 고객요구에 의한 안내 업무를 맡는다.

(3) 로비(Lobby)의 청결을 유지한다.

호텔정보 업데이트

고객이 자주 문의하는 Q&A 항목을 벨 사무실에 부착하여 고객 문의 시 바로 대응할 수 있도록 한다.(예를 들면 인근의 약국·병원 전화번호, 면세점·토산품 전문점 등의 쇼핑 정보, 관광· 문화 이벤트 정보와 관련된 전화번호 등은 수시로 업데이트 해야 한다.

3) 포터(Porter)

(1) 고객의 화물을 운반하며 예약고객의 도착을 위한 역, 공항, 항구까지 출현하여 호텔까지 안내 업무를 한다.

(2) 도어맨, 벨맨의 업무를 돕는다.

4) 클로억 룸(Cloak Room)

(1) 업장은 화물 보관소이고 고객의 대·소화물을 맡아 보관한다.

(2) 고객의 화물은 장, 단기로 구분하여 보관한다.

프론트 데스크 업무 시 현재 상황사례

(1) 고객이 체크-인을 마치고 객실에 들어왔을 때 객실 정비가 되어있지 않을 경우

부서장급 이상이 직접 고객에게 정중히 사과하고 신속히 이용이 가능한 객실 중 업그레이드(Upgrade)된 객실로 변경하여 제공하고 꽃바구니, 샴페인, 과일바구니, 조식권 등의 부가 서비스를 제공한다. 그리고 하우스키핑 부서에 연락하여 원인을 파악하고 신속히 객실정비 업무를 수행하여 객실 판매가 가능하도록 하며 재발 방지를 위한 커뮤니케이션 체계 점검 및 직원 교육을 실시한다.

(2) 고객이 예약한 객실 타입과 배정된 객실이 다를 경우

고객에게 정중히 사과하고 이용이 가능한 객실 중 고객이 예약했던 객실 타입과 동일한 객실이 있다면 신속히 변경하여 제공한다. 객실이 없을 경우에는 타 객실을 제공하되 요금 할인, 업그레이드(Upgrade) 등의 보상을 제공한다. 그리고 예약 부서와의 업무 전달 체계, 재발 방지를 위한 교육 등 원인 규명 및 사후 조치를 실행하고 확인한다.

(3) 예약 없이 만취한 고객이 투숙하고자 할 경우

① 동반한 보호자 유무를 확인한다.

- 보호자를 동반했을 경우에는 동반한 보호자에 의해 체크-인 절차를 수행하고 예약금(Deposit)을 수령한 후 투숙을 허용하며 동반한 보호자에게 타 고객에게 불편을 끼치지 않도록 주의를 당부한다.
- 보호자를 동반하지 않았을 경우에는 투숙 절차상 문제, 타 고객에 대한 배려 차원에서 정중히 투숙을 거절한다.

② 만취한 고객이 투숙 여부에 상관없이 심한 욕설이나 거친 행동을 보일 수 있으므로 담당 종사원들은 인내하는 것이 중요하며 절대 감정적인 대립을 하여서는 안 되고 타 고객들에게 불편을 끼치지 않도록 정중하고 침착하게 대처해야 한다.

(4) 환율 차이로 인해 요금 처리상 문제가 발생할 경우

우선, 고객이 예약할 때 요금 처리 규정 및 정확한 요금 안내가 이루어졌는지 확인한 후 정확히 공지된 상태라면 규정에 의해 처리한다. 불가피할 경우 고객에게 자세한 사유를 설명하며 양해를 구하나 가능한 한 고객의 입장에서 손실이 가지 않도록 처리한다. 예약금(Deposit)을 유치한 고객일 경우에는 남은 금액을 예약금 당시 환율로 계산하여 환불한다. 이러한 문제 발생 예방을 위해서는 항상 예약이나 체크-인을 할 때 요금 정보를 원화로 계산하여 제공하는 것이 좋다.

(5) 부서 간 커뮤니케이션 착오로 고객에게 불편을 끼쳤을 경우

고객에게 종사원의 실수에 의한 잘못임을 시인하고 정중히 사과한 후 신속히 고객 불편에 대한 조치를 취하며 경우에 따라 고객에게 적절한 보상을 제공한다. 그리고 이러한 잘못의 재발 방지를 위해 종사원에게 교육을 실시한다.

(6) 고객 전달물이 분실되었을 경우

우선, 고객에게 정중히 사과하고 분실된 전달물을 찾기 위한 최선의 노력을 약속한 후, 고객 전달물의 전달 과정을 확인, 점검하여 원인을 규명한다. 만약 찾지 못했을 경우 적절한 보상과 함께 다시 한번 정중히 사과하며 용서를 구한 후 다시는 이러한 문제가 재발하지 않도록 노력하겠다는 약속을 드린다. 그리고 종사원에게 책임감 및 사고의 전환을 심어줄 수 있는 교육을 실시한다.

(7) 체크-아웃 할 때 고객에게 과다 계산 처리하여 피해를 줄 경우

고객 등록카드상의 연락처로 전화, 편지, 이메일 등을 통해 이중 회계 처리되었음을 알리며 정중히 실수를 사과하고 용서를 구한다. 그리고 정정된 금액을 신용카드 결제 재처리, 우편환 발송, 통장 입금 등의 방법으로 신속히 환불해 드린다.

(8) 이중 예약을 받아 고객이 원하는 객실을 주지 못했을 경우

고객에게 먼저 정확하게 예약 받지 못한 점에 대하여 사과를 드린다. 가능하면 원하는 객실로 안내해 드리고 안내된 곳의 장점을 충분히 설명을 드린다. 이러한 상황이 발생하였을 때는 고객이 말하는 것을 끝까지 경청하는 것이 최선이며 고객의 말에 대하여 가능하면 고객이 옳다라는 기분이 들도록 한다. 다음에 예약할 때는 반드시 원하는 곳으로 준비해 드리겠다는 말도 잊지 않는다.

(9) 포스팅(Posting)을 잘못 했을 경우

잘못된 포스팅(Posting)으로 인해 고객으로부터 연락이 왔을 때에는 먼저 실수를 인정하고 고객에게 사과를 드린다. 그리고 잘못 포스팅한 것을 정정하고 고객에게 정정했다는 말과 함께 다시 한 번 사과를 드린다. 이럴 경우를 대비해서 늘 조심하며 신중을 기해야 한다. 잘못된 계산으로 인해 고객의 불평이 발생되면 호텔에 대한 신뢰와 믿음이 깨질 수 있다.

04 객실관리 부문의 조직과 직무

객실 재생산과 전 건물과 공공장소를 청결하고 안락하게, 그리고 효율적으로 유지·관리하기 위해 막대한 경비를 반복하는 것과 동시에 업무도 반복된다. 전 객실·공공장소·린넨류의 세탁과 공급, 장식품·가구류 등의 총괄적인 업무관리와 집행으로 호텔의 품위가 결정되기 때문에 하우스키핑의 인력구성 및 종사원의 자질 개선과 상호업무 협조체제, 효율적인 운영, 지원으로 호텔의 품위와 이미지를 고급화해야 한다.

객실관리부서는 객실의 재산관리·유지·정비·고객세탁물, 린넨업무, 유니폼업무, 청결관리 등 다방면의 임무를 갖고 있어, 상하관계 및 관련부서 업무체제 구축에 의한 신속·정확한 개개인의 업무의 완료와 보고로서 객실관리부서의 전 업무가 통제·수행되도록 하여야 한다.

표1-8 객실관리부 조직도

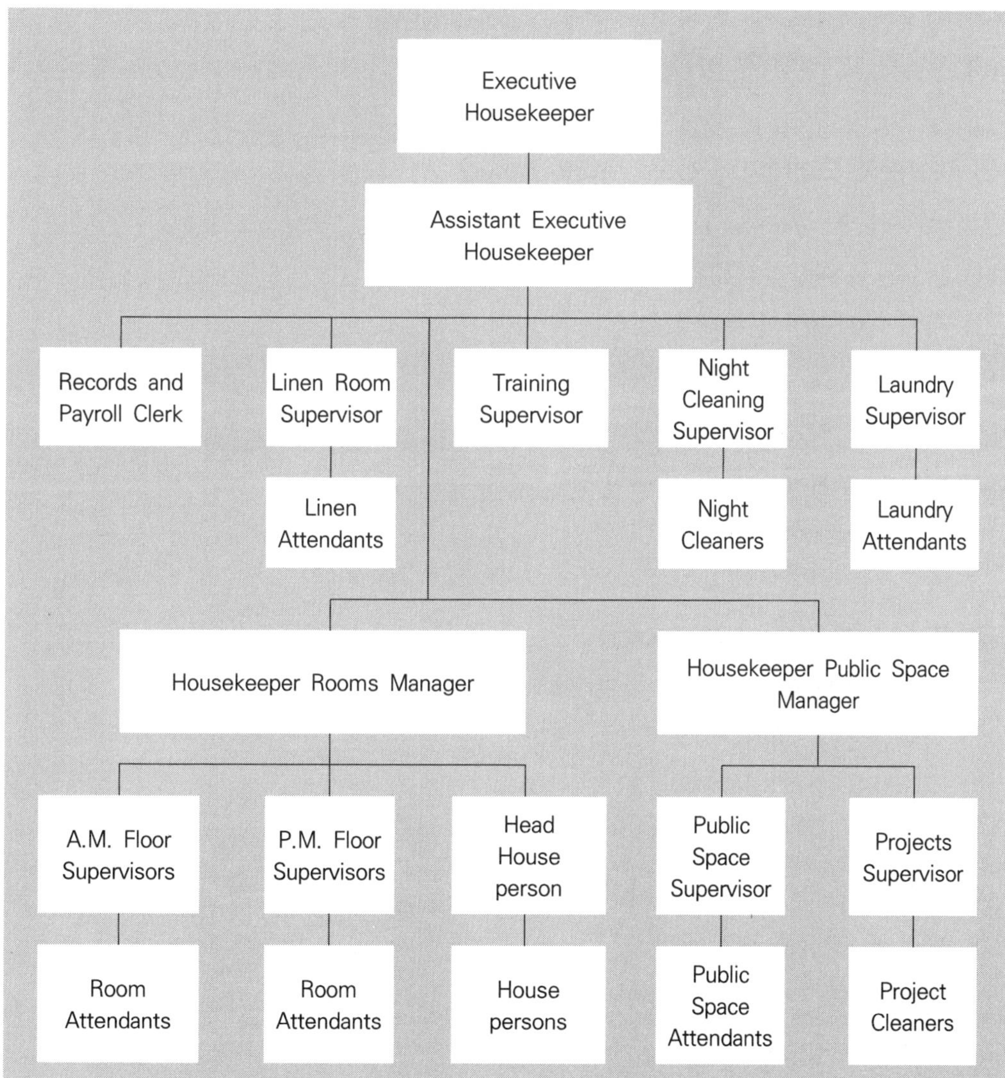

1) 객실관리 매니저(manager)

하우스 키핑 지배인으로서 House Keeping을 관리하는 업무로서 책임자이다.

(1) 근무태도 관리 및 업무지시를 확인한다.

(2) 객실에 관련 된 각종 문서를 검토 및 확인한다.

(3) 주문업무처리 및 확인을 한다.

(4) 객실용 비품 및 소모품 공급 업무의 책임이 있다.

(5) V. I. P 객실점검 및 확인을 한다.

(6) 세탁물 및 린넨 류 공급의 책임이 있다.

2) 객실관리 오더테이커(Room order Taker)

고객의 주문을 접수하고 처리하는 업무를 담당한다.

(1) 객실관리부문 종사원의 업무를 수행한다.

(2) 객실 종사원의 근무태도 점검을 한다.

(3) 숙박객 통계 및 각종 통계분석을 한다.

(4) 각종문서 취급 업무를 한다.

(5) 각 근무부서의 업무를 총괄한다.

(6) 주문업무를 지원한다.

3) 룸 인스펙터(Room inspector)

객실관리 지배인에게 보고를 하며 객실을 점검하는 업무이다.

(1) 객실점검 및 열쇠관리를 한다.

(2) 보수작업 접수 및 지시를 한다.

(3) 업무의뢰 및 통보를 한다.

(4) 분실물 및 습득물을 관리하고 처리한다.

(5) V. I. P 객실을 점검한다.

(6) 정비보수를 계획하고 실행한다.

4) 하우스 맨(House man)

객실 및 공공장소 정비, 청소, 물건을 옮기는 작업을 수행한다.

(1) 상품화되기 전 객실의 이상 유무를 점검한다.

(2) 룸 메이드의 근무상태를 체크한다.

(3) 객실점검보고서를 작성한다.

(4) 객실 소모품 보충관계를 점검한다.

(5) 공공장소의 청결 상태를 순회 점검한다.

(5) 룸 메이드(Room maid)

객실에 관련된 보고자는 룸 인스펙터이며 객실 정비 업무를 담당한다.

(1) 객실 열쇠 대출 및 상용관리 업무를 한다.

(2) 객실청소 및 침대를 꾸미고 정비 한다.

(3) 객실 상황보고 및 손님의 분실물을 습득하고 보고한다.

(4) 객실보수에 필요한 사항을 보고한다.

(5) 객실 소모품 확인 및 보충을 한다.

6) 린넨부(Linen)

객실에서 나오는 모든 린넨류를 담당한다.

(1) 객실에 필요한 일체의 비품 및 소모품을 공급한다.

(2) 객실판매현황에 따른 소유수량 분출 업무를 맡는다.

(3) 필요량의 예측과 수급량을 계획하고 수립한다.

(4) 객실부 및 현관부서와 유기적인 업무협조를 한다.

(5) 소모품 및 비품의 사용통계를 낸다.

(6) 청소장비와 사무용품의 공급을 한다.

(7) 종사원 유니폼 수선 및 세탁을 한다.

(8) 린넨 관계 업무의뢰를 한다.

7) 수선부(Perpendicular)

종사원의 제복 및 린넨류를 수선한다.

(1) 고객 세탁물의 수선을 한다.

(2) 호텔 린넨류를 수선한다.

(3) 종사원 유니폼을 수선한다.

(4) 기타 바느질을 요하는 업무를 맡는다.

8) 세탁부(Laundry)

호텔 객실관리부서의 고객의 세탁물 세탁과 호텔용 세탁을 원활하게 수행하는 역할을 한다.

(1) 세탁용 린넨류 및 섬유제품을 분류한다.

(2) 세탁관리와 세탁기계의 유지관리를 한다.

(3) 세탁실 종사원의 지휘감독 한다.

(4) 세탁실 청결 관리 감독하며 드라이크리닝, 물세탁 등의 업무관리를 한다.

9) 롤러(Roller)

대형세탁물의 건조작업을 한다.

(1) 대형 롤러에 의한 다림작업을 한다.

(2) 기계작동에 따른 부수작업을 한다.

(3) 부서별 협조와 청결유지를 한다.

10) 프레싱 및 드라이 크리닝(Pressing & Dry Cleaning)

고객 및 직원의 세탁물, 유니폼 등 프레싱 및 크리닝 업무를 담당한다.

(1) 고객용 세탁물의 프레싱 작업을 한다.

(2) 호텔용 세탁물의 프레싱 작업을 한다.

(3) 고객용 세탁물의 프레싱 드라이크리닝을 한다.

(4) 기타 세탁장의 업무 협조를 한다.

호 텔 프 런 트 오 피 스 객 실 실 무 론

제3장 객실의 분류(Type)

01 베드 수 및 규모에 의한 분류

호텔 객실의 종류는 싱글 베드 룸(single bed room or single room)과 더블 베드 룸(double bed room or double room), 그리고 투윈 베드 룸(twin bed room or twin room)과 스위트 룸(suite room) 등 보통 4가지 종류로 분류되는데, 사회적 요구에 부응하여 시설의 대형화·고급화가 급속하게 이루어지고 있다. 또한 객실 실내디자인 또는 가구배치 등 이러한 다양화된 고객의 욕구를 충족하기 위해서 객실의 실내적 요소와 집기 비품적 요소를 짜임새 있게 배치하여야 한다.

따라서 객실의 시설물은 기능적 요소와 감상적 요소를 고려하여야 하고 안정된 시설 배치로서 심리적 안정과 친밀감을 주어야 하며 호화로우면서 개성이 없는 것보다 소박하면서 아담하고 세련미 넘치는 객실 디자인 및 시설도 중요한 요소라 할 것이다. 이러한 호텔 객실은 다양화된 대중화 취향의 변화를 예상하고 있으며 고객들이 원하는 방향으로 객실의 종류를 변형하여 사용되는 추세이다.

(1) 기본이 되는 객실

① 싱글 베드 룸(Single bed room)

Single bed room with bath, Single with bed, songle room 등으로 표현하고 약자로는 SWB, SB 등으로 간편하게 사용되고 있다.

1인용 침대가 1개인 객실로서 한 사람이 투숙할 수 있는 객실이다.

[그림1-1] 싱글 배드 룸

② 더블 베드 룸(Double bed room)

Double bed room with bath, Double with bed, Double room 등으로 표현하고 약자로는 DWB, DB 등으로 간편하게 쓰인다.

2인용 침대가 1개인 객실로서 부부가 사용하기 편한 객실이다.

[그림1-2] Superior Double

[그림1-3] Deluxe Double

③ 투윈 베드 룸(Twin bed room)

Twin bed room with bath, Twin with bed, Twin room 등으로 불리고 TWB, TB 등의 약자로 표현된다. 1인용 침대가 2개인 객실로서 친구나 형제자매, 같이 여행하는 단체의 일행 등이 사용하기 편리한 객실이다. TWB, TB 등의 약자를 쓴다.

[그림1-4] Superior Twin

[그림1-5] Deluxe Family Twin

④ 스위트 룸(Suite room)

Suite room with bath, Suite room으로 불리며 약자로는 Sut/B, Sut/R 등이 사용된다.

이것은 보통객실의 1.5배나 2.0배(1.5~2.0모듈) 또는 건물 구조에 따라 코너 스위트라고도 하고 침실이 있고 응접실(Living room)이 별도로 붙어 있는 객실이다. 주로 특실이라 부르며 보통객실의 2배로서 침실이 있고 응접실이 별도로 붙어있는 객실을 말한다.

이러한 객실을 특실이라고도 부르는데 어느 호텔이든 이러한 특실을 갖추고 있지만 명칭은 다양하게 사용되고 있다.

[그림1-6] 스위트룸 거실

[그림1-7] 스위트룸 베드

호텔은 각 특성에 맞게 몇 개의 특실을 갖추고 있는데, 예를 들면 Royal(왕실), Prince (왕자), Princess(공주), President(대통령), Ambassador (대사) 등과 Rose(장미), Lily(백합) 등이 스위트룸의 이름으로 사용된다. Sut/B, Sut/R 의 약자를 사용한다. 스위트룸의 객실은 호텔 전체객실의 3-5%로 하는 것이 좋으나 최근에는 올 스위트 호텔이 생길 정도로 객실의 규모가 확대되는 추세를 보이고 있다.

(2) 변형되어진 객실

① 스튜디오 룸(Studio bed room)

Studio bed room with bed, Studio with bath, Studio room으로 부르며 ST/B, STWB, STB 등의 약자가 사용된다. 객실을 변형시킬 수 있는 객실로 낮에는 응접실 소파(Sofa) 기능을 밤에는 침실로 만들어 사용할 수 있는 객실을 말한다. 약자로는 ST/B, STWB, STB 등을 쓴다.

② 트리플 베드 룸(Triple bed room)

Triple bed room with bath, Triple with bath, triple Room으로 불리고TPL/B, TPWB, TPB 등의 약자를 사용하며, 한 객실에 3인이 투숙을 원할 때 트윈베드룸에 보조침대(extra bed) 하나를 더 넣어 세 사람이 각자의 침대에서 숙박할 수 있도록 만들어 주는 객실을 말한다. 최근에는 보조침대를 침실에 설치하거나 제거하여 종사원의 업무를 줄이고, 보조침대에 대한 고객들의 불평을 해소하기 위해 미리 트리플 룸을 일부 만들어 판매하기도 하고, 한 개의 층을 전부 트리플 룸으로 만들어 트리플 층으로 운영하는 호텔도 있다.

02 고객취향에 따른 객실의 분류

(1) 싱글/더블 베드 룸

싱글-더블베드 룸(Single-double bed room)은 하나의 변형된 객실이다. 1인용 침대인 single bed 하나와 2인용 침대의 Double bed 하나를 설비하고, 디럭스 트윈(Deluxe twin) 혹은 패밀리 트윈(Family twin) 등으로 칭한다. 가족단위로 여행을 할 경우 부모와 자녀 1명이 사용하기에 이상적인 객실형태가 되고 있다. 트리플 룸과 같이 3인이 투숙 가능한 객실이다.

(2) 더블/더블 베드 룸

더블-더블베드 룸(Double-double bed room)도 역시 변형된 객실인데, 2인용 침대를 2개 설치하고 역시 디럭스 트윈 혹은 패밀리 트윈 등으로 명명하면서 고객을 유도하고 있다. 이러한 객실은 부모와 두 자녀가 사용할 수 있는 객실로 4인이 투숙하는 객실이 되는 것이다.

최근 고객들의 취향은 큰 침대와 큰방을 원하는 경향이 있어 위에서 설명한 바 있는 싱글-더블 룸이나 더블-더블 룸을 많이 판매하게 되는데 그 이유는 스텐다드룸과 가격이 큰 차이가 없기 때문에 같은 가격이면 큰 침대와 큰방을 원하게 되는 것이다.

(3) 온돌 룸(Ondol room)

온돌 룸(Ondol room)은 한국식 온돌방(Traditional korean style room or Korean style room)을 의미하는 것으로 우리나라의 호텔에서만 볼 수 있는 것이다. 한국식 온돌방을 의미하는 것으로 대부분의 호텔객실은 양실이지만 몇 개씩의 한실을 보유하고 있어 주로 내국인들 중 침대생활을 하지 못한 노인층에서 이용되고 있다. 온돌방의 구성 비율은 도심지 호텔과 리조트 호텔에 따라 큰 차이를 보인다. 대도시에 위치하는 호텔들은 시설기준에 필요한 최소한의 온돌방만을 보유하고 있지만 리조트 지역에 위치한 호텔의 경우에는 30실 내지 40실까지 온돌방을 확보하고 있는 호텔이 많다. 이 온돌방은 객실의 면적이나 욕실의 구조, 객실의 비품 등에 있어서 양실과 차이는 없으나 단지 침대 대신에 이불장이 비치되어 있다. 그리고 온돌방 바닥의 설비는 방바닥 밑에 스팀배관을 깔아 스팀으로 온도를 조절하게 되어 있다.

그러나 이런 온돌방을 많이 보유하고 있는 호텔은 운영에 있어서 풀 하우스(Full house)시 즉 객실이 모두 찼을 경우에 고객이 원하는 형태의 객실을 배정하지 못할 때가 많아 객실 판매를 담당하는 실무자들이 큰 고충을 겪게 된다. 가령 전체의 객실이 모두 외국인으로 예약되는 날에는 외국인들은 당연히 양실을 원하기 때문에 온돌방 배정에 곤란을 겪게 된다. 어떤 날은 온돌방만 고스란히 판매하지 못하고 남기는 경우가 종종 발생하게 된다.

이와 같은 어려움을 해소하고 매출액 증대를 위해 일부 호텔 경영자들은 한실, 양실 절충온돌방을 개발할 필요성을 느끼고 있는 것이다.

이상적인 침대의 규격

- 싱글 베드 : 길이 195㎝(78인치), 폭 100㎝(40인치)
- 더블 베드 : 길이 195㎝(78인치), 폭 138㎝(55인치)
- 세미 베드 : 길이 195㎝(78인치), 폭 120㎝(48인치)
- 킹 베드 : 길이 195㎝(78인치), 폭 200㎝(80인치)
- 엑스트라 베드 : 싱글 침대와 비슷한 크기이나 보조침대로서 rollaway bed라고도 하며, 이동하기 편리하도록 접을 수 있는 침대이다.
- 베이비 크립(Baby crib) : 다양한 크기가 있으며, 베이비 코트(baby cot)라고도 불리는 유아용 침대를 말하며, 크기는 다양하다.
- 카우치 베드(Couch bed) : 더블베드의 크기와 비슷하며, 주간에는 소파로, 야간에는 침대로 사용할 수 있는 룸을 말한다. 스튜디오 베드와 같은 개념이다.

이와 같이 침대의 규격이 이상적이나 정확한 것은 아니다. 이유는 침대를 제작하는 회사마다 규격이 다르고 또한 주문 생산할 경우 호텔마다 원하는 규격이 다르기 때문이다.

03 객실의 위치에 의한 분류

(1) 아웃사이드 룸(Outside room)

아웃사이드 룸(Out side room)이란 호텔 건물의 바깥쪽에 위치하는 객실로서 외부의 경관을 내다볼 수 있는 전망이 좋은 객실을 말한다. 대부분의 관광자들을 전망이 좋은 객실을 당연히 원하기 때문에 호텔건물은 설계시부터 되도록 전 객실이 경관을 볼 수 있는 방향을 설계되는 것이 좋은 것이다.

(2) 인사이드 룸(Inside room)

인사이드 룸이란 아웃사이드 룸과 반대되는 개념으로 호텔 건물의 내부에 위치하는 객실로서 외부의 경관을 볼 수 없는 전망이 없는 객실을 말한다.

고객들은 전망이 좋은 객실을 당연히 원하기 때문에 호텔 건물은 설계 시 부터 되도록이면 전 객실이 경관을 잘 볼 수 있는 아웃사이드 룸으로 많이 확보하는 방향으로 설계되어 건축하지만, 건물 구조상 인사이드 룸의 확보가 불가피한 경우가 있다. 객실판매를 담당하는 사람들은 이러한 인사이드 룸을 아웃사이드 룸보다 약간 저렴한 가격에 판매하거나 단체고객을 안내하는 가이드나 하우스 유스 룸(House use room) 등으로 배정하게 된다.

(3) 컨넥팅 룸(Connecting room)

커넥팅 룸(Connecting room)이란 객실과 객실사이에 통하는 문이 있는 객실로써 가족단위의 관광자들이 사용하기에 편리한 객실이다. 예를 들어 어느 호텔의 7층이 701호부터 740호까지 40개의 객실이 있다면 701호와 702호 사이에 통하는 문이 있고 또 중간쯤에 720호와 721호 사이에도 통하는 문이 있다면 701호와 702호가 하나의 커넥팅 룸이다.

(4) 어드조이닝 룸(Adjoining room)

어드조이닝 룸이란 인접된 객실, 즉 나란히 위치하는 객실을 의미하는데, 이 어드조이닝 룸도 나란히 위치하는 것은 케넥팅 룸과 동일하나 객실과 객실 사이에 문이 없고, 객실과 객실 사이에 통하는 문이 있는 객실로서 가족단위의 고객들이 사용하기에 편리한 객실이다.

04 객실 상품에 의한 분류

(1) 이그제큐티브 플로어룸(Executive Floor Room)

비즈니스맨을 위한 특별 전용 층에 위치한 객실을 말하며 최근 각 호텔은 객실상품을 업무수행 기능상 일반 투숙객이 이용하는 객실과 상용목적으로 투숙하는 Business man들을 위한 특별 객실로 물리적 차별화, 가격 차별화를 실시하여 최근 각 호텔들이 객실 상품을 고급화하는 추세이다.

호텔의 경영정책 관점에서 업무여행자는 성수기와 비수기에 상관없이 가장 확실한 관광자 이므로 단순목적 관광객이 비하여 소비활동에서 상대적으로 경제적으로 부담을 적게 느끼는 업무여행 시장에 대한 판매 전략의 성공여부는 경영수익의 실현과 호텔의 성장이라는 측면에서 중요하다.

업무 여행시장의 이러한 동향에 따라 각 호텔에서는 특성에 맞는 EFL이 높은 선호를 보일 것으로 예상되고 있다.

(2) 금연층 룸(Non-smoking Floor Room)

국제적으로 금연 운동이 확산되어 가는 추세여서 현 시점에서 각 산업현장, 사무실, 공공기관, 교통기관에 이르기까지 흡연석을 별도로 분리 운영해 오고 있다. 호텔 객실에도 비흡연자를 보호하기 위하여 서비스 일환 대책으로 고객 욕구를 충족시킬 수 있는 금연층 룸이 불가피하게 운영되고 있다.

(3) 장기투숙객전용 룸(Long-Turm guest Floor Room)

사업을 목적으로 일정지역에서 장기적으로 체류하는 고객을 위해 특별히 운영하는 객실로서 침실기능, 취사기능, 사무기능을 수행하는 전용 객실이다.

(4) 여성전용 룸(Woman Floor Room)

여성들이 사회활동에 대한 참여가 활발해지고 관광 및 사업상 목적으로 여행을 하는 여성의 수도 증가하고 있다. 여성고객들에 대한 특별 여성객실이 운영되고 있는 추세이며 현대사회에서 여성 사업 여행자가 증가되고 있으며 여성 고객들은 개별여행자 FIT(Free Individual Traveller)구성비에 또 다른 영향을 미치고 있다.

호 텔 프 런 트 오 피 스 객 실 실 무 론

제4장 객실가격 및 요금 관리

01 객실가격의 개념

가격을 '상품 및 서비스의 판매 또는 구매 대가'라는 정의를 기초로 할 때 호텔 객실가격은 숙박객이 판매자인 호텔로부터 특정기간 객실이용 서비스 편익을 제공받는데 지불하는 대가이며, 흔히 요금이라는 명칭으로 불린다. 가격은 호텔영업 이익의 상당부분을 결정할 수 있으며, 객실가격은 호텔사업의 여러 국면을 규제하는 강력한 규제요소가 되어 호텔 전체이익에 영향을 미치게 된다.

객실가격 결정을 하는데 고려해야 할 사항은 가격결정의 목표, 원가, 경쟁, 시장수요, 관광객 등의 다섯 가지이며, 관광객을 많이 유치할 수 있는 관점이 될 수 있다. 현명한 가격 결정이란 투숙객에게 지나치게 높은 가격으로 부담을 해소하기 위해 최소화 시키고 지불 의무금을 해결할 수 있을 만큼 최대의 이익을 창출해야 한다. 호텔상품 가격의 결정은 관광객의 욕구와 필요를 가장 잘 해결해 줄 수 있고 동시에 최대의 장기적인 이익을 얻을 수 있도록 이루어져야 한다. 또한 호텔가격은 경쟁적이어야 하며 동시에 적절한 수입을 얻을 수 있어야 한다.

객실가격 결정은 주식배당, 직원의 보수, 유보이익의 정도, 운영자본, 현금유동 그리고 자본지출에도 영향을 준다. 호텔기업의 시장지향성에 비추어 볼 때 가격정책은 각각의 기업경쟁, 이익성, 대차대조표를 건전하게 유지하는데 중요한 역할을 하고 급속한 기술혁신은 원가의 형태에 영향을 주며 가격수준은 호텔기업의 재무구조에 중요한 역할을 한다. 따라서 객실가격 설정은 매우 중요한 의미를 지니며 객실가격의 인하는 매우 신중하게 이루어져야 한다.

그리고 호텔 객실가격은 실제거래상 지출한 것과 취득한 것과의 관계이므로 이중적인 속성 때문에 호텔이 일방적으로 제시하는 가격은 실제가격이 될 수 없다. 즉 객실 이용객(expectation)은 지각(perception), 만족(satisfaction)의 과정에 객실상품을 평가하며 제공받는 객실에 대한 설비 및 서비스의 질과 지불하는 금액의 정도를 비교하는 가치 지향적 입장을 취하게 되므로 호텔은 객실 이용객이 판단하는 객실의 가치수준과 이에 따른 지불 의사 액이 일치되는 적정수준에서 제시하지 못하면 성립되지 않는다.

또한 시설 및 서비스의 질에 대한 평가에서 개인차가 크다는 특성을 감안하면 객실 가격수준의 결정은 정교해야 한다. 따라서 객실가격이 경쟁호텔과의 관계에서 경쟁수준에 따라 마케팅 믹스와의 조화를 통해 자사의 객실상품의 지각된 가치가 지불가격보다 커야 하며 나아가 경쟁호텔의 가치와 가격보다 유리한 입장을 취하고 있다는 점을 고객에게 인식시켜야 한다. 그러므로 객실가격을 통해 객실 이용객의 욕구를 해결하고 경쟁호텔과의 관계에서 경쟁우위를 확보하기 위해서는 호텔의 일방적 가격제시가 아닌 이용객의 입장을 고려함과 동시에 가격을 마케팅 믹스 변수로서 전략적으로 활용하여야 하는 것이다. 그러나 가격만이 전략적 요소로 활용된다고는 할 수 없고, 타 마케팅 믹스와의 관계를 고려하여야 하는데, 가격은 타 마케팅 믹스의 종속변수인 관계로 경쟁수단, 우위성, 규칙이 적용되어 가격을 제외한 타 경쟁수단이 전략적으로 활용될 때 가격은 단기적, 전술적, 방어적 수단이며, 가격을 장기적, 정규적 시장 도구수단으로 활용할 때는 전략적 경쟁의 차원에서 적용된다.

호텔 객실가격의 특성을 살펴보면 무형 재료로서의 상품성격으로 인해 다양한 측면을 나타내게 되는데 대표적 특성을 설명하면 다음과 같다.

첫째, 호텔객실은 판매시간이 제한되어 있는 비재고성의 상품이기 때문에 호텔에서 제시하는 공표요금의 적용이 용이하지 않고 할인요금의 적용이 일반적이어서 성질상 구매시점에 따라 가격차이가 크게 나타난다.

둘째, 고객은 객실품질의 척도를 가격보다는 가치에 많이 의존하게 된다. 이 점은 무형재가 유형재와는 달리 상품구매원가의 계산이 명쾌하지 않아 원가와 가격의 유리현상이 발생한다.

셋째, 객실가격은 비교적 가격차별화(price discrimination)가 용이하므로 이를 통해 이익을 증가시킬 가능성이 크다. 서비스 가격은 고객의 지불가능성, 구매 시기, 구매시점, 판매횟수, 신분, 구매환경 등에 따라 가격을 달리 하여도 가격저항이 약하다.

넷째, 서비스 가격은 수요와 관련하여 베블런 효과(veblen effect)가 발생한다. 전통적 경제이론은 가격의 증가는 수요의 감소효과를 동반하지만 서비스는 부분적으로 가격증가가 수요증가를 유발하는 특성을 지니고 있다. 이는 서비스 상품이 세분화된 시장별로 가격영향력이 제조업보다 균일하지 않기 때문에 발생한다. 그러므로 위신가격설정(prestige pricing)도 흔히 채택된다.

다섯째, 재무적 측면에서 서비스 산업 중 초기 고정자산의 투자비율이 높은 기업은 비용(cost)-조업도(volume)-이익(profit)의 관계에서 비용구조조정의 영역이 국한되어 있어 손익분기점과 한계 이익 폭의 조정은 가격수준의 변화에 의존할 가능성이 높고 판매량중심의 수요 지향적 가격특성을 표출하고 있다.

한편 호텔기업의 목표달성을 위한 중요한 요소의 하나는 어떻게 적절한 가격을 책정하느냐 하는 것이다. 물론 경제이론상 수요곡선과 공급곡선이 일치하는 점에서 가격이 결정되는 자동조절 가격제도가 이상적이고 합리적이라 할 수 있겠으나 개별 호텔경영자들이 이러한 가격을 결정하는 것은 많은 제약 요소들을 내포하고 있다.

02 객실가격 결정방법

호텔기업의 목표달성을 위한 중요한 요소의 하나는 어떻게 적절한 가격을 책정하느냐 하는 것이다. 물론 경제이론상 수요곡선과 공급곡선이 일치하는 점에서 가격이 결정되는 자동조절 가격제도가 이상적이고 합리적이라 할 수 있겠으나 개별 호텔경영자들이 이러한 가격을 결정한다는 것은 많은 제약 요소들을 내포하고 있다.

호텔의 객실 가격은 최저가격이지 않으면 안 된다. 그것은 가치=효용/가격 등식에 입각한 미래지향형의 호텔산업에 부응하면서 한편으로는 현재의 시장경쟁의 우위를 유지할 수 있는 최상의 방법이기 때문이다. 또한 수익성을 결정짓는 가장 중요한 요소는 가격이며 가격의 설정은 모든 영역의 비용을 충당하고 투자에 대한 타당한 수익을 제시할 수 있는 수준에 있어야 한다.

일반적으로 호텔객실가격의 결정 방법은 비공식 접근방법과 회계학적 접근방법으로 대별된다.

관광호텔의 모든 상품가격 결정방법은 원가지향, 수요지향, 경재대응 그리고 행정지도 등의 4가지 결정방법을 채택하고 있는데 호텔상품의 가격결정방법은 원가지향의 결정방법이 42.11%를 점유하고 있으며 수요지향의 결정방법이 36.84%, 경쟁대응 결정방법이 15.79% 그리고 행정지도 결정방법이 5.26% 등의 순으로 나타내고 있다.

또 다른 형태의 객실가격 결정방법에는 첫째, 관광객의 구매력을 기준으로 하는 것, 둘째, 타 호텔의 가격을 기준으로 하는 것, 셋째, 비용의 가산에 따른 기준으로 가격을 결정하고 있다.

표1-9 객실가격 결정방법

구 분	내 용
비공식적 접근방법 (Informal approach)	직관적 가격결정(Intuition pricing) 경쟁적 가격결정(Competitive pricing) 시험적 가격결정(Trial and efforts pricing) 선두기업 가격결정(Follow-leader pricing) 심리적 가격결정(Psychological pricing)
회계학적 접근방법 (Accounting approach)	하워드 방식(객실 건축비에 의한 방법) 후버트 방식(Roy Hubert Method)

1) 비공식 가격 결정방법

(1) 경쟁적 가격결정방법(Competitive Pricing) : 경쟁자의 가격에 근거하여 자신의 상품의 가격을 결정하는 방법으로 시장이 심각한 경영상태에 있는 상황이라면 이 방법이 합리적이라 할 수 있지만, 호텔의 위치, 상품의 질, 분위기, 고객의 선호도 등과 같은 호텔 상호간의 차이가 무시된다.

(2) 직관적 가격결정방법(Intuitive Pricing) : 고객이 기꺼이 지급할 것이라고 생각하는 경영자의 느낌과 과거 경험에 근거한 가격결정방법이다. 원가를 무시하여 타당한 이익산출에 실패할 가능성이 크다.

(3) 심리적 가격결정(Psychological Approach) : 고객이 제공된 상품이나 서비스에 대해 지불하고자 하는 것을 의식적으로 예측하여 그것을 기초로 가격을 결정하는

방법이다. 또한 이 방법은 일반적으로 널리 이용되지 않은 상품과 같이 특수화된 서비스와 관련되어 이용되는 방법이다. 그리고 이 방법을 그 판매 형태와 독점력에 의해 전체시장으로부터 분리되어 있는 유명한 휴양지 호텔이나 제한된 회원 자격을 지닌 클럽 등에서 주로 적용된다.

(4) 시험적 가격 결정(Examination Pricing) : 일정한 시험기간(testing Period)을 정하고 이 기간에 최저가격을 예측하기 위해 모니터링 판매활동을 한 후 가격을 조정하는 것이다. 이 방법은 일정기간 동안 고객의 가격 탄력성을 파악한 후 이를 기초로 가격 결정이 이루어지는 장점을 지니고 있다.

2) 회계학적 가격결정방법

(1) 하워드방식에 의한 가격 결정방법

건축비용에 근거한 가격 결정방법으로 평균 객실건축비용의 1/1,000에 해당되는 금액을 객실가격으로 설정하는 방법이다.

(2) 휴버트 공식에 의한 가격 결정방법

'상향적 접근법'으로도 불리며 평균객실가격 결정시에 비용, 기대이익, 예상객실 판매 등을 고려한다. 이 방법에서 제일 먼저 고려되는 이익은 손익계산서상에 가장 밑에 나타나는 항목이고 법인세가 그 위에, 고정비는 그 위에, 마지막 매출액은 맨 위에 나타나는 항목이라는 점에서 상향식 접근법이라고 한다.

이러한 가격결정은 다음과 같은 순서에 의해 이루어진다.

(1) 투자요구 수익률을 토대로 기대이익을 계산한다.
(2) 1의 세율로 1의 기대이익을 나누어 세전이익을 산출한다.
(3) 고정비를 계산한다.
(4) 미배분 영업비를 계산한다.
(5) 비(非) 객실부분의 이익 또는 손실을 예측한다.
(6) 객실부문에 요구되는 이익을 계산한다.
(7) 객실부문의 매출을 결정한다.
(8) 객실매출액을 예상 판매객실수로 나누어 평균객실요금을 계산한다.

03 객실요금의 종류

호텔 객실의 요금은 객실의 규모, 객실의 위치, 경관 유무, 침대유형, 가구와 비품수준, 쾌적, 습도 등에 따라 다르다. 보통 가격이 저렴한 객실을 '스탠다드'나 '이코노미'라고 하며 높은 요금의 객실을 '디럭스'라 부른다.

모든 객실에는 객실을 점유하는 고객의 인원수에 근거를 두고 랙(rack)을 가지고 있는데, 이 랙 요금은 호텔경영에 의해서 결정된 신고 요금이라고 할 수 있다.

객실요금의 종류는 크게 공표요금(Published rate) 및 특별요금으로 나눌 수 있다. 그 외에 객실운영상 추가로 징수되는 더블 어큐판시 차지(Double occupancy charge), 2인 추가 시 (3명이 1실을 사용) 엑스트라 베드 차지(Extra bed charge) 등이 있다. 시간을 기준으로 한 추가요금은 낮 12시 이전에 체크인(Check-in)시 추가되는 얼리 체크인 차지(Early check-in charge), 오후 3시 이후 퇴숙할 때 추가되는 레이트 체크아웃 차지(Late check-out charge) 등이 있다.

또한 비즈니스 전용 층을 사용할 경우에 추가되는 요금으로 이그젝큐티브 플로어 차지(Executive floor charge)가 있고 투숙 기간 중에 객실을 사용하지 않고 짐을 객실에 두고 외부에서 숙박을 할 경우에 지불되는 슬립아웃 차지(Sleep out charge)가 있다.

분할요금으로 온천지구 호텔(특히 동양)에서 목욕을 하기 위한 2-3시간 내지 5-6시간 사용하는 관광자에게 분할요금(Part day charge 혹은 Day use charge)을 적용시키는데 보통 2-3시간은 객실요금의 1/3을 부과하며, 3-6시간을 1/2을 부과하며, 6시간 이상은 풀 차지(Full charge)로 부과하고, 하지만 보통 오후 6시 이후에는 일상적인 객실정비가 종료된 상태이기 때문에 분할요금 제도가 없어진다.

다음은 여러 객실 요금을 구체적으로 분류한 것이다.

(1) 공표요금(Published rate))

기본요금으로서 호텔기업이 자체에서 객실형태별 요금을 책정하여 주무관청(문화체육관광부)에 승인을 받고 호텔에서 대외적으로 공표하고 게시하여 공시하는 것이다.

표1-10 객실 요금 예시

客室料金 ROOM RATE		
객실종류ROOM TYPE		요금 RATE
양실한실	에메랄드스위트 EMERALD SUITE	₩
	스위트 트윈 SUITE TWIN	₩
	스위트 더블 SUITE DOUBLE	₩
	더블 DOUBLE(A)	₩
	더블 DOUBLE(B)	₩
	트윈 TWIN	₩
	한특실 ONDOL SUITE(A)	₩
	한특실 ONDOL SUITE(B)	₩
	한실 ONDOL	₩
10% 봉사료와 10% 세금이 가산됩니다. 10% SERVICE CHARGE AND 10% V.A.T WILL BE ADDED		

객실요금표(ROOM RATE) 客室料金		
디 럭 스 DELUXE	온 돌	₩
	트 윈	
	더 블	
시티 디럭스 CITY DELUXE	온 돌	₩
	더 블	
온돌 스위트		₩
쥬니어 스위트		₩
로열 스위트		₩
엑스트라 베드		₩
베이 침대		Free of Charge
· 상기요금에는 10%의 봉사료와 10%의 세금이 가산됩니다. 10% Service charge and 10% V.A.T will be added. · 체크아웃시간 정오 12:00 Check-Out time is 12:00 noon		

이 요금을 Full Charge 또는 Full Rate 라고 하며 호텔 팜플렛이나 브로셔 등에 객실 종류별로 기재하여 일반 대중이 볼 수 있도록 표기하는 할인되지 않은 정상적인 요금 또는 정시 요금을 말한다.

(2) 특별 요금(Special rate)

일반 호텔에서는 원칙적으로 공시요금(정상요금)을 적용하고 있으나 호텔의 정책성에 따라 특별요금을 실시할 수도 있다. 특별요금이란 영업정책상의 공표요금에 대한 객실 요금을 무료로 제공하거나 공시 요금에서 할인해 주는 요금을 의미한다. 호텔에서의 rack rate는 룸 랙(room rack)의 rack 카드에 부착되어져 있으며 프론트 오피스 컴퓨터의 기억 장치에 랙 요금이 저장되어져 있다. 한편 특별 요금은 다음 두 가지의 이유로 고객이나 단체에게 적용시키는데, 첫째는 홍보 목적이고, 둘째는 비수기 동안의 객실 판매 유지 요금으로 고객에게 랙 요금 보다 조금 낮은 금액에서부터 무료로까지 주는 특별 요금인 것이다.

특별요금 적용 대상

❶ 호텔에 개인 고객을 알선해 주는 대기업이나 체인 호텔
❷ 호텔 홍보 차원이나 단체 고객의 리더, 여행사 사장 등 기타 호텔에 잠재적으로 중요한 수입의 원천을 형성시켜 주는 개인 고객
❸ 호텔에서 정한 맴버십(membership)에 가입된 고객이나 호텔과 상호 협정이 맺어진 항공사에서 보내는 고객
❹ 어린이들을 동반한 가족 고객
❺ 식음료, 교통요금, 객실요금이 모두 포함되어 호텔에서 발행된 package 상품권을 가지고 온 고객

위와 같이 특별 요금의 대상은 상당수가 있는 편이다. 때에 따라서는 적용 대상이 아니더라도 할인을 해 줄 수 있으므로 무분별한 할인을 막기 위해서는 엄격한 통제가 있어야 한다. 프론트 오피스 지배인은 프론트 클럭이 호텔에서 정한 요금 정책을 준수하여 고객에게 특별요금을 적용하고 있는지의 여부를 판단하여야 할 것이다.

프론트 오피스 지배인은 호텔의 모든 요금 정책을 프론트 클럭에게 명확하게 설명하여야 하며 또한 프론트 클럭은 어떠한 특별한 상황 아래에서 특별 요금을 적용하든지 적절한 승인을 받아서 적용해야 한다.

① 무료 요금(Complimentary)

호텔의 판매 촉진을 위하여 특별히 접대해야 할 고객이나 호텔의 판매 촉진을 위하여 고객에게 요금을 받지 않는 것이다. 무료는 호텔용어로는 컴프(Comp)라고 하며 호텔에서 초대 손님을 접대하기 위한 수단과 호텔을 선전하기 위한 방법으로 여행사직원, 잡지 및 신문기자에게 제공하는 객실을 말한다.

② 개인 할인 요금(Single discount rate)

호텔의 객실요금은 원칙적으로 투숙객의 숫자에 따른 요금산정방법이 아니라 다른 요금계산방법을 채택하고 있다. 따라서 2인용 객실에 1명이 투숙해도 객실 이용객 수와 상관없이 2인용 객실 요금을 지불해야 한다. 그러나 single room을 예약한 고객에게 원칙적으로 single room을 제공해야 하나 객실사정으로 single room을 제공하지 못하고 Double room을 주고 요금은 single room 요금을 받는다.

③ 특별 할인 요금(Special use)

보통 S/U라는 약자로 표기되며 특별히 사용한다는 뜻이 아니라 당연하게 사용되는 객실로 이해하는 것이 적절하다. 이 요금은 각종 단체행사를 위하여 사전 답사하는 협회의 이사나 국가와 지방대회 입상자, 카지노 고객 및 여행사 투어 가이드 또는 단체를 수행하는 여행사의 직원 등에게 적용된다.

④ 비수기 요금(Off season rate)

호텔에서 비수기에 고객을 유지하기 위하여 공시요금에서 10~20%를 할인하여 저렴하게 판매하는 요금이다.

⑤ 단체 할인 요금(Group discount rate)

보통 여행사의 단체 관광객에게 많이 활용되는 단체 요금으로 호텔에서는 일정 수 이상의 단체고객에게 단체요금을 적용하여 할인된 요금으로 객실을 판매한다.

⑥ 상용 요금(Commercial rate)

특정한 기업체와 계약에 의하여 어느 정도 할인하여 주거나 공공단체 또는 상용목적인 장기 투숙객, 그리고 단골고객 등에게 일정한 금액을 할인하여 주는 요금이다.

⑦ 가이드 요금(Guide rate)

이 요금은 여행사 단체손님을 받아들이는 호텔 측과 여행사 사이에 적용되어 보통 15명의 단체고객 당 가이드 1명의 실료와 식사를 무료로 제공한다.

⑧ 기업체요금(commercial rate),

이 요금은 기업체에서 호텔에 객실을 연간 약 1,000실정도 사용하는 기업체 담당자에게 할인해 주는 요금제도이다.

(3) 추가 요금(Over charge)

① Hold room charge

예약을 접수한 고객이 예약한 시간에 도착하지 않았을 때 그 객실을 타인에게 판매하지 않고 보류시킨 경우에 체류기간 동안의 객실 요금을 적용한다. 첫째는 투숙객이 단기간의 여행으로 짐을 객실에 두고 외출중일 때이다. 이 경우 관광자가 계속하여 객실을 사용하고 있는 것이나 다름없기 때문에 관광자는 정당한 객실요금을 지불하여야 한다.

둘째는 실제로 고객이 도착하지 않았지만 그 고객을 위해서 객실의 판매를 유보하였다가 제공하는 경우로 이때는 유보시킨 일자를 계산하여 추가요금을 청구하며 봉사료는 가산되지 않는다.

② Keep room charge

숙박한 고객이 단기간 지방 여행을 떠났을 경우 수화물을 객실에 두고 가거나 다른 목적으로 이 객실에 투숙하지 않더라도 다른 고객에게는 판매가 불가능하므로 객실요금을 징수한다.

③ 초과 요금(Over charge)

호텔이 정한 퇴숙 시간을 넘긴 후에도 계속하여 객실을 이용할 경우 연장된 시간만큼 추가 요금 징수하는 것이다.

12 : 00~15 : 00 까지는 객실요금의 $\frac{1}{3}$

15 : 00~18 : 00 까지는 객실요금의 ½

18 : 00 이후에는 Full charge로 적용되나, 단골고객이나 VIP에게는 초과요금을 부과하지 않는 경우도 있다.

④ 심야요금(Midnight charge)

객실을 예약한 고객이 그날 한밤중에 도착하거나 새벽에 도착한 경우 객실을 판매하지 않고 고객이 도착하면 야간요금을 징수한다. 그 이유는 호텔의 Check out time이 12 : 00이므로 전날의 정오부터 다음날 정오까지를 1일 객실요금으로 계산하기 때문이다.

⑤ 취소 요금(Cancellation charge)

예약한 고객이 일방적으로 당일 또는 하루 전에 예약한 객실을 취소했을 경우 취소요금을 징수한다.

⑥ Part day charge(Day use)

객실을 주간에 사용할 때에 사용하는 시간에 따라 공표요금을 분할하여 받는 요금제도이다. 따라서 낮 시간만 객실을 이용하고자 하는 고객에게 부과하는 요금이다. 교외 호텔이나 온천호텔에 적용될 수 있다.

Day use 사례

*D/USE의 시간이 현재 5시까지로 되어 있지만 간혹 손님들이 30분 정도 C/OUT이 늦는 경우가 발생하게 된다. 야간 MAID가 없어서이긴 하지만 그래도 손님의 입장에서는 몇 십분 정도 늦게 C/OUT 하는 일로 빨리 나가라는 재촉을 받는다면 불쾌하지 않을 수 없을 것이다. D/USE고객도 숙박 손님 못지않게 중요한 고객이므로 C/OUT 시간이 늦어질 경우 시간당으로 추가요금을 적용시킨다든지 하는 방법을 쓰면 늦게 나가는 손님이라도 서로 얼굴 붉히면서 쫓아내는 일이 없게 되지 않을까 생각된다. 마찬가지로 OVER CHARGE를 내는 손님들도 일률적으로 5시까지 시간을 적용시키는 것이 아니라 30분이나 1시간으로 끊어 OVER CHARGE를 적용하는 것이 더 좋은 방법이 아닐까 생각된다.

04 숙박형식에 따른 객실요금의 분류

호텔의 요금제도는 호텔의 외·내부적 환경에 맞게 계획되는 것으로 우리나라의 경우 보통 객실과 식사요금을 분리하여 지급하는 요금제도를 채택하고 있다. 그러나 최근에는 귀빈층이나 휴양지 호텔을 중심으로 조식요금이 포함된 대륙식 요금제도를 선호하는 호텔도 늘어가는 추세이다.

1) 유럽식 요금제도(European plan)

세계 대부분의 상용 호텔에서 채택하고 있는 방식으로 객실요금과 식사요금을 분리하여 별도로 계산하는 요금제도이다. 식사는 고객의 재량으로 외부에서 해결할 수 있어 고객의 부담을 덜어 줄 수 있는 장점은 있으나 객실 점유율이 높은 호텔측에서는 식음료 이용 부문을 높일 다른 측면의 수익적 영업 방법을 구상해야 한다.

2) 미국식 요금제도(American plan)

미국에서 발생된 요금제도로서 주로 호텔주변에 식당시설이 없는 리조트 호텔이나 휴양지 호텔에서 많이 적용하는 제도이다. 숙박요금에 식사요금을 포함한다. 이 미국식 요금제도에는 객실요금을 조식, 중식, 석식 모두 포함시키는 풀 펜션(Full pension) 또는 순미국식(Full American Plan)과 객실요금에 조식이나 중식, 석식 중 하나를 포함시키는 세미 펜션(Semi pension), 또는 수정미국식(modified American Plan)등 두 가지가 있다. 이 요금제도는 단체관광에 주로 적용되어 고객입장에서는 고정된 식사를 제공받으므로 불편함이 있으나 호텔측에서는 영업이익에 유리한 측면이 있다.

3) 대륙식 요금제도(Continental plan)

객실요금에 아침식사(Continental breakfast)를 포함한 요금제도로서 유럽대륙에서 많이 이용한다.

4) 혼합식 요금제도(Dual plan)

고객의 사정에 맞게 선택할 수 있도록 유럽식과 미국식 두 가지 제도를 혼합하여 채택하고 있는 요금제도이다.

5) 수정식 아메리카플랜(Modified American plan)

일반 고객과 특히 단체 고객의 특성에 맞게 객실 요금에 아침과 점심, 점심과 저녁, 아침과 저녁 등 3식 중 2식을 제공하여 선택하는 요금제도이다.

05 객실 수익률관리(Yield Management)

일드 매니지먼트라고 알려진 수익률관리는 항공 산업에서 처음으로 개발되었는데 일드를 극대화하기 위하여 적절한 유형의 관광자(Right kind of capacity)를 최적의 가격으로 판매하는 것이었다. 호텔기업에서의 일드 매니지먼트는 항공사와 마찬가지로 객실이라는 한정된 자원을 최대한 활용하여 수익을 극대화하려는 것이다. 다시 말해서 일드 매니지먼트란 최대의 수익을 창출하기 위하여 세분시장별 관광자에게 그들의 특성에 따라 적절한 가격으로 적절한 유형의 객실을 제공하려는 것이다.

리버만(Lieberman)은 1993년 자신의 연구에서 일드 매니지먼트를 호텔 객실과 같은 소멸성 자산의 판매로부터 가격과 객실 재고자산의 통제, 서비스의 향상을 통하여 이익을 극대화하기 위한 것으로 정의하고 있다.

따라서 호텔기업에 있어서의 일드 매니지먼트를 정책지원, 절차상 지원, 통계적 모델과 결합하여 많은 일반적인 경영활동을 수행하고 이를 통하여 기업의 수익을 극대화하며 관광자에게 보다 향상된 서비스를 제공하기 위한 호텔의 능력을 향상시키기 위하여 과거 및 현재의 정보를 이용하는 것이다. 여기서 경영활동이란 첫째, 가장 효과적인 가격체계를 수립하는 것 둘째, 예약을 접수하는 과정에서 수익성에 기초하여 특정한 날이나 특정한 객실유형에 대하여 예약의 수를 제한하는 것 셋째, 할인요금의 수를 통제하는 등의 재고관리를 위하여 예약상황을 점검하는 것 넷째, 판매대행사 및 단체 관광자와 많은 수의 객실을 점유하는데 대한 가격할인을 협상하는 것 다섯째, 관광자에게 적절한 객실유형과 요금을 제공하는 것 여섯째, 현재 및 잠재사업으로부터 보다 많은 수익을 달성하는 것 일곱째, 예약 대리인을 단순히 예약만 접수하는 대리인보다는 효과적인 판매 대리인으로 만드는 것 등이다.

따라서 일드 매니지먼트는 정확한 수여예측에 근거하여 객실 가격결정 및 재고관리를 통하여 객실수익을 극대화하기 위한 기법이며 정보시스템의 기술, 확률, 통계, 조직, 이론, 사업경험과 지식의 결합이라고 볼 수 있다.

1) 일드 매니지먼트의 정의

일드 매니지먼트란 영업성과를 좀 더 효율적으로 평가할 수 있는 방법으로 객실 수입을 최대로 할 수 있도록 하며, 가능한 한 호텔 경영에 도움을 주는 모든 요인을 고려하여 실제 영업결과에 목표액을 비교, 평가할 수 있는 도구가 된다.

호텔의 최대 상품인 객실을 판매함에 있어서 점유율과 평균 객실 요금이 아닌 매출액과 수익률인 일드의 극대화를 꾀하고자 함이 일드 매니지먼트의 목적인 것이다. 그러므로 일드 매니지먼트란 가격, 고객, 객실타입을 수요에 따라 결정하여 매출액 증대를 목적으로, 호텔은 어떤 가격에 얼마만큼의 객실을 어느 시점에 판매할 것인가를 결정하여야 한다.

일드란 점유율에 객실 요금 효율성(Rack Efficiency)을 곱한 것으로 정의하며 객실요금 효율성은 평균객실 요금을 공표 요금으로 나눈 것이다.

일드의 다른 정의는 판매 가능한 객실 당 매출액을 극대화를 시키는 것으로 이것은 항공사에서 사용하는 일드 매니지먼트의 개념이기도 하다. 일드 매니지먼트는 객실재고관리와 가격 관리 부문으로 나누어지며, 객실 재고 관리는 수요에 따라 각기 다른 타입의 객실 재고를 어떻게 조정할 것인가? 와 가격관리는 각기 다른 수요에 따라 각기 다른 타입의 객실 재고를 어떻게 조정할 것인가? 가격관리는 각기 다른 수요에 따라 어떻게 최고 가격을 결정할 것인가? 로 집약된다.

2) 일드 매니지먼트의 적용 범위

호텔의 수요 패턴은 요일에 따라 심하게 변할 수 있으므로 일드 매니지먼트를 통해 수요의 높낮이를 둔화시킬 수 있으며, 성숙기에는 가격을 인상시킴으로써 매출액을 증가 시킬 수 있다. 그러므로 수용의 높낮이 패턴을 예측하므로써 일드를 보다 더 정확하게 계획할 수 있다.

그러므로 일드란 공급과 수요의 관계를 다루는 것으로 수요가 공급을 초과하면 가격이 오르고, 공급이 수요를 초과하면 가격이 내려간다는 사실에 입각하여, 객실수입을 증가시키기 위해서는 호텔업계는 최적의 객실 요금을 적용시켜 수요와 공급의 변화에 대응할 수 있는 예측 수요예측 방법을 개발하게 되었다.

이러한 수요 예측 전략은 객실예약시스템, 경영정보시스템 객실 및 패키지 가격결정, 객실경영시스템, 각 세분시장의 계절별 가격결정에 적용될 수 있으며. 경영자는 수요예측, 계절별 가격결정 및 객실재고 관리, 새로운 세분시장 확인, 각 세분시장의 수요 확인, front office와 sales 부서와의 협력, 정당성 있는 할인제도, 경영 계획의 개발, 수익성을 중요시한 객실요금의 확립 등의 분야에 도움을 받을 수 있다.

수요예측에 따라 일드를 최대로 함을 목적으로 하고 있는 일드 매니지먼트는 다음과 같은 분야를 통제하게 된다.

(1) 객실 재고 관리: 객실의 공급수준을 통제하는 것으로 일찍 체크 아웃, 예약 취소, no-show 등을 고려하여 실제로 판매 가능한 객실보다 초과예약을 한다.

(2) 할인제도: 객실이란 저장 불가능한 상품이기 때문에 객실 할인 제도를 이용하여 한정된 기간 동안에 공표요금보다 싸게 객실을 제공하여 수입을 최대로 하는 것을 목적으로 하고 있다.

객실할인제도의 첫 번째 목적은 팔리지 않는 객실을 할인하여 줌으로 수요를 유발시켜 객실 수의 목표액을 달성시키고자 함에 있다.

둘째, 객실종류에 따라 할인을 제한시킴으로 up selling을 권장하고자 한다. 이 방법은 가격탄력성에 따라 수요의 변화를 잘 살펴 사용하여야 한다. 위와 같은 목적을 갖고 있는 할인제도는 수요 예측 방법을 토대로 사용할 수 있는 것이므로 신뢰할 수 있는 효율적인 수요 예측 방법이 중요시 된다.

(3) 투숙기간의 통제: 일드 매니지먼트에서는 객실이 판매 가능하더라도 1박 예약을 받지 않는다.

3) 일드의 사용 방법

호텔은 할인된 요금으로 단체고객을 받을 것인지 받지 않을 것인지를 결정하여야 하며, 예약 시 여러 가지 상황에 접하게 되는데, 이러한 상황에서 좋은 일드를 내려면 다음과 같은 요인을 고려하여야 한다.

(1) 단체 객실 판매

보통 단체의 과거 예약 여부를 통해서 불필요한 객실 수를 줄일 수 있고, 많은 단체의 회의는 사이클에 따라 개최되므로 사이클을 알아 임시예약을 하면 일드를 높일 수 있다. 그리고 단체를 받음으로써 단기 개인 고객에게 팔 수 있는 객실이 감소하는데 정확한 수요 예측을 통해서 단체 고객을 받을 것인지 여부를 결정하는 것이 중요하다.

(2) 단기 개인 고객 객실 판매

단기 개인 고객은 단체보다 늦게 예약을 함으로 단체 고객을 받을 경우에는 예약 상항과 과거의 리드 타임 등의 패턴을 알고 있어야지만 과거의 수요패턴 등과 비교하여 결정할 수 있다. 수요가 향상되어 목표에 도달되면 남은 객실은 공표요금으로 판매된다. 그리고 수요가 낮을 경우에는 경쟁은 더욱 치열해져, 경영자는 할인의 폭, 시기 등을 잘 결정할 수 있어야 하며 일드 매니지먼트를 위해선 경영윤리를 갖고 있어야 한다.

(3) 식음료 및 컨벤션

일드 매니지먼트를 극대화하기 위해서 객실의 수입도 고려되어야 하며 F&B 부서의 수입증가를 위해선 여러 부서의 협조 및 커뮤니케이션이 필요하다. 객실담당 매니저는 그 지역 컨벤션에 따른 객실수요 및 수요패턴을 잘 알고 있어야 한다.

(4) 수요의 계절성을 극복하는 방법

일드 매니지먼트를 사용하기 위해선 성수기와 비수기가 언제 발생하는지를 알아야 한다. 성수기에는 평균 객실요금을 인상시켜 객실수입을 극대화시킬 수 있다.

성수기는 객실재고에 따라 가장 높은 객실요금을 적용시켜 수입을 극대화 시킬 수 있도록 믹스 예측을 하여 점유율이 점점 증가하게 되면, 싼 객실 요금의 예약은 받지 않고, 가격에 예민한 단체는 할인하여 비수기로 수요를 옮길 수도 있다.

비수기는 개인과 단체 고객에게 사용되는 방법은 점유율을 늘이도록 하는 것으로, 가격에 민감한 그룹, 패키지 등 특별 할인을 주어 수요를 촉진시켜야 한다. 할인을 사용할 때는 판매부서의 협조를 얻어 상황에 따라 적용시킬 수 있는 할인요금 제도를 갖고 있어야 한다. 또한 각 세분시장의 믹스를 잘 예측하여 walk-in고객은 가장 높은 객실요금 즉 공표 요금을 받으며, 고객 충성도나 만족을 높이기 위해 객실요금보다 더 높은 객실요금의 객실을 제공하기도 한다.

4) 호텔기업의 수익률관리

(1) 시장에 대한 수익률관리

첫째, 일드 매니지먼트를 효과적으로 수행하기 위하여 호텔기업은 시장을 각기 다른 세분화 할 수 있어야 한다.

둘째, 호텔기업은 대체로 굴곡이 심한 수요패턴을 가지도 있는데 호텔 객실수요는 계절별, 월별 및 요일별로 변동이 심하다.

일드 매니지먼트는 비수기에는 요금을 할인함으로써 점유율을 높이고 성수기에는 요금을 인상하여 평균 객실요금을 높임으로써 일드를 극대화하고 성수기의 초과수요를 비수기로 이동시킴으로써 수요 변동을 조절할 수 있다.

(2) 판매에 대한 수익률관리

첫째, 호텔객실은 예약에 의해 판매된다. 미리 예약하는 경우의 대부분이 할인을 제공받게 되는데 이때 호텔경영자는 당일에 공표요금을 지불하고서라도 투숙하려는 관광객이 있게 된다면 할인을 요구하는 예약자를 어떻게 처리해야 할 것인가 하는 중요한 의사결정에 직면하게 된다.

이러한 의사결정을 효과적으로 행할 수 있도록 개발된 것이 일드 매니지먼트라 할 수 있다. 둘째, 객실요금체계는 무척 다양하다. 항공사 관광자의 경우 통일한 항공기의 동일한 좌석을 이용하더라도 예약시기 및 관광객의 지불능력에 따라 요금에 차이가 있다. 이와 마찬가지로 호텔의 경우도 동일한 객실을 이용하여도 관광객에 따라 차등요금이 적용되며 이는 일드 매니지먼트의 스레숄드 이론(Threshold theory)에 의한 객실재고관리의 결과라고 볼 수 있다.

(3) 제품에 대한 수익률관리

첫째, 재고의 소멸성 즉 객실상품의 가치는 당일에 판매하지 않으면 그 가치를 유형적으로 저장할 수 없는 성질을 가지고 이다. 둘째, 높은 고정비용으로 호텔은 감가상각비, 전기료, 수도광열비, 노무비 등과 같은 고정비적 성격의 비용 지출이 일반기업에 비해 상대적으로 높다. 셋째, 낮은 변동비용으로 일정 수의 객실이 판매되고 나면 추가로 객실을 판매하는 데는 비용이 적게 소요된다. 이러한 특징 때문에 호텔객실은 일드 매니지먼트가 더욱 필요하다.

5) 수익률의 측정

객실부문의 영업성과를 평가하기 위해서는 수익달성(Revenue achieve-ment)여부를 측정하여야 하며 수익률 즉, 일드(Yield)란 잠재수익(Potential revenue)에 대한 실제수익(Actual revenue)의 비율이다. 실제수익이란 실제 판매된 객실에 의해 창출된 수익이며 잠재수익이란 판매 가능한 모든 객실이 공표요금으로 판매되었을 때의 수익을 의미한다.

(1) 잠재평균요금(Potential average rate)

① 잠재평균 1인 요금(Potential average single rate)

잠재평균 1인 요금은 할인 없이 모든 객실이 1인 요금으로 판매되었을 때의 평균 요금이다. 이때 평균요금은 1인 객실수입(Single room revenue) ÷ 객실 수(Number of rooms)가 된다.

② 잠재평균 2인 요금(Potential average double rate)

잠재평균 2인 요금은 할인 없이 모든 객실이 2인 요금으로 판매되었을 때의 평균 요금이다. 이때의 평균요금은 2인 객실수입(double room revenue) ÷ 객실 수(Number of rooms)가 된다.

③ 2인 점유비율(Multiple occupancy percentage)

일드를 결정하는데 있어서 중요한 요소가 2인 점유비율이다. 이는 2인 인 이상 점유된 객실 수와 총 점유된 객실 수의 비율=2인 이상 점유된 객실 수÷총 점유된 객실 수로 나타낸다. 일반적으로 2인 점유비율이 높을수록 평균 객실요금이 높아지므로 2인 점유비율을 높여야 바람직하다.

④ 요금격차(Rate spread)

요금격차란 잠재평균 2인 요금과 잠재평균 1인 요금의 차이를 의미한다. 즉 잠재평균 2인 요금 - 잠재평균 1인 요금이 된다.

⑤ 잠재평균요금(Potential average rate)

잠재평균요금은 점유된 모든 객실이 공표요금으로 판매되었을 때 달성될 수 있는 평균객실요금을 의미하며 계산방법은 다음과 같다.

잠재평균요금 = 2인 점유비율(Multiple occupancy percentage) × 요금격차(Rate spread) + 잠재평균 1인 요금(Potential average single rate)

(2) 일드 달성율

잠재평균요금을 얼마만큼 달성했는지를 평가하기 위하여 달성율 또는 요금 달성비율을 계산하며 이를 통하여 호텔이 제공한 할인정도를 알 수 있으며 계산 방법은 다음과 같다. 달성율을 효과적으로 달성하기 위해서는 호텔 자체의 할인 정책과 목표 달성율을 설정하여야 한다.(달성율 = (실제평균요금 ÷ 잠재평균요금) × 100).

(3) 일드 (Yield)공식

앞서 제시한 여러 가지 계산방법을 기초로 다음과 같이 다양하게 계산될 수 있다.

① 일드 = 실제객실수익 ÷ 잠재 객실수익

이외에도 점유율에 달성율을 곱하여 일드를 구할 수 있다. 일드 이외의 호텔의 객실부문 영업성과를 측정하는 방법으로는 판매가능객실수당 수익과 판매가능 객실수당 공헌도 등이 있다.

② 판매가능 객실 수 당 수익 = 실제 객실수익 ÷ 판매가능 객실 수 혹은 평균 객실 요금 ×객실점유율

③ 판매가능 객실수당 공헌도 = (평균객실요금 – 한계비용) ×점유율

호텔 프런트 오피스 객실 실무

Chapter

02

호텔 프런트 오피스 서비스의 실무

제1장 프런트 오피스 서비스 실무의 시스템

01 프런트 사무실(Front Office)

호텔의 프런트 오피스는 호텔을 이용하는 모든 고객이 최초로 숙박 서비스를 받는 부서이며 또한 마지막 배웅장소이다. 따라서 호텔의 조직이 어떠하든지 프런트 오피스는 호텔에서 중요한 위치 즉, 로비(Lobby)에 위치하여 고객과 접촉을 윤활하게 한다.

표2-1 합리적인 현관 사무실 배치

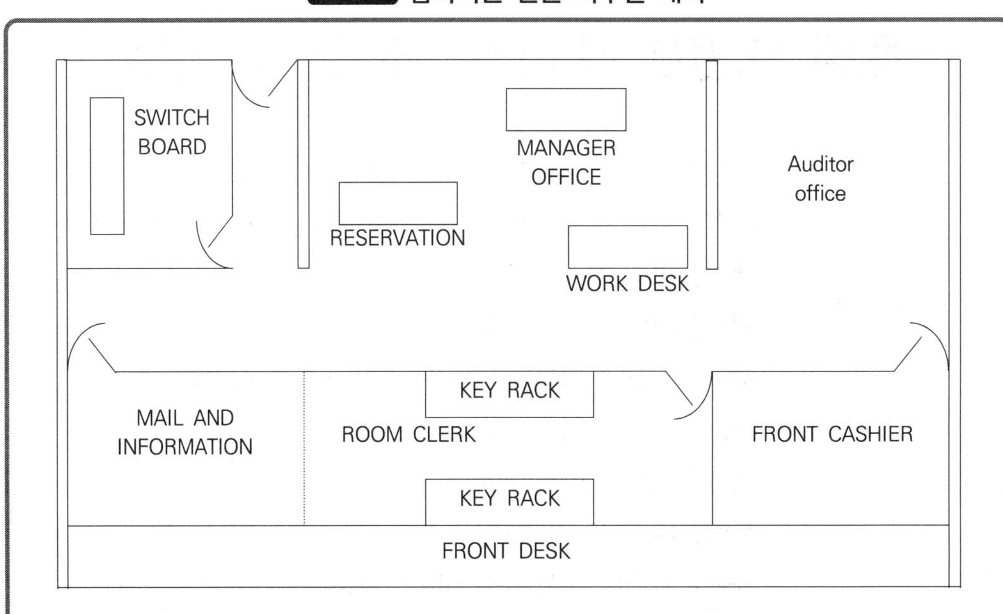

표2-2 프린트 기자재의 위치

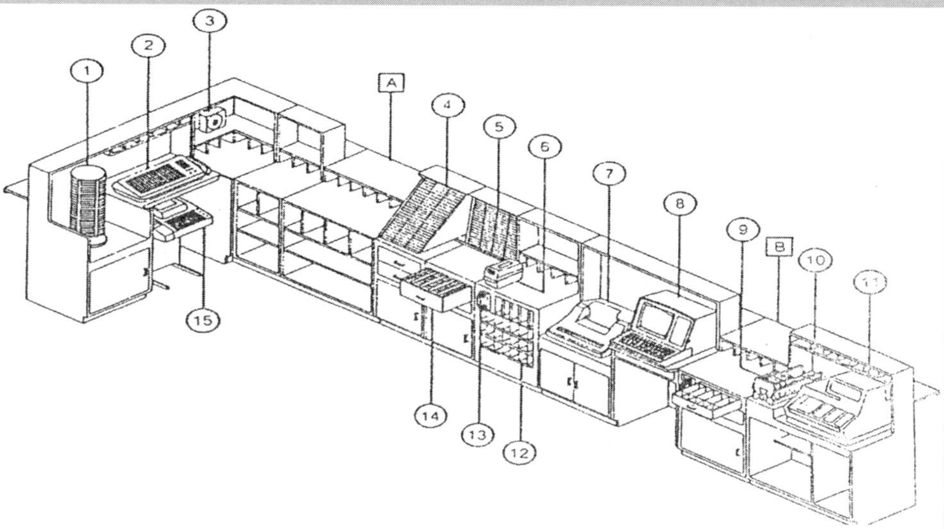

Legend:
1. Information rack
2. Automatic swichboard
3. Remind-O-Timer
4. Room rack
5. Key rack
6. Date-and time-stamping machine
7. Computer printer
8. Computer terminal
9. Folio rack(bucket)
10. Posted voucher rack
11. Electronic posting machine
12. Hold-mail rack
13. Telephone
14. Reserve key drawer(pulled out) A. check-in position
15. Telex machine B. check-out position

자료 : Hotel Inter-Continental 자료제공

02 프런트 데스크(Front Desk) 실무

프런트 오피스에 위치한 프런트 데스크는 호텔의 경영과 모든 고객 서비스를 조정하는 중간적인 역할을 한다.

그 기본적인 역할로는 숙박하고자 하는 고객에게 예약 및 등록업무를 하는 객실판매, 호텔을 이용하는 고객에게 제공되는 각종 정보와 통신처리에 따른 서비스 또한 고객과의 신용제공과 재정관리 등으로 정리할 수 있다. 그리고 세부적인 역할로는 객실예약, 판매를 위한 수속처리, 고객의 영접, 숙박등록 및 객실배정, 각 업장과 고객을 위한 현금출납과 우편물, 통신, 메시지 전달 및 처리, 그리고 고객의 불만과 불평등을 해결, 또는 상담하는 등 여러 세심한 서비스를 하고 있다.

이와 같이 무조건적인 객실판매가 그 주된 업무가 아니므로 프런트 주위환경 및 분위기 조성과 프런트 데스크 종사원의 예의 바르고, 친절, 신속, 정확한 직무수행과 원활한 업무진행으로 모든 고객이 다시 찾아오고 싶은 충동을 느끼도록 해야 한다.

프런트 데스크의 주요 업무

- 예약에 의해서 도착한 고객을 숙박등록 및 객실을 배정하여 숙박시킨다.
- 숙박객에게 오는 모든 서신 및 우편물을 접수하고 이를 송달한다.
- 각종 안내 및 정보를 제공하고 여행에 필요한 안내와 소개를 한다.
- 고객의 불평불만을 취급한다.
- 고객을 위한 금전출납업무를 취급한다.

(1) 프런트 데스크의 실무준비

① 근무자는 프런트 일지에 의하여 업무 인수인계를 철저히 한다.

② 당일의 지시, 전달, 특기 사항을 메모, 기억하여 업무에 차질이 없도록 한다.

③ 전일의 업무 결과를 알아두고 당일의 객실 판매 예측 사항을 파악하도록 한다.

④ 케셔(Cashier)에게서 발생되는 Check Out Folio에 의하여 SLIP을 정리하고 객실 전자키 회수에 최선을 다한다.

⑤ 예약상황을 살펴보고 당일의 FIT, 재방문객 및 VIP의 기호, 객실형(Room Type) 특성 등에 사전 대비토록 한다.

⑥ 메시지(message) 접수와 전달

메시지를 투숙객에게 전하는 경우 메시지 용지(백색)에 육하원칙에 의하여 접수하며 타임 스탬프를 누르고 담당자가 서명을 한다. 외출 중이면 열쇠함(Key Box)에 넣어 두고, 전자키가 나와 있지 않을 경우에는 메시지 램프를 눌러 놓아 고객에게 전언이 있음을 알린다.

⑦ 고객으로부터 객실변경(Room Change)요구가 있으면 요구된 객실로 이동 여부를 즉시 통보하고 객실변경의 시간을 결정한다. 객실 이동 시간이 결정되면 벨맨에게 객실변경서(Room Change Slip) 1매를 내주고 수화물의 이동을 지시한다. 이동 완료를 벨맨으로 부터 통보받으면 룸 랙 스립(Room Rack Slip)을 해당 룸랙에 이동시켜 놓고 객실변경서의 나머지 슬립을 인포메이션, 하우스키핑 케셔에 배부하고 원본은 보관하여야 한다.

⑧ 전자키

고객이 퇴숙한 오후 늦게까지 열쇠가 회수되지 않을 경우, 해당 객실의 판매를 보류하고 분실열쇠 제작(열쇠 실린더 전체 교환)의뢰서를 작성 제출한다. 열쇠 분실은 도난사고 가능성이 있을 뿐 아니라 객실판매에 지장을 초래하므로 고객 퇴숙 시 벨맨으로 하여금 열쇠 회수 확인을 받도록 한다.

⑨ 우편물 취급

우편물 배달은 투숙객에게 중요한 서비스이므로 세심한 주의를 기울여야 한다. 접수된 우편물은 본인에게 정확히 전달되도록 하여야 한다.

미도착 고객의 우편물은 우편물 대장(Mail Note)에 기록하고 예약 장부에 우편물 도착 표시(hold for arrival stamp)를 하여 고객 투숙 시 즉시 전달한다. 이미 퇴숙한 고객의 것은 약 10일간 보관하고 전달이 불가능한 것은 반송하거나 행선지 주소가 있으면 행선지 주소로 발송한다. 퇴숙 시 다음 투숙지 나 본인의 주소를 남겼을 때는 우편물 전부를 봉투에 넣어 우송한다.

⑩ 안내(Information) 준비

고객이 알고자 하는 모든 안내를 즉시 제공할 수 있도록 호텔 내의 안내 사항뿐 아니라 비행기나 열차 시간표, 주요 대사관의 위치, 주요 경기장의 위치, 극장, 은행, 백화점, 시장, 관광지 등에 대한 자료를 고루 갖추어야 한다.

⑪ 객실요금의 숙지

객실요금은 상품 가격이므로 객실형태별 표준요금뿐 아니라 할인율도 숙지하고 있어 고객의 문의에 즉시 정확한 응답을 할 수 있도록 한다.

⑫ 객실판매마감보고(room sales report)를 정확히 이행하여야 하며, 일보 작성 상 착오, 오류가 발생치 않도록 확인한다.

⑬ 호텔 영업장 뿐 아니라 임대업소 등에 관하여 불평을 제기할 때 정중히 접수하고 즉시 해결하도록 하며, 해결할 수 없는 사항은 즉시 상사에게 보고하여 처리하며, 모든 불평(Complaint) 사항은 당직일지에 기재、보고한다.

⑭ 기타 주의 사항

- 객실판매는 정비가 완료된 것을 판매하여야 한다.
- 객실배정은 고객이 원했던 객실을 지정한다.
- 귀빈의 보고와 고객끼리 인사소개를 해주는 등 여러 가지 편의를 제공해 준다.
- 고객의 객실 열쇠관리를 철저히 해 객실의 안전과 사고를 예방한다.

(2) 룸 클럭(Room Clerk)의 작성 서류

호텔에서 고객을 위해서 주소·성명·회사명·기타 부수적인 사항에 대하여 인지하고 호텔과 고객과의 관계에 대한 약관이다. 따라서 호텔에서는 등록카드에 제시된 고객의 귀중품, 고객의 요금지불방법, 고객의 출발 날짜를 확인하여 고객의 제반적인 사항을 도와준다. 또한 숙박등록카드는 고객의 제반적인 사항을 도와준다. 또한 숙박등록카드는 고객의 체류기간 연장이나 고객에게 제공되어 진 서비스상품을 파악하기 위해서 일종의 고객이력카드(Guest History Card)로써 활용되기도 한다.

① 숙박등록기록카드(Registration Card)

표2-3 숙박등록기록카드

<table>
<tr><td colspan="2">ROOM NO</td><td colspan="2">ARRIVAL DATE</td><td colspan="2">DEPARTURE DATE</td><td colspan="2">ROOM TYPE/QTY</td></tr>
<tr><td colspan="4">□MR LAST NAME(姓名) FIRST NAME
□MS
□MRS
□MISS</td><td colspan="3">PASSPORT NO.(住民登錄番號)</td><td>NATIONALITY
(國籍)</td></tr>
<tr><td colspan="6">HOME ADDRESS(住所)</td><td>RES.</td><td>NO RES.</td></tr>
<tr><td colspan="2">PHONE(電話)</td><td colspan="2">DISCOUNT(%)</td><td colspan="2">ROOM RATE</td><td colspan="2">CAR NO.</td></tr>
<tr><td colspan="2" rowspan="2">NO OF PERSON(M/F)</td><td colspan="2">NEWSPAPER SERVICE</td><td colspan="4" rowspan="2">PAYMENT
□ADVANCE DEPOSIT □CASH
□CREDIT CARD □CITY LEDGER</td></tr>
<tr><td>YES</td><td>NO</td></tr>
<tr><td>A.P</td><td>N.P</td><td colspan="2">DATE OF BIRTH(生年月日)</td><td colspan="2">NAME OF COMPANY(會社名)</td><td colspan="2">OCCUPATION & TITLE</td></tr>
<tr><td colspan="4">DATE OF ENTRY TO KOREA(入國日字)</td><td colspan="2">PURPOSE OF TRAVEL
□TOUR □BUSINESS
□OTHERS</td><td colspan="2">SIGNATURE(署名)</td></tr>
<tr><td colspan="6">귀중품은 필히 프런트에 보관해 주십시오. 객실내에서 귀중품의 분실에
대하여 호텔은 책임을 지지 않으니 숙지바랍니다.
MONEY AND VALUABLES MUST BE DEPOSITED IN THE OFFICE
SAFE. OTHERWISE THE HOTEL WILL NOT BE RESPONSIBLE FOR ANY LOSS.</td><td colspan="2">CLERK</td></tr>
</table>

② 객실 배정표(Rooming Slip)

객실 배정표는 마치 일반상품 판매에 있어서 영수증과 같이 호텔이 고객에게 몇 호실을 얼마의 가격으로 드린다는 확인이며 여기에는 고객의 성명, 객실번호, 객실요금, 도착일자, 출발일자, 국적, 그리고 작성자의 서명을 하게 되어 있으며, 호텔 내 안내사항이 기재되어 있기 때문에 고객은 호텔 내에 무엇이 있는가를 쉽게 알 수가 있다.

객실 배정표는 룸 클럭이 작성하며 2매를 1조로 하여 1매는 고객에게 나머지 1매는 Housekeeper나 해당 층의 Floor desk로 보내진다.

표2-4 ROOMING SLIP

<table>
<tr><td colspan="2">FRONT OFFICE : FLOOR
MAIN GRILL FLOOR
BREAKFAST 7 : 00 AM-10 : 00 AM
LUNCHEON 12 : 00 NOON-3 : 00 PM
DINNER 6 : 00 PM-9 : 00 PM
CHINESE RESTAURANT FLOOR
12 : 00 NOON-9 : 00 PM
ROOF TOP-LOUNGE FLOOR
7 : 00 PM-12 : 00 PM</td></tr>
<tr><td>성명(NAME)</td><td>국적(NATIONALITY)</td></tr>
<tr><td>객실번호(ROOM NO.)</td><td>도착일(DATE OF ARRIVAL)</td></tr>
<tr><td>객실료(ROOM RATE)</td><td>출발일(DATE OF DEPARTURE)
CLERK</td></tr>
</table>

③ 고객 기록표(Room Rate Slip)

프런트 데스크에서 숙박객의 인적사항을 기재하여 그 현황을 룸 클럭이 항상 알고 있고 객실판매현황을 필요에 따라 한눈으로 파악할 수 있도록 rack을 만들어 비치하는 상황판이다. 그 구분은 3가지로서 백색, 황색, 청색 등으로 단기숙박, 장기숙박, 단체숙박으로 구분하여 작성한 다음 고객현황판에 꽂아둔다.

표2-5 3색으로 구분된 Room Rate Slip

<table>
<tr><th>Room No.
객실번호</th><th colspan="4">Name(성명)</th><th>No of Prs
인원수</th></tr>
<tr><td>Date of Arrival
도착일자</td><td>Date of
Departure
출발일자</td><td>Nationality
국적</td><td>Age
연령</td><td>Rate
요금</td><td>Remark.
비고</td></tr>
</table>

④ 할인 내역서(All Rack Slip)

호텔에서 어떤 사정상 할인을 해주어야 할 경우 룸 클럭이 자기임의로 할인조치를 할 수가 있다. 그러므로 규정된 양식에 의거 할인 내역서를 발행해서 정당한 할인근거를 첨부하여 현관사무실 책임자의 결재를 받은 후에 숙박카드와 같이 프론트 캐셔로 이전시킨다.

표2-6 할인 내역서

할 인 내 역 서		
성 명 :		
소 속 :		
객실번호 :	기본실료 :	
투숙일자 :	자 20 . . .	지 20 . . .
할 인 률 :		
할인근거 :	영 업 규 정 제 조 항 에 의 거	
비 고 :		
	20 . . .	
	Front 근무자	㊞
	프런트 팀장	㊞

⑤ 객실 및 실료 변경 지시서(Room or Rate Change Slip)

객실변경에 따른 조치로서 숙박객이 숙박 중에 다른 객실로 바꾸어 달라는 요청이 있을 경우 일정한 규정과 양식에 의해서 객실이나 요금변경을 실시한다. 또한 머무르는 고객에 대한 제반조건을 변경하고자 할 때 Slip으로서 2매를 동시에 작성하여 Manager의 Sign을 얻은 후 In-Put하게 된다.

※ 작성요령

- date – 작성일
- room no – 객실번호
- guest name – 고객성명
- room rate – 객실요금
- time – 작성시간 및 요령
- person guest – 고객 수
- room type – 객실종류

표2-7 객실 및 실료 변경 지시서

ROOM CHANGE

ROOM NO.	TO	ROOM NO.
₩	TO	₩
(REMARKS)	CLERK	

ROOM CHANGE SLIP	
TIME ______________	200 . . .
FROM	TO ROOM
RATE ₩	RATE ₩
OCCUPANTS NAME ______________	
O . K BELL MAN ______________ TIME	
CHANGE ORDERED BY ______________	
	CLERK ______________

⑥ 귀빈 도착서(VIP Arrival Report)

국빈이나 귀빈이 호텔에 숙박하게 될 때 호텔에 도착해서 일단 숙박수속을 끝내면 지배인과 호텔 내 각 영업장에 그 보고를 하여야 한다.

표2-8 귀빈도착보고양식

V.I.P. ARRIVAL REPORT	V.I.P. ARRIVAL REPORT
Date . .	Date . .
Room No.	Name
Date of Arrival	Room No.
Date of Departure	Date of Arrival
	Date of Departure
	Purpose of Stay
Remark	Schedule of Stay
	Remark
Reported by	Reported by

⑦ 객실판매현황(Room Count Sheet)

당일의 객실판매현황을 한눈으로 볼 수 있도록 하고, 그날의 판매실적을 통계내기 위해서 심사 자료로 2매를 작성한다. 대개 기재사항에 있어서 객실형태, 객실 수, 실료, 인원, 국적별로 세분화해서 작성한다.

표2-9 객실판매현황

객 실 판 매 현 황

No 00785　　　　일 자 　. 　.

객실번호 및 형	투숙인원	실 료	객실번호 및 형	투숙인원	실 료	객실번호 및 형	투숙인원	실 료
ST			ST			DO		
DO			DO			DO		
DO			DO			DO		
DO			DO			DO		
ST			DO			SR		
SR			SR			SR		
SR			SR			SR		
SR						TW		
DO			TW			TW		
DO			ST			ST		
계								
총계								

구분	판매실수	미판매자	자가사용	고장	가격	계	국적	인원
SINGLE							한국	
DOUBLE							일본	
TWIN							동 남 아	
SUITE							미국	
							기타	
계							계	

⑧ 방문객 메시지 전달서(Visitors Message Sheet)

고객이 숙박하고 있는 동안 방문객이 방문했을 때, 부재중으로 그냥 돌아갔을 때나 전화로 고객을 찾아가 없을 때, 프런트 클럭은 메시지를 양식에 메모하였다가 고객이 돌아오면 전달하는 양식이다. 메시지 전달은 호텔의 이미지를 나타내는 것으로서 고운 색깔을 넣어서 사용해야 한다.

표-10 고객 메시지 전달서

MESSAGE
ROOM No.
TO :
DATE
While you were out, you had a telephone call from : FROM :
Place : Tel. No. :
□ left no message. □ will call you again. □ Please call back. □ Please call back immediately.
MESSAGE
THANK YOU. CLERK :

호 텔 프 런 트 오 피 스 객 실 실 무 론

제2장 객실 예약 정보실무(Room Reservation Information)

호텔은 고객 유치와 관련하여 예약이라는 형태로 고객과 접촉하게 된다. 객실을 이용하고자 하는 고객 또는 중개자에 의해 전화, 팩스, 편지, 인터넷, 직접방문 등을 통해 예약을 접수한다. 이때 객실의 종류, 이용자 성명, 체재기간, 예약자 성명과 전화번호, 요금과 제반 서비스, 지급조건에 따른 조치사항 등을 확정짓게 되며, 이런 자료는 한 고객이 입숙, 체재, 퇴숙 후에도 고객이력관리파일에 저장되어 마케팅 활동에 이용되므로 정확성을 필요로 한다.

객실예약을 통하여 객실의 종류, 이용자 성명, 기간, 지불조건 등의 거래 내용을 확인하는 절차를 예약업무라 하며, 확정된 각종 거래 조건은 특별한 하자가 없는 한 Check-In에서 Check-Out 시점까지 이어지므로 정확한 예약업무절차가 필요하다.

특히 객실상품의 기본 특성 때문에 상품 보존이 불가능하므로 객실 점유율 100%로 끌어올리기 위해서는 일자별, 월별, 계절별 Room Forecast가 필요한데 이의 기본 자료는 예약된 객실 수 및 시장동향 분석자료로 활용할 수 있다.

표2-11 예약(Reservation)

예약과정	예약변경 및 취소	고객연락
○ 예약요청일 확인 및 결정 ○ 이용가능 객실 확인 ○ 객실 요금 공지 ○ 예약기록 재확인 ○ 예치금 정책에 대한 공지 ○ 고객 지불 능력 확인 ○ 호텔서비스와 비품안내 ○ 중앙 예약 장비 운용 숙지 ○ 신용카드 확인 시스템 운용	○ 고객 예약 변경 기록 ○ 고객 예약 취소 ○ 예치금 환불 ○ 이용가능 객실 변경 기록 ○ 예약기록 재확인	○ 예약정보 확인 ○ 고객 No-Show 방지 ○ 호텔 정보 제공 ○ 호텔 서비스 안내 ○ 고객 문제 해결 지원

01 고객 예약 예상 사이클

고객예상 사이클은 호텔 체재기간 동안 고객 유지할 수 있는 거래(transactions)를 결정할 수 있다. 이 고객 예상거래의 흐름은 도착 전 단계, 도착단계, 체제단계, 출발단계의 4단계의 나누어 질 수 있고, 각 단계마다 서비스와 회계에 대한 주요업무로 구성될 수 있다.

고객 예상 사이클은 절대적인 것은 아니며 고객행동이나 기능들이 각각의 고객 사이클 간에 걸쳐 있는 경우가 있기 때문에 각 각 호텔에서는 이러한 전통적인 고객예상 사이클은 전산화와 호텔 운영부서 간의 협력증진을 위해 적용되기도 한다.

① 도착전 단계(Pre-arrival)

- 호텔예약 직원은 예약문의에 대해 신속하고 정확하게 답하여야 한다.
- 예약이 성사되면 예약장부를 만든다. 이것은 고객 사이클의 시초이고 고객이 도착하기 전에 객실Type과 객실료를 정해두고 고객 원장(Folio)을 만들어 두는 기초자료가 된다.

표2-12 고객 예상 사이클과 객실부 관련 기능

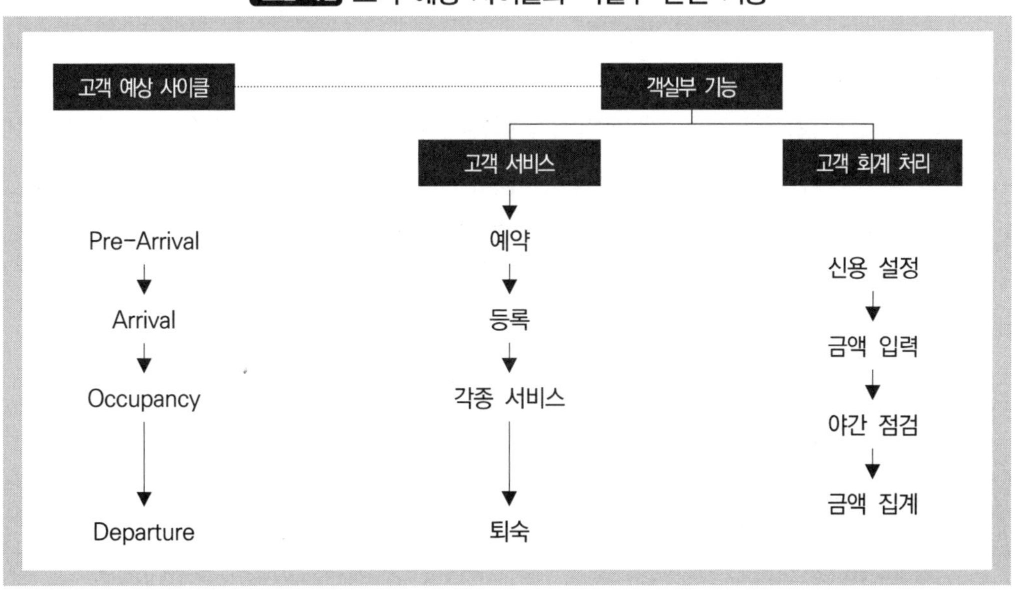

② 도착 단계(Arrival)

- 등록업무(Registration)과 객실배정을 제공한다.
- Front Desk 직원은 등록절차를 시작하기 전에 예약상황을 점검한다.
- 등록카드를 작성한다. 이는 고객이 퇴숙한 후에 고객이력카드(Guest History) 작성에 기본 자료가 된다.
- 객실배정과 객실료를 정한다. 이는 효율적인 객실현황체계(Room Status System)에 전적으로 의존한다.
- 객실료 지불방법을 결정한다.
- 객실 키를 고객에게 건넨다.

표2-13 고객 사이클 내의 고객과 객실부의 상호작용

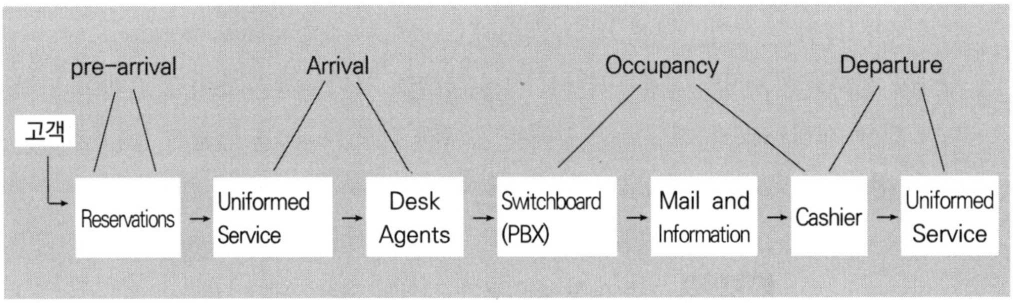

③ 체재 단계(Occupancy)

- 고객의 체재기간 동안 대고객 서비스가 행해진다. 서비스는 고객만족을 극대화하기 위해 빠르고 신속하게 제공되어야 한다.
- 고객의 불평을 처리한다. 이는 고객과 호텔 간의 명확하고 대인적인 의사교환에 의존한다.
- 고객의 안전에 만전을 기한다.

④ 퇴숙 단계(Departure)

- 고객에게 정확한 고객원장(Guest Folio)를 건넨다.
- 객실요금을 지불 받는다.

- 고객이 퇴숙할 때까지 포스팅(posting)되지 않은 금액은 나중에 요금(Late Charges)으로 청구된다.
- Guest History를 작성한다.
- 객실상황(Room Status)을 조정하고 객실관리부에 전달한다.

02 유형별 예약

1) 보장성 예약(Guaranteed Reservation)

보장성 예약은 No-Show의 경우에도 호텔의 이익을 창출할 수 있는 것으로 고객은 호텔의 취소절차에 따라 예약취소를 하지 않는 한 No- Show의 경우를 포함하여 객실 사용여부에 상관없이 객실요금을 지불하는 예약이다. 이때의 No-Show는 객실을 사용하지 않는 것은 물론이고 예약 취소도 하지 않는 것이다.

① 선 지불-도착 전 지불 완료
② 신용카드- 신용카드 회사가 예약된 객실의 요금을 지불 보장
③ 선수금- 일정금액을 도착 전에 호텔에 예치
④ 여행사- No-Show발생 시 여행사로부터 요금청구
⑤ 법인형- 특정회사법인과 호텔이 계약을 통해 No-Show를 포함한 모든 경우의 요금지불 책임을 져야 한다.

2) 비 보장성 예약(Non-guaranteed reservation)

고객이 예약한 객실에 대한 요금이 지불되지 않은 상태로 아무런 사전 연락이 없으면 규정한 약정 시간이 지나면 호텔은 고객을 위해 당일 예약 취소시간(일반적으로 18시)까지 객실을 보류해 두어 고객이 예약 취소시간까지 오지 않을 경우 즉시 판매가능 객실에 추가함으로써 일반고객에게 판매할 수 있는 예약형태이다.

03 예약 접수 실무

예약은 숙박인원수에 따라 개인예약, 단체예약으로 구분을 한다. 그리고 일반적으로 관광호텔에서는 내국인과 외국인으로 구별하고 있다. 예약접수가능기간은 신청일로부터 계산하여 향후 2년까지로 하며 너무 지나친 후일의 예약은 실현성이 많지 않으며, 예상외의 손실을 초래할 염려가 있게 된다.

또는 예약신청 일자가 1년 후일 때에는 상호 월, 일자를 정하여 다시 연락 확인할 것을 약속하고 객실의 종류와 숫자만을 확답하고 예약하는 것은 피하는 것이 좋다. 왜냐하면 객실요금은 매년 인상이나 변경이 있게 됨으로 차질이 생기기 때문이다.

회사 지불 및 단체예약은 모두 후불 담당지배인(credit manager)에 의해 후불 지급승인의 서명을 받은 후 복사된 사본 1매는 담당지배인에게 주고 원본은 보관함에다 날짜순으로 꽂는다.

예약고객이 도착하면 기재한 숙박카드와 함께 프런트 케셔로 넘기고 프런트 케셔는 원본의 기입 요건에 따라 청구서 원장을 점검한 후 각 객실번호의 파일에 넣는다. 그리고 퇴숙 시 후불 처리되는 것은 고객의 서명을 받은 다음 여신과로 넘겨지며 후불 담당자에게 내준 사본과 대조검사를 하게 된다. 또 원본 카드는 프런트 데스크의 경우 예약실에 보관하게 된다.

호텔의 예약 접수 서비스는 호텔에 대한 첫 인상을 좌우하므로 항상 정중하고 예의바른 자세로 응대하며, 고객의 기대와 요구가 충족되어 객실 판매로 이어질 수 있도록 관련 정보 및 수행 절차에 대해 숙지하여야 한다.

04 예약카드 작성 요령

① 숙박객 명(인원 및 성별)은 Last, First, Middle Name의 순서로 인쇄체로 기입한다.
② 도착예정일, 도착시간, 교통편, 출발지를 묻는다.
③ 출발예정일, 출발시간, 교통편, 행선지를 묻는다.

④ 객실종류와 요금을 구별한다.
⑤ 예약 신청자의 성명과 연락처(주소 및 전화번호)를 정확히 기입한다.
⑥ 지불조건과 지불범위를 명확히 한다.
⑦ 객실에 대한 특별 희망사항을 묻는다.
⑧ 할인 대상의 여부 확인을 한다.
⑨ 선불금의 지불을 확인한다.
⑩ 예약 접수자의 서명을 한다.

표2-14 Reservation Request

<table>
<tr><td colspan="2">MASTER. ACCT</td><td colspan="5" rowspan="4"></td><td colspan="2">ROOMS</td><td colspan="2">RM.RATE</td></tr>
<tr><td colspan="2"></td><td colspan="2"></td><td colspan="2"></td></tr>
<tr><td colspan="2">GRP. CODE</td><td colspan="2">PAX</td><td colspan="2">B/F.RATE</td></tr>
<tr><td colspan="2"></td><td colspan="2"></td><td colspan="2"></td></tr>
<tr><td>OD</td><td>DB</td><td>TW</td><td>D-TW</td><td>KS</td><td>JS</td><td>RS</td><td colspan="2">T/A NO.</td><td colspan="2"></td></tr>
<tr><td></td><td></td><td></td><td></td><td></td><td></td><td></td><td colspan="2">SALES NO.</td><td colspan="2"></td></tr>
<tr><td>ARRIVAL DATE</td><td colspan="2"></td><td>DEPARTURE DATE</td><td colspan="3"></td><td colspan="2">CONFIRM</td><td colspan="2"></td></tr>
<tr><td rowspan="2">FLT NO.</td><td colspan="2"></td><td>FLT. TIME</td><td colspan="3"></td><td colspan="2">ROOM NO</td><td colspan="2"></td></tr>
<tr><td colspan="2"></td><td>ARR. TIME</td><td colspan="3"></td><td colspan="4" rowspan="5"></td></tr>
<tr><td>SOURCE,AGENT</td><td colspan="6"></td></tr>
<tr><td>TEL NO.</td><td colspan="6"></td></tr>
<tr><td>REQUEST. BY</td><td colspan="6"></td></tr>
<tr><td>PAYMENT</td><td colspan="6">PVT, CO.,T/A, CREDIT,RM,B/F,MEAL,
PHN,ALL</td></tr>
<tr><td rowspan="2">REMARKS</td><td colspan="6" rowspan="2"></td><td colspan="2">DATE</td><td colspan="2">CLERK</td></tr>
<tr><td colspan="2"></td><td colspan="2"></td></tr>
</table>

05 단체 예약(Group Reservation)

호텔에서의 단체예약은 숙박비를 부담하는 고객이 15실 이상 예약을 했을 때로 규정되어 있다. 일반적으로 단체예약은 여행사를 통해서 이루어지는 경우가 많고 숙박은 패키지 형식으로 안내자가 동행하여 식사도 포함하여 예약한다.

단체예약 취급요령

❶ 단체예약의 경우 여행사 지불 또는 개인단체나 일반 회사지불이 있으며 어떤 때는 단체의 인솔자가 지불하는 경우가 있기 때문에 예약접수 시 지불방법과 범위를 분명히 해두어야 한다.

- 단체고객 인원 수 및 명단
- 예정 체크-인·아웃 날짜
- 희망 객실 수
- 단체고객의 국적
- 여행 목적
- 투숙 시 요청 서비스
- 요금지불방법 및 조건
- 담당자(인솔자) 연락처

예) "안녕하십니까? OOO호텔입니다."
"무엇을 도와드릴까요?"
(인솔자에게) "객실 예약 및 기타 관련 내용을 확인하여 주시기 바랍니다."

❷ 취소나 변경 또는 인원의 감소 등 불확실성이 많은 단체에 대해서는 예약신청자인 여행사, 항공사, 일반단체에게 도착 일주일전 예약확인의 연락을 하도록 한다.

❸ 예약확인 되었을 때 단체명단, 식사예정, 도착시간, 여행일정 등을 요구 또는 확인한다.
※ 특히, 요금지불조건 및 범위에 대한 사항은 자세히 확인하여야 함

❹ 단체고객을 접수할 때에는 특히 예약조정 상황표(control chart)를 읽어 요일, 희망 객실 수, 단체 인원수, 고객의 국적, 여행목적, 지불조건, 취급여행사명, 예치금의 가능성 여부 등을 세밀히 검토한 후 접수하도록 한다. 취소, 변경 혹은 인원 감소의 위험성이 많은 단체에 대해서는 신청자인 여행사, 항공사, 일반객에게 적어도 도착일 1주일 전 매주 지정일에 예약 확인의 연락을 하기로 한다.

❺ 이때에 단체 명단(rooming list), 식사예정, 도착시간, 여정(itinerary) 등을 요구 또는 확인한다.

또한 단체예약이 여행사를 통한 경우, 국제행사, 정부 의전행사인 경우, 주최 측에 객실직원이 예약확인 후 변경이나 수정되는 내용이 있을 경우, 또는 부가적인 서비스를 희망하는 경우 등에 반드시 내부 영업담당 직원에게 통보하여 창구의 일원화 및 내부 의사소통에 문제가 발생하지 않도록 해야 한다.

단체 예약이 여행사를 통한 경우, 국제행사, 정부 의전행사인 경우, 주최측에 객실 직원이 예약 확인 후 변경이나 수정되는 내용이 있을 경우 또는 부가적인 서비스를 희망하는 경우 등에 반드시 내부 영업 담당직원에게 통보하여 창구의 일원화 및 내부 의사소통에 문제가 발생하지 않도록 해야 한다.

■ 단체 예약(Group Reservation)

단 계	서비스 내용
예약 내용 확인	• 단체 예약정보를 접수한 후 자세히 확인한다. - 단체고객 인원 수 및 명단 - 예정 체크-인·아웃 날짜 - 희망 객실 수 - 단체고객의 국적 - 여행 목적 - 투숙시 요청 서비스 - 요금 지불 방법 및 조건 - 담당자(인솔자) 연락처 **"안녕하십니까? OOO호텔입니다."** **"무엇을 도와드릴까요?"** **(인솔자에게) "객실 예약 및 기타 관련 내용을 확인하여 주시기 바랍니다"**
⬇	
객실 투숙 가능 여부 확인	• 객실 예약현황을 확인하여 예정 기간 내 객실 이용 가능 여부를 확인하여 **인솔자(담당자)**에게 객실 이용 가능 유무를 전한다. **"예약하신 내용에 대해 변경사항은 없으십니까?"** **"그럼 예약하신대로 접수하도록 하겠습니다"** **"감사합니다"**
⬇	
예약 확인 및 기타 정보 제공	• **인솔자(담당자)**에게 전체 예약 사항에 대해 다시한번 확인한다. ※ 특히, **요금 지불 조건 및 범위**에 대한 사항은 **자세히 확인**하여야 함 • 기타 정보 및 공지 사항을 전달한다.
⬇	
예약파일 작성 마감	• 예약파일 작성을 마감한 후 관련 부서에 공지한다.

06 팩스 예약(Fax Reservation)

① 예약 내용 확인 : 수신된 예약 내용을 확인한다.

- 투숙 예정 고객 성명
- 예정 체크-인·아웃 날짜
- 희망 객실 형태
- 투숙 시 요청 서비스
- 요금 지불 방법
- 발신자 연락처

② 객실 투숙 가능 여부 전송

객실 예약 현황을 확인하여 예정기간 내 투숙 가능 여부 및 희망 객실 이용 가능 여부를 확인한 후 가능 여부를 전송하며 불가능할 경우 가능한 대안을 제시하여 예약을 유도하나, 대안 거절시 감사 인사와 재이용 부탁 내용의 팩스를 발송한다.

③ 예약확인서 및 기타 정보 발송

고객의 예약 결정이 이루어지면 예약확인서 및 기타 정보, 공지사항 등을 발송한다.

④ 예약파일 작성 마감 및 관련 서류 정리

예약파일 작성을 마감한 후 관련 부서에 공지하며 예약확인서 및 예약과 관련하여 팩스로 발·수신된 모든 서류 사본을 정리하여 보관한다.

팩스예약 취급요령

❶ 예약 내용 확인 ➡ 수신된 예약 내용을 확인한다.

- 투숙 예정 고객 성명
- 예정 체크-인·아웃 날짜
- 희망 객실 형태
- 투숙 시 요청 서비스
- 요금 지불 방법
- 발신자 연락처

❷ 객실 투숙 가능 여부 전송 ➡ 객실 예약 현황을 확인하여 예정 기간 내 투숙 가능 여부 및 희망 객실 이용 가능 여부를 확인한 후 가능 여부를 전송한다. 또한 불가능할 경우 가능한 대안을 제시하여 예약을 유도하나, 대안 거절시 감사 인사와 재이용 부탁 내용의 팩스를 발송한다.

❸ 예약확인서 및 기타 정보 발송 ➡ 고객의 예약 결정이 이루어지면 예약확인서 및 기타 정보, 공지사항 등을 발송한다.

❹ 예약파일 작성 마감 및 관련 서류 정리 ➡ 예약파일 작성을 마감한 후 관련 부서에 공지하며 예약확인서 및 예약과 관련하여 팩스로 발·수신된 모든 서류 사본을 정리하여 보관한다.

07 전화 예약(Telephone Reservation)

① 고객 환대 및 기본 예약정보 접수

- 친절하고 정중하게 감사 인사를 전하고 본인 성명을 밝힌다.

  예) "안녕하십니까? OOO호텔입니다." "무엇을 도와드릴까요?"

- 예정 체크-인·아웃 날짜, 희망 객실 형태 등 기본 예약정보를 받는다.

  예) "고객님, 예약을 하시겠습니까?" "언제 투숙하실 예정이십니까?" "어떤 객실 형태를 원하십니까?"

- 객실요금 등 고객 요구 시 필요한 정보를 제공한다.

  예) "저희 호텔에는 싱글 룸, 더블 룸, 스위트룸 등이 있으며 싱글 룸의 객실요금은 OO만원이며 스위트룸은 OO만원입니다"

② 객실 투숙가능 여부 확인

- 객실 예약현황을 확인하여 예정기간 내 투숙가능여부 및 희망 객실 이용 가능여부를 확인한 후 고객에게 알려준다.

  예) "기다려 주셔서 감사합니다. 고객님께서 요청하신 O월 O일 싱글룸이 예약되었습니다."

- 불가능할 경우 가능한 대안을 제시하여 예약을 유도하나, 고객이 대안을 거절할 경우 감사 인사와 재이용을 부탁한다.

  예) "기다려 주셔서 감사합니다. 고객님께서 요청하신 O월 O일에는 싱글 룸이 없습니다. 다른 객실형태나 다른 날짜로 요청하시겠습니까?"(다른 객실이나 날짜로 변경) "O월 O일 트윈룸으로 예약되었습니다. 감사합니다."(거절하는 경우) "죄송합니다. 다음에 다시 찾아주시면 정성껏 모시도록 하겠습니다."

③ 부가 예약정보 접수 및 기타 정보제공

- 고객의 예약 결정이 이루어지면 부가 예약정보를 받는다.
  - 투숙 예정 고객 성명, 요금 지불 방법 및 예약금(Deposit), 투숙 시 요청 서비스, 예약자 연락처 등
- 고객에게 필요한 정보 및 공지 사항을 전달한다.

④ 예약사항 확인 및 예약파일 작성 마감

- 고객에게 전체 예약 사항에 대해 다시 한번 확인한 후 예약번호를 알려주고 감사 인사를 전한다.

  예) "고객님께서는 O월 O일 OO룸을 예약하셨으며 예약번호는 OOO입니다""저희 호텔을 이용해 주셔서 대단히 감사드립니다."

- 예약파일 작성을 마감한 후 관련부서에 공지한다.

■ 전화 예약(Telephone Reservation)

단 계	서비스 내용
고객 환대 및 기본 예약정보 접수	• 친절하고 정중하게 감사 인사를 전하고 본인 성명을 밝힌다. **"안녕하십니까? OOO호텔입니다." "무엇을 도와드릴까요?"** • 예정 체크-인·아웃 날짜, 희망 객실 형태 등 기본 예약정보를 받는다. **"고객님, 예약을 하시겠습니까?" "언제 투숙하실 예정이십니까?"** **"어떤 객실 형태를 원하십니까?"** • 객실요금 등 고객 요구시 필요한 정보를 제공한다. **"저희 호텔에는 싱글룸, 더블룸, 스위트룸 등이 있으며 싱글룸의 객실요금은 20만원이며 스위트룸은 50만원입니다"**
⬇	
객실 투숙 가능 여부 확인	• 객실 예약 현황을 확인하여 예정 기간 내 투숙 가능여부 및 희망 객실 이용 가능여부를 확인한 후 고객에게 알려준다. **"기다려 주셔서 감사합니다. 고객님께서 요청하신 O월 O일 싱글룸이 예약되었습니다."** • 불가능할 경우 가능한 대안을 제시하여 예약을 유도하나, 고객이 대안을 거절할 경우 감사 인사와 재이용을 부탁한다. **"기다려 주셔서 감사합니다. 고객님께서 요청하신 O월 O일에는 싱글룸이 없습니다. 다른 객실형태나 다른 날짜로 요청하시겠습니까?"** **(다른 객실이나 날짜로 변경) "O월 O일 트윈룸으로 예약되었습니다. 감사합니다"** **(거절하는 경우) "죄송합니다. 다음에 다시 찾아주시면 정성껏 모시도록 하겠습니다"**
⬇	
부가 예약정보 접수 및 기타 정보 제공	• 고객의 예약 결정이 이루어지면 부가 예약정보를 받는다. - 투숙 예정 고객 성명, 요금 지불 방법 및 예약금(Deposit), 투숙 시 요청 서비스, 예약자 연락처 등 • 고객에게 필요한 정보 및 공지 사항을 전달한다.
⬇	
예약사항 확인 및 예약파일 작성 마감	• 고객에게 전체 예약 사항에 대해 다시한번 확인한 후 예약번호를 알려주고 감사 인사를 전한다. **"고객님께서는 O월 O일 OO룸을 예약하셨으며 예약번호는 OOO입니다"** **"저희 호텔을 이용해 주셔서 대단히 감사드립니다."** • 예약파일 작성을 마감한 후 관련 부서에 공지한다.

08 인터넷 예약(Internet Reservation)

인터넷 발달로 인하여 국내의 호텔 예약 전문사이트(Online Travel Agency)를 통하여 예약되고 있다. 과거 대규모 호텔에서는 국외 예약 사무소를 설치하거나 지역의 사무소를 통해서 예약을 받는 것이 일반적이었다.

따라서 인터넷 예약으로 고객의 보증금을 처리할 때는 고객의 카드번호 등 고객의 개인적인 비밀이 유출되지 않도록 조심해야 한다.

① 예약 내용 확인

- 인터넷으로 접수된 예약 내용을 확인한다.
  - 투숙 예정 고객 성명
  - 예정 체크-인·아웃 날짜
  - 희망 객실 형태
  - 투숙 시 요청 서비스
  - 요금 지불 방법
  - 예약 고객 연락처(E-mail 주소, 전화번호, 핸드폰 번호)

② 투숙 가능 여부 확인 및 보증금 처리

- 객실예약현황을 확인하여 예정기간 내 투숙 가능 여부 및 희망 객실 이용 가능 여부를 확인한다.
- 객실 이용이 가능할 경우 보증금 처리 절차를 수행한다.
  - 신용카드 지불일 경우 카드번호, 유효기간 등을 확인한다.
  - 현금지불일 경우 인터넷 예약고객에게 메일을 통해 호텔 계좌번호를 알리고 규정된 보증금을 온라인 입금으로 받는다.

③ 예약 확인 메일 발송

- 보증금 처리절차가 마무리되면 다음 내용이 포함된 예약 확인 메일을 인터넷 예약고객에게 전송한다.

- 호텔 예약에 대한 감사 인사
- 예약 사항
- 보증금 처리결과
- 예약 번호
- 예약담당직원 성명 및 연락처
- 기타 정보 및 호텔 공지사항

④ 예약파일 작성 및 관련부서 공지

• 예약 내용을 호텔 예약파일 양식으로 재작성하고 관련부서에 해당 사항을 공지한다.

■ 인터넷 예약(Internet Reservation)

단 계	서비스 내용
예약 내용 확인	• 인터넷으로 접수된 예약 내용을 확인한다. - 투숙 예정 고객 성명 - 예정 체크-인·아웃 날짜 - 희망 객실 형태 - 투숙시 요청 서비스 - 요금 지불 방법 - 예약 고객 연락처(**E-mail 주소, 전화번호, 핸드폰 번호**)
⬇	
투숙 가능 여부 확인 및 보증금 처리	• 객실예약현황을 확인하여 예정 기간 내 투숙 가능 여부 및 희망 객실 이용 가능 여부를 확인한다. • 객실 이용이 가능할 경우 **보증금** 처리 절차를 수행한다. - 신용카드 지불일 경우 **카드 번호, 유효기간** 등을 확인한다. - 현금 지불일 경우 인터넷 예약고객에게 메일을 통해 **호텔 계좌번호**를 알리고 **규정된 보증금**을 온라인 입금으로 받는다.
⬇	
예약 확인 메일 발송	• 보증금 처리절차가 마무리되면 다음 내용이 포함된 예약 확인 메일을 인터넷 예약 고객에게 전송한다. - 호텔 예약에 대한 감사 인사 - 예약 사항 - 보증금 처리결과 - 예약 번호 - 예약 담당 직원 성명 및 연락처 - 기타 정보 및 호텔 공지사항
⬇	
예약파일 작성 및 관련 부서 공지	• 예약 내용을 호텔 예약파일 양식으로 재작성하고 관련 부서에 해당 사항을 공지한다.

09 여행사 예약

여행사의 업무를 효율적으로 관리하기 위해 호텔 판촉부의 그룹 담당자가 예약 업무를 처리하기도 한다.

호텔과 계약 된 여행사나 펀드사의 객실 할인율은 일반 예약을 하는 경우보다 크며, 특히 단체관광객을 데려오는 여행사에 큰 할인율을 제공하고 있다.

호텔에서는 많은 객실을 단체 고객에게 한번에 판매할 수 있는 장점이 있으므로 호텔 비수기의 타개책으로 여행사와의 지속적인 거래를 선호한다. 하지만 성수기에는 예약에 제한을 둘 수 있다.

표2-15 호텔과 고객간의 숙박계약 규정

호텔 숙박 약관 예시

호텔과 여행사간에 고객의 불편을 최소화하기 위해 시행되고 있다. 또한 호텔과 고객 간의 약속이기도 하며 무언의 계약서이기도 하다.

<table>
<tr><td colspan="3">관광호텔은 예약 양식에 유의 할 것</td></tr>
<tr><td colspan="3">서면예약의 회답은 접수 후 2일 이내에 처리 할 것</td></tr>
<tr><td colspan="3">단체 취급은 5명이상 (단 쌍방의 합의하에 인원 조정 가능)</td></tr>
<tr><td colspan="3">여행사는 단체 투숙 1 주일 전에 객실 기본료 10%를 호텔측에 지불하고 전체 요금은 청구한 날부터 20일 이내에 지불할 것</td></tr>
<tr><td colspan="3">할인은 단체에 있어서 객실 기본요금의 10~20% 범위내에서 쌍방의 합의에 의해 결정하고 수수료는 할인객실요금의 10%로 한다.(서울 부산 대구)</td></tr>
<tr><td colspan="3">외국인에 한하여 15명 이상은 1인 무료로 객실 제공(이 때에는 기준을 객실로 할 것인지, 인원수로 할 것인지 재검토 여지가 있다.)</td></tr>
<tr><td rowspan="5">예약 취소금</td><td rowspan="2">개인</td><td>숙박15일전~1일전 취소시
-객실기본요금의 20%</td></tr>
<tr><td>숙박당일 취소시
-객실 요금의 80%</td></tr>
<tr><td rowspan="3">단체</td><td>숙박15일전~2일전 취소시
-객실요금의 20%</td></tr>
<tr><td>숙박전일 취소시
-객실요금의 30%</td></tr>
<tr><td>숙박 당일 취소시
-객실요금의 80%</td></tr>
</table>

10 일반예약

호텔과 아무런 계약이 없는 기업이나 개인이 예약하는 경우이며 할인 없거나 할인율이 낮다. 호텔 객실의 매출을 향상시키는 장점이 있지만 호텔에서 차지하는 예약률은 높지 않다.

11 회원예약

호텔의 회원으로 등록한 고객이 예약하는 경우이며 일반 예약과 비교하면 할인율이 높고, 호텔 이용에 따른 여러 가지 서비스가 제공되기도 한다.

12 기업체 예약

호텔과 계약된 기업이 예약하는 경우로 할인율이 높으며, 기업의 호텔 이용도에 따라 차별적인 요금이 적용된다. 호텔에서는 기업과 지속적으로 관계를 유지하기 위한 다양한 혜택을 제공하며 특히 상용 호텔의 경우에는 호텔과 계약된 기업체 예약이 호텔 경영에 있어서 큰 비중을 차지할 수 있다.

13 온라인 예약(Online Taravel Agency)

관광객들이 호텔에 직접 방문하여 비교하거나 판단하지 않고 OTA를 통해서 크게는 등급별, 작게는 지역별로 호텔에 대한 비교를 하며 OTA는 호텔에 대한 예약서비스를 제공하고 관광객 리뷰를 통해 정보를 실시한, 정확, 간단, 명료하게 고객이 원하는 니즈에 맞추어 발 빠르게 제공한다. 따라서 OTA 이용자는 편리성과 접근성, 저렴함을 이점으로 하여 급증하고 있으며, 호텔에 대한 OTA의 입지는 점차 커지고 있다. 이러한 이유로 저렴하면서 편리하게 숙박하고 싶은 곳을 예약하게 해주어 수익을 창출하고 있다. 다라서 호텔은 적게는 14-25%의 수수료를 1객실 마다 부담하고 있으며, 호텔에서 프로모션이 진행될 시에는 통상 30~40%, 객실 무료제공까지 감수하면서 까지 OTA를 통하여 고객들에게 호텔을 많이 노출시키고 있다.

14 초과 예약(Over Booking)

초과예약이란 호텔 객실에 보유객실보다 많은 객실 예약을 맏는 것을 의미한다. 일반적으로 초과예약의 범위는 5~10%이다.

또한 예약을 취소하는 경우와 고객이 연락도 없이 나타나지 않을 경우가 있다. 그러므로 여기 에 대한 대책으로서 예약을 초과해서 받는 것으로 이것을 초과예약이라고 한다.

대개 도시 호텔에서는 10%~15% 초과해서 예약을 받는 경우도 있다.

과거 국내에서는 예약을 하고 나타나지 않는 No Show 비율이 높았으나 최근에는 예약문화의 장착으로 No Show 비율이 줄어드는 추세이다. 초과 예약을 결정하는 개개의 숫자가 불안전하기 때문에 이 예상의 결정은 프런트 사무실 책임자가 책임을 지고 3개월 전, 1개월 전, 1주일 전, 3일전 이렇게 좁혀가며 예상에 의한 예약인원을 조정해 나가는 것이며, 고객유치에 전면적 제시 책을 지시하게 되는 것이다. 이렇게 객실예상을 조정·결정하는 책임을 지고 있는 사람은 프론트 오피스 매니저(Front office manager)이다.

그리고 이러한 예상이 그 호텔의 객실수입을 좌우하며 최후로 예약을 무단취소나 미 도착객(no show) 혹은 단체고객, 예약수보다 숙박인수가 줄어질 경우에 있어서도 그 대책을 강구해야 하는 것이다.

예약을 무단취소나 미 도착객(no show)의 예방으로서 접수할 때 신청자에게 당일오후 6시 이후에 도착할 경우에는 그 도착시간을 예약 시에 분명히 해 두어야 한다. 그리고 가능한 단체고객의 경우 계약을 하든 아니면 일부 선금(Deposit)을 예치하도록 한다. 호텔로서 투숙전일에 전화나 엽서로 확인하는 방법과 사후 처리로서 취소료를 청구한다는 인식을 예약신청자에게 말하는 방법이 있다. 이러한 것은 이용자를 계몽하는 의미에서도 실행해야 할 것이다. 노 쇼우(No Show), 예약취소 등의 사유로 인한 손해를 최소화하기 위해 적정 수준의 초과예약을 받으며, 예약거절시 정중하고 친절한 태도로 양해를 구한다.

(1) 적정 초과 예약율 결정

① 노 쇼우(No Show) 발생율, 예약취소율 등의 자료를 참고하여 적정 초과예약율을 결정한다.

② 적정 초과예약율은 호텔의 실제 판매가능 객실보다 최소 10%정도로 설정하는 것이 일반적이나 호텔별 예약취소율과 노 쇼우(No Show)율을 고려하여 초과예약율을 결정한다.

(2) 초과예약 접수 및 예약 사항 확인

① 결정되어진 초과 예약율에 따라 초과예약을 접수받는다.

② 결정되어진 초과예약분이 마감되어 예약 거절을 할 경우, 정중히 사과의 말을 전하고 투숙 관련 대안적 정보 제공과 함께 향후 재이용을 부탁하며 감사 인사를 전한다.

③ 고객에게 기다리는(waiting)상황임을 알리고 수락하면 예약 관련 정보를 받는다(호텔에 따라 초과예약임을 공지하지 않을 수 있다).

④ 고객에게 전체 예약 사항을 재확인한다.

(3) 초과예약 기록 유지 및 관리

① 초과예약에 대한 기록을 정리하여 유지한다.

② 지속적으로 객실 현황 및 예약 현황을 확인하여 초과예약분에 대한 수용 가능 여부를 확인한다.

(4) 처리결과 사전 통보 및 사후 처리

① 고객에게 처리 결과를 사전 통보한다.

② 객실 제공이 가능할 경우 예약 관련 부가적 절차를 수행한다.

③ 객실 제공은 가능하나 고객 요청 사항과 일치하지 않을 경우 업그레이드(Upgrade), 추가 서비스 제공, 객실요금 할인 등의 협상을 통해 투숙 결정을 유도한다.
④ 고객에게 객실 제공이 불가능할 경우 정중히 사과의 말을 전하고 주변 숙박 정보 등 대안을 제공하도록 노력한 후 감사 인사를 전한다.

표2-16 객실 100실을 가진 호텔의 초과예약 사례

전일의 이용객실수	85실
금일 출발 예정 객실수 예정변경으로 출발하는 객실수	30 +5
금일 출발 예정 객실수 금일 예약확인 실수 예정변경으로 계속 체재실수 당일 예약취소 실수 당일 미도착	35실 50실 +7 −3 −4
금일 예정 투숙객수 50실 금일예정이용율 $= \frac{85-35+50}{100} = 100\%$ ※예약실수(10%) 60실 - (15%)65실	

15 객실예약의 이용 수단

객실예약 수단은 전화, 구두, 전보, 텔렉스, 편지(Mail), 중앙예약시스템(Central Reservation System), SNS, OTA 등 다양한 방법으로 접수하게 된다.

① 국내·외를 불문하고 편지, 전보, 텔렉스를 포함한 모든 예약신청이나 문의에 대해서는 수신한 편지서신 및 답신한 사본을 전부 파일을 만들어 보관한다.
② 파일을 만들 때에 상대방의 신청서와 호텔 측의 확인서 및 예약 카드에 세 가지 모두 동일한 정리기호, 정리번호를 각각 우측상단에 기입한다.

※ 사전에 예약을 하지 않고 호텔을 직접 방문하여 Check-in하는 고객을 Walk-Ins라 한다.

③ 수락 또는 거부의 결정은 반드시 예약 신청자에게 알린다.

④ 예약책임자에 의해 결정·통지된 확약상태를 객실을 직접 배정하는 룸 클럭에게 반드시 전달되어야 한다.

⑤ 호텔은 예약상태를 기록하는 제도와 그것을 보전할 수 있는 기록장이 있다.

객실예약 시 유의점

예약을 받을 때는 고객에게 객실을 지정해 주어서는 안된다. 그 이유는 이미 객실을 몇 호실하고 배정해 주었다가 호텔에 어떤 사정으로 그 배정된 객실을 주지 못했을 경우 당일 도착한 그 예약자가 자기가 배정 받은 객실이 아닐 때 불쾌감을 갖게 되며, 보다 못한 객실로 푸대접받는 느낌을 갖게 하는 것이다.

예약을 받을 수 없을 경우 종사원의 태도

- 우선 호텔 측의 상황을 고객에게 상세하게 설명해주고, 객실예약이 불가능하다는 사실을 알려준다.
- 일단 예약이 불가능하다 할지라도 휴양지 호텔에서는 여러 가지 상황으로 인하여 고객 No- Show 확률이 높기 때문에 고객의 이름과 전화번호를 적어놓고서 혹시 고객이 객실을 사용할 수 있는 경우가 생기면 즉시 연락하여 준다.(용어로서 Waiting이라 한다)
- 고객의 No-Show 확률이 전혀 없는 경우에는 고객이 다른 호텔을 이용하도록 주변 호텔을 소개하여 준다.(용어로서 turn away라 한다)

1) 객실 관리(Room Control)

객실 판매에 차질이 없도록 정확한 객실 현황을 유지하며 예약 상태를 확인하여 적정 예약률을 유지함으로써 No Show 또는 예약취소에 따른 손실을 최소화한다.

(1) 객실 현황 확인

정확한 객실 현황을 파악하여 유지한다.

① 체크-인·아웃 객실 현황

② 객실정비 현황

③ 판매 불가능한 객실(Out of Order Room)처리 현황

④ 판매가능 객실 현황

⑤ 노 쇼우(No Show) 발생 현황

⑥ 턴 어웨이(Turn Away) 발생 현황

⑦ 객실요금 변경 사항

(2) 예약 상태 점검

① 투숙 전 고객에게 예약 사항을 재확인(reconfirm)한다.

② 예약변경 사항을 확인하고 관련 부서에 공지한다.

③ 예약취소 현황을 확인하고 정정된 예약기록을 유지한다.

(3) 적정 예약률 유지

객실 현황 및 예약 상태 변동에 따라 일정한 초과예약을 받음으로써 적정 예약율을 유지한다.

노 쇼우(No Show)

고객이 예약을 해놓고 예약취소의 연락도 없이 호텔에 나타나지 않는 것을 말한다.

턴 어웨이(Turn Away)

호텔 객실이 만실이 되어 예약을 하지 않고 들어오는 고객(Walk-In Guest)을 사절하는 것을 의미한다.

단 계	서비스 내용
객실 현황 확인	• 정확한 객실 현황을 파악하여 유지한다. - 체크-인·아웃 객실 현황 - 객실정비 현황 - 판매 불가능한 객실(Out of Order Room; O,O,O)처리 현황 - 판매가능 객실 현황 - 노 쇼우(No Show) 발생 현황 - 턴 어웨이(Turn Away) 발생 현황 - 객실요금 변경 사항
⬇	
예약 상태 점검	• 투숙 전 고객에게 예약 사항을 재확인(Reconfirm)한다. • 예약변경 사항을 확인하고 관련 부서에 공지한다. • 예약취소(CXL) 현황을 확인하고 정정된 예약기록을 유지한다.
⬇	
적정 예약률 유지	• 객실 현황 및 예약 상태 변동에 따라 일정한 초과예약(Over Booking)을 받음으로써 적정 예약율을 유지한다.

16 객실예약의 특별 지시사항

객실번호나 객실의 위치는 귀빈(VIP) 이외는 확인하지 않는 것이 좋다. 특히 요구가 있을 경우라도 확약은 피하여 고객이 희망하는 요지를 예약카드에 기재해 놓는다. 이렇게 해놓음으로써 당일의 룸 클럭(Room Clerk)이 객실을 배정할 때 또는 숙박객으로 부터 불평(complaint)이 있을 때에 참고가 된다.

17 이중판매의 방지

호텔부서 간 커뮤니케이션 및 각종 관련 현황 유지 소홀로 발생할 수 있는 이중 판매를 방지하기 위하여 최신 현황 유지 관리 및 관련 부서 공지, 인수인계 등의 업무를 철저히 수행한다.

(1) 예약 관련 현황유지 및 확인

① 객실 현황 및 예약 현황에 대한 최신 기록을 유지한다.

② 관련 현황 누락, 중복 등의 오류 발생 여부를 확인한다.

③ 오류 발생 확인 시 신속히 현황 기록을 정정하고 관련 부서에 전달한다.

(2) 관련 부서 간 커뮤니케이션 확인

관련 부서 간 의사 전달 과정에 있어 누락 또는 전달 오류 사항이 없는지 철저히 확인한다.

(3) 업무 인수인계 철저

① 근무 교대 시 본인 업무 마감 사항에 대해 재확인한다.

② 교대 근무자와의 업무 인수인계를 철저히 한다.

접수된 예약을 예약카드에 기재한 후 예약조정 상황표에 객실 수를 기입하고 예약카드에 이중판매의 방지를 위하여 조그마한 도장으로 도장을 찍는다. 이 도장의 유무에 따라 예약조정상황표가 틀리는 원인이 되고 초과예약의 결과를 초래하게 된다. 따라서 실제로 예약상황표상에 기입할 경우에는 신중을 기함은 물론 예약담당자 이외의 사람에게 손을 대지 않도록 하지 않으면 안 된다. 예약조정 상황표(Control Chart)는 항상 최근의 상태이어야 하며 적당한 시기에 재작성을 하며 정확하게 해 놓을 필요가 있다.

재작성을 하는 기간은 10일마다 하기로 하고 작성하는 달(월) 또는 기간에 도착하는 고객의 예약카드에서 예약일수에 따라 형태별로 객실 수를 [정]자로 기입한다. 전월(또는 앞의 기간)에 도착하는 손님의 예약으로 작성하는 달 (또는 기간)에 계속해서 숙박하는 것도 추가해서 기입한다. 또 체재객 중 작성하는 달(또는 기간)에 계속해서 숙박하는 것도 기입한다.

이것은 프런트의 룸 랙을 점검해서 고객의 객실을 찾아내어 추가 기입한다.

재작성이 끝나면 「확인」이라는 스탬프를 찍어 재작성한 날짜를 기입한다.

18 예약기록이 없는 고객의 도착

호텔 규정에 따른 예약금(Deposit) 수령 및 현황 기록을 유지하여 노 쇼우(No Show) 발생 및 예약 취소율을 감소시키고 이후 고객계정을 처리할 때 근거 자료로 활용한다.

(1) 예약금(Deposit) 수령

① 예약된 고객으로부터 예약금(Deposit)을 수령한다.

② 예약금(Deposit) 관련 규정을 반드시 고객에게 예약 당시 사전 통보하고 수령 후 재확인한다.

(2) 예약정보 변경

① 고객 예약파일을 검색하여 접근한다.

② 예약금 수령 내용을 예약파일에 기록한다.

③ 부가적인 기록 양식이 있을 경우 추가 기록한다.

(3) 관련 부서 통보

예약파일 및 기록 양식을 마감한 후 관련 부서에 통보한다.

또한 호텔 측에 예약의 기록이 없는 경우와 예약을 하지 않고 오는 경우가 있는데 전자의 경우 그 내용들을 보면 다음과 같다.

① 고객의 성명이 정확히 기록되어 있지 않은 경우가 있다.

② 고객의 도착일자를 틀리게 알고 있다.

③ 해외의 여행사나 항공사가 호텔측의 확인을 기다리지 않고 고객에게 예약확인서를 발행해 보낸 경우이다.

④ 고객측에서 예약카드를 분실했을 경우에 고객의 실수를 질책하는 태도를 보여서는 안 되며 도리어 친절한 설명과 최대한의 편의를 제공해야 한다.

⑤ 예약에 의해 접수된 형태의 객실이 없는 경우에는 예약과정에서 대부분 요금을 확인하고 있으므로 객실요금이 내려가는 경우를 제외하고는 당초 예약시의 객실요금을 적용한다.

⑥ 초과예약이란 고객의 입장에서는 하등의 이유가 성립될 수 없는 것이며 대단히 좋지 못한 결과를 초래한다. 그러나 초과예약으로 객실을 제공하지 못하게 된 것을 사과하고 성의를 다하여 처리를 하여야 한다. 그리하여 고객의 승낙을 얻어 가까운 타 호텔에 객실을 확보하여 호텔이 경비를 부담하여 숙박을 하도록 하고 결과를 총지배인에게 보고하여야 한다.

19 예약시 확인과 취소, 변경

고객의 요구와 개인적인 정보를 전화나 전자우편으로 확인하는 것으로 서면확인은 보장성예약, 비보장성예약과 상관없이 해야 한다.

예약확인서를 작성하여 예약문의가 접수된 날에 고객에게 보낸다.

(1) 예약 확인 또는 취소번호

예약이 확인, 취소되었을 때는 고객에게 그 번호를 발송하여 고객이나 호텔 측에서 필요한 경우 증거자료로 삼을 수 있다. 특히 보장성예약이 취소된 경우 예약 취소번호는 고객으로 하여금 선불금의 부담을 완화시킬 수 있으며 만약 예약 취소번호가 없다면 고객이 No-Show로 인정되어 신용카드 회사로부터 지불청구를 거절하기 힘들 것이다.

(2) 비 보장성예약(Non– guaranteed reservation) 처리법

① 비 보장성 장부(스크린)에 고객의 이름 기입

② 고객의 신용카드, 종류, 번호, 유효기간, 카드소유주의 이름 기입

③ 새로운 예약 번호 제시

④ 경우에 따라 일정한 형식으로 비보장성예약에서 보장성예약으로 변동 유도 및 완료

(3) 예약 취소

예약취소 통보는 호텔로 하여금 예약했던 객실을 판매할 수 있고 객실부 자료를 새로이 하는 데 도움이 되므로 간단하고 효율적으로 해야 한다.

① 비보장성예약 취소

고객의 이름, 취소, 예약 확인번호, 예상도착/출발일 등을 물어본 뒤 예약상황을 확인하고 취소로 처리(경우에 따라 예약 변경 의사가 없는지 확인)

② 보장성예약 취소(신용카드)

- 고객이름, 주소, 객실번호, 도착/출발일 등을 확인한 뒤 취소번호를 발급하고 만약 카드사와 문제발생시 예약취소번호가 증거가 될 수 있음을 설명
- 예약기록이 확인되면 예약을 취소하고 예약기록에 취소번호 기입(타인에 의한 예약취소는 전화한 사람의 이름을 예약 취소장부에 기입)
  - 관리대장에 예약 취소번호 기입
  - 취소된 예약서류는 참고자료로 사용

③ 보장성예약 취소(예치금)

다른 예약 취소보다 신중하게 예약 상황을 확인한 뒤 예치금 반환

④ 기타 보장성예약

여행사나 다른 단체에 의한 것으로 취소 요청자의 이름을 예약 취소 장부에 기입하고 취소번호 발부

(4) 예약변경(Reservation Change)

고객의 요청에 따른 예약변경 시 정확한 예약변경 사항을 파악하여 기록을 유지하며 관련부서에 신속히 공지함으로써 예약변경에 따른 차질이 일어나지 않도록 한다.

① 기존 예약정보 확인

- 예약변경이 요청된 기존 예약파일을 검색한다.
- 고객에게 기존 예약사항을 확인한다.

  "고객님, 기존의 예약사항을 확인하겠습니다. O월 O일 OO룸으로 예약되어 있습니다."

  (확인한 경우) "기존의 예약사항을 변경하시겠습니까?"

  "변경하시고자 하는 날짜와 객실형태를 말씀해 주시겠습니까?."

② 변경 예약정보 접수

- 변경하고자 하는 예약사항을 접수한다.

  "고객님, 변경하고자 하는 예약사항을 확인하겠습니다."

  "O월 O일 OO룸을 △월 △일 △△룸으로 변경하시겠습니까?"

  "그럼 객실현황을 확인하겠으니 잠시만 기다려 주시기 바랍니다."

- 변경된 예약사항에 따른 객실이용가능 유무 또는 서비스제공 가능유무를 확인하여 고객에게 알린다.
- 예약변경에 따른 객실요금 변동 또는 추가요금 발생 시 반드시 고객에게 알린다.

  "고객님, △월 △일 △△룸으로 변경되었습니다."

  (추가요금이 없는 경우) "변경으로 발생되는 추가요금은 없습니다."

  (추가요금이 있는 경우) "변경으로 발생되는 추가요금이 있습니다."

③ 변경 예약정보 확인 및 추가 정보제공

- 변경 요청된 모든 예약사항을 고객에게 재확인한 후, 예약변경확인서를 발송하거나 새로운 예약번호를 알려준다.
- 고객에게 기타 부가적으로 공지가 필요한 정보를 제공한다.

④ 변경 예약기록 정정 및 관련부서 통보

- 예약파일 및 예약현황기록을 정정하여 마감한다.
- 예약변경 사항에 대해 관련부서에 전달한다.

③ 예약 변경(Reservation Change)

고객의 요청에 따른 예약변경 시 정확한 예약변경 사항을 파악하여 기록을 유지하며 관련 부서에 신속히 공지함으로써 예약변경에 따른 차질이 일어나지 않도록 한다.

단 계	서비스 내용
기존 예약정보 확인	• 예약변경이 요청된 기존 예약파일을 검색한다. • 고객에게 기존 예약 사항을 확인한다. **"고객님, 기존의 예약사항을 확인하겠습니다. O월 O일 OO룸으로 예약되어 있습니다."** **(확인한 경우) "기존의 예약사항을 변경하시겠습니까?"** **"변경하시고자 하는 날짜와 객실 형태를 말씀해 주시겠습니다"**
⬇	
변경 예약정보 접수	• 변경하고자 하는 예약 사항을 접수한다. **"고객님, 변경하고자 하는 예약사항을 확인하겠습니다."** **"O월 O일 OO룸을 △월 △일 △△룸으로 변경하시겠습니까?"** **"그럼 객실 현황을 확인하겠으니 잠시만 기다려 주시기 바랍니다"** • 변경된 예약 사항에 따른 객실 이용 가능 유무 또는 서비스 제공 가능 유무를 확인하여 고객에게 알린다. • 예약변경에 따른 객실 요금 변동 또는 추가 요금 발생시 반드시 고객**에게 알린다.** **"고객님, △월 △일 △△룸으로 변경되었습니다."** **(추가요금이 없는 경우) "변경으로 발생되는 추가 요금은 없습니다."** **(추가요금이 있는 경우) "변경으로 발생되는 추가 요금이 있습니다."**
⬇	
변경 예약정보 확인 및 추가 정보 제공	• 변경 요청된 모든 예약 사항을 고객에게 **재확인한 후**, 예약 변경 확인서를 발송하거나 **새로운 예약 번호**를 알려준다. • 고객에게 기타 부가적으로 공지가 필요한 정보를 제공한다.
⬇	
변경 예약기록 정정 및 관련 부서 통보	• 예약파일 및 예약 현황 기록을 정정하여 마감한다. • 예약변경 사항에 대해 관련 부서에 전달한다.

④ 예약 취소(Reservation Cancellation)

고객 예약취소 시 원인을 정확히 파악하여 기록을 유지하고 친절한 응대로 향후 잠재 고객으로서의 가치를 인지하며, 신속한 처리 절차 수행을 통해 정확한 예약 현황 및 객실 현황을 유지한다.

단 계	서비스 내용
기존 예약정보 확인	• 예약취소가 요청된 기존 예약파일을 검색한다. • 고객에게 기존 예약 사항을 확인한다. **"고객님, 예약사항을 확인하겠습니다. O월 O일 OO룸 예약하셨습니까?"** **(확인한 경우) "예약사항을 취소하시겠습니까?"**
⬇	
예약 취소 접수 및 원인 확인	• 예약취소 사항을 접수하여 기록한다. • 고객에게 정중히 예약취소 사유를 확인한다. **"고객님, 예약이 취소되었습니다. 죄송합니다만, 예약을 취소하시는 이유를 여쭈어 봐도 되겠습니까?"** • 취소 원인이 호텔 측일 경우 적정 대안을 제시하거나 협상을 통한 재판매를 유도한다.
⬇	
예약취소 확인 및 처리 결과 통보	• 고객에게 예약취소 여부를 재확인한다. • 고객에게 예약이 취소되었음을 통보하고 향후 재 방문을 부탁하며 감사 인사를 전한다. **"고객님, △월 △일 △△룸에 대한 예약이 취소되었습니다."** **"다음에 저희 호텔을 이용해 주신다면 성심 성의껏 모시도록 하겠습니다."** **"감사합니다"**
⬇	
예약파일 삭제 및 예약 현황 정정	• 기 작성된 예약파일을 삭제하고 예약 취소 관련 기록을 유지하며 예약 현황을 정정한다. • 취소 사항을 관련 부서에 전달한다.

객실 변경 시 고려 사항

현재의 객실이 만족스럽지 못한 고객, 트윈(Twin)을 사용하다가 1명이 체크-아웃 하여 더블(Double)을 희망하는 고객, 체크-인 당시 예약한 객실이 없어서 업그레이드(Up Grade)해서 판매되었던 객실을 사용하시던 고객 등에게는 객실을 변경해 드려야 한다.

Discount slip 작성요령

- Date - 작성 년 월 일
- Guest Name - 고객성명
- Firm - Vip인 경우, 고객의 회사명
- Room No - 객실번호
- Room Type - 객실종류
- Regular rate - 해당 객실의 Rack rate
- Adjusted rate - 계약요금 또는 special 요금적용 시 해당요금의 input rate
- Reason - Discount, Contract 요금 적용 이유 명시
  ⓐ Contact Basis - 자주 방문하는 고객에게 특별히 special 요금 적용 시
  ⓑ Sales Promotion - 판촉 성격(연회행사 등 판촉담당의 special 요금 적용 시)
  ⓒ Contract Basis - 해외 계약 여행사나 특별 거래선 등의 요금 적용
  ⓓ Agent rate - Local travel agent 요금 적용 시
  ⓔ Hotelier rate - 타 호텔 근무자 요금 적용
  ⓕ Airlines rate - 항공사 관련 special 요금 적용 시
  ⓖ Room Control - Up Grading 등 당일의 Room 사정에 의해 rate가 상대적으로 높은 Room type의 제공 시

❶ 결재방법

객실부서 자체 내에서 발생된 Discount Slip은 고객 Check - out 다음날 작성하여 결재 Line을 통해 조치를 취한다.

타 부서에서 요청되는 Discount Slip은 해당부서 내의 결재를 득한 후 객실부서 내의 결재 Line을 통하여 조치된다.

❷ 결재 LINE

- 0% ~ 20% : 프론트 클럭 재량
- 20%이상 30%이하 : 객실담당과장 전결
  * 전결할 수 있는 결재 LINE
- 30%이상 40%이하 : 객실팀장 전결 이전 칸까지 사선을 긋는다.
- 40%이상 50%이하 : 총지배인 전결
- 50%이상 : 대표이사 전결

* 40%이상 Special 요금일 때는 예약 받은 즉시 APPL. FORM을 작성하여 결재를 득한다.

APPLICATION FOR ROOM DISCOUNT

DATE :

NAME :
TITLE :
FIRM :
IN(월 일) OUT(월 일) ROOM NO :
RM. TYPE :

REGULAR RATE : DIS. %
ADJUSTED : ₩ ($)
RATE :
REASON
REQUESTED BY :

REMARK :

20 예약금 기록(Deposit Reservation)

호텔규정에 따른 예약금(Deposit) 수령 및 현황 기록을 유지하여 노 쇼우(No Show) 발생 및 예약 취소율을 감소시키고 이후 고객계정을 처리할 때 근거자료로 활용한다.

(1) 예약금(Deposit) 수령

① 예약된 고객으로부터 예약금(Deposit)을 수령한다.

② 예약금(Deposit) 관련규정을 반드시 고객에게 예약 당시 사전 통보하고 수령 후 재확인한다.

(2) 예약정보 변경

① 고객 예약파일을 검색하여 접근한다.

② 예약금 수령 내용을 예약파일에 기록한다.

③ 부가적인 기록양식이 있을 경우 추가 기록한다.

(3) 관련부서 통보

예약파일 및 기록 양식을 마감한 후 관련부서에 통보한다.

21 예약 취소(Reservation Cancellation)

고객 예약 취소 시 원인을 정확히 파악하여 기록을 유지하고 친절한 응대로 향후 잠재 고객으로서의 가치를 인지하며, 신속한 처리 절차 수행을 통해 정확한 예약 현황 및 객실 현황을 유지한다.

(1) 기존 예약정보 확인

① 예약취소가 요청된 기존 예약파일을 검색한다.

② 고객에게 기존 예약 사항을 확인한다.

"고객님, 예약사항을 확인하겠습니다. O월 O일 OO룸 예약하셨습니까?"

(확인한 경우) "예약사항을 취소하시겠습니까?"

(2) 예약 취소 접수 및 원인 확인

① 예약취소 사항을 접수하여 기록한다.

② 고객에게 정중히 예약취소 사유를 확인한다.

"고객님, 예약이 취소되었습니다. 죄송합니다만, 예약을 취소하시는 이유를 여쭈어 봐도 되겠습니까?"

③ 취소 원인이 호텔 측일 경우 적정 대안을 제시하거나 협상을 통한 재판매를 유도한다.

(3) 예약취소 확인 및 처리 결과 통보

① 고객에게 예약취소 여부를 재확인한다.

② 고객에게 예약이 취소되었음을 통보하고 향후 재 방문을 부탁하며 감사 인사를 전한다.

"고객님, △월 △일 △△룸에 대한 예약이 취소되었습니다."
"다음에 저희 호텔을 이용해 주신다면 성심 성의껏 모시도록 하겠습니다."
"감사합니다."

(4) 예약파일 삭제 및 예약 현황 정정

① 기 작성된 예약파일을 삭제하고 예약 취소 관련 기록을 유지하며 예약 현황을 정정한다.

② 취소 사항을 관련 부서에 전달한다.

22 SRS(예약실무)

SRS(Steigenberger Reservation Service)는 세계적인 예약기구로서 세계 각 지역에 산재해 있는 현지 Travel Agent로 부터 예약을 접수받아 컴퓨터로 해당지역 사무실을 통해 호텔에 예약을 보내주고, 호텔에서는 그 대가로 SRS에 7%, 해당 Travel Agent에 10%의 Commission을 지급한다.

23 UTELL 예약실무

1984년부터 시작된 예약으로서 주로 Fax, Telex로 예약 Request가 오며, Head Office는 America Ohma에 있다. 각 Region Office에서 받은 예약은 주로 Head Office를 통해 호텔에 접수된다.

Commission은 예약을 접수받은 Travel Agent에게 10%, UTELL에 7%가 지급된다. Pay Condition은 100% 본인 직불이고, PAY TELL이라는 이름으로 선수금을 고객에게 받았다는 Fax, Telex가 오면 객실요금이 완불된 것으로 간주하고, 그 사본을 REGI.에 Attach한다. 단 PAY TELL인 경우 UTTELL이 Travel Agent의 Commission을 미리 받은 경우 호텔 측에서는 NON-COMM.처리한다. 따라서 PAY TELL 예약의 입력 시 예약의 Reference No.와 Telex상의 No.와 일치하는지 확인하고 입력한 뒤 Telex 사본을 미리 F/O Cashier에게 전해야 한다.

24 객실 예약 모듈

객실컴퓨터시스템(Property Management System)의 발전으로 호텔경영이 첨단화되었으며, 예약시스템은 호텔객실의 가용여부를 정확하고 신속하게 처리할 수 있도록 해주었다.

객실컴퓨터시스템(PMS)의 예약 모듈(Reservation Module) 사용에는 예약문의, 객실 가용 여부, 예약기록, 예약확인, 예약기록 보존 등의 내용들이 필요하다.

예약문의가 들어오면 담당자는 도착 날짜, 객실종류 및 수, 숙박기간, 객실요금, 인원 수 등의 데이터를 입력시킨다. 예약화면에는 수용 및 거절, 선택적인 객실종류와 요금, 선택적인 호텔형태 제시 등이 응답 형태로 나타난다.

예약 요구사항이 처리되면 고객의 인적 데이터, 도착시간, 예약분류, 예약번호, 대리인의 데이터 등을 입력시켜 기록으로 남긴 후 예약확인서에 인쇄한다.

예약 기록사항은 전자 파일, 날짜, 단체명, 고객명, 객실형태, 도착일, 출발일, 여행사별로 분류하여 보관된다.

25 객실 유통시스템

GDS(Global Distribution Systems)는 호텔객실예약, 항공권예약 및 렌터카 예약 등 판매를 용이하게 할 목적으로 개발된 컴퓨터시스템이다. 세계 여행 시장의 상품 거래 구조를 크게 두 부류로 구분할 때 구매자(Buyer) 영역인 여행사와 판매자(Seller) 영역인 호텔, 항공사, 그리고 렌터카 회사 등으로 나눌 수 있다. 이러한 별개의 사업체들이 고객에게 적절한 서비스를 제공하기 위해 상호 간에 협조 체제를 이루고 또 각자의 이윤을 극대화 시키기 위해 전략적 상품 개발에 노력을 경주하고 있다.

따라서 여행상품을 판매할 때에 연관업체(호텔, 항공사, 여행사) 간의 컴퓨터시스템에 서로의 상품정보를 공유하도록 각 사의 시스템을 연결하여 서로의 상품판매를 극대화 시키고 예약판매를 비롯하여 다양한 여행상품을 판매하기 위한 방법으로 발전되어 왔으며 GDS를 통한 호텔예약도 지속으로 개발되어 왔다. 특히, 특1급(체인호텔, 프렌차이즈) 호텔 경우에도 전화 및 팩스 예약문의를 신속하게 처리하고 호텔의 자체 CRS(Computer Reservation Systems)와 연결되어 여행사의 GDS에서 필요로 하는 정보전달을 동시에 수행하게 된다.

현재 많은 관광자들은 적절한 상품과 서비스를 신속히 구입하기 위해 보편적으로 사용하던 기존의 인적 접촉 또는 설비 기능(팩스, 전화 및 우편 등)을 통한 방법을 지양하고 그 장소를 전자 유통채널로 옮기는 현상이 높아지고 있는 실정이다. 이러한 추세를 더욱 적극적으로 활성화 시킨 배경은 구매자와 판매자 모두가 전자 유통시스템의 발달에 기여하였기 때문이며 그로 인해 서로가 전자 거래시장 내에서 상거래를 할 경우 거래의 진행과정, 즉 예약의 속도와 효용을 다른 기존의 방법보다 훨씬 높일 수 있게 된다.

현재 여행사에서 GDS를 이용한 호텔 객실 예약이 세계적으로 증가하는 상황이다. GDS를 이용한 여행사에게 GDS를 통한 예약이 신뢰성이 높은 방법임을 인식시키는 데에는 다음과 같이 3가지 조건이 뒤따른다.

첫째, GDS의 객실 보유현황과 실제 호텔에서 보유하고 있는 객실 물량 사이에 여전히 상이점이 존재하고 있다는 가능성을 배제해야 한다.

둘째, 고객이 호텔에 도착했을 때 고객이 요청 내용과 호텔의 기록 내용에 일말의 차이가 없어야 한다.

셋째, 고객이 지불하는 객실 요금이 적절하게 할인된 요금임이 시스템 내부에서 규명되어야 한다.

이러한 조건이 충족될 때 비로서 GDS는 호텔, 항공사 및 기타 여행 관련 업체의 상품을 동시에 판매하는 one-stop-shopping의 기능을 지닌 편리한 도구임이 입증될 것이다. 또 지속적으로 증가하는 고객의 사용 욕구에 적절히 부합하는 상품으로 존재할 것이다.

* GDS 전자 유통시스템 채널 예약 장점

1) 예약 수속과 확인을 하는 데 속도가 빠르다.
2) GDS 내에는 고객이 원하는 모든 객실 요금의 종류가 기록되어 있다.
3) 24시간 예약이 가능하며 세계 어느 곳과도 연결된다.
4) 객실 요금 및 예약 가능성 여부가 호텔의 CRO와 Front Desk의 내용과 차이가 없다.
5) GDS를 통해 이루어진 객실 예약 내용에는 고객의 세부적인 신상 기록과 커미션에 관한 내용이 자세히 기록되어 있다.
6) GDS를 통해서 객실 예약을 한 고객이 호텔에 도착하였을 때 애초에 요청한 내용대로 예약이 완료됨으로 인해 고객의 신용도가 높아진다.
7) 여행사의 호텔 객실 예약기록과 커미션의 상관관계를 분석하기에 GDS로 인한 예약기록이 더욱 유용하다.

현재 상황 사례

(1) 프런트 직원의 실수로 예약장부에 잘못 기재하였다.

예약 장부상에 도착/출발일 또는 고객이름의 철자가 틀렸거나 성(姓)과 이름이 바뀐 경우이다. 이러한 실수는 주로 들어온 지 며칠 안 되는 종사원에게서 생기는데 실수를 예방하기 위해서는 예약문의를 받을 때 예약원이 고객에게 확인을 위해 다시 한번 읽어주는 것이 좋다.

(2) 예약 당시 부정확한 정보제공으로 인해 고객의 불만이 발생하였다.

고객에게 정중히 사과하고 다시 한번 정확한 정보를 설명한 후 부서장의 승인을 얻어 최초 전달된 정보내용과 동일한 객실, 서비스, 요금을 제공한다. 만약 부서장의 승인이 없을 경우 미리 준비된 상황별 보상조치내용에 의거하여 고객 불편에 대한 적절한 보상조치내용에 의거하여 고객 불편에 대한 적절한 보상조치를 한다.

(3) 명확한 예약내용에 대해 고객이 약속되지 않은 사항이나 과도한 요구를 하였다.

예약 일시, 예약자 성명, 예약내용을 자세히 설명한 후, 고객의 요구에 부응할 수 있는 사항은 부서장의 승인 하에 요구를 수용하고 무리한 요구일 경우에는 호텔 측의 잘못이 아님을 다시 한 번 설명하고 고객을 이해시킨다. 고객불편에 대한 적절한 보상조치내용에 의거하여 고객불편에 대한 적절한 보상조치를 한다.

(4) 예약파일 분실, 시스템의 오류 등으로 인해 고객 정보가 입력되지 않았다.

명백히 호텔의 실수일 경우, 호텔의 잘못임을 인정하고 정중히 사과한 후 부서장에게 인계하여 고객의 요구를 최대한 수용함과 동시에 적절한 부가 서비스(과일바구니, 무료 식사권 등)를 제공한다.

(5) 19시 이후에 객실예약 팩스(Fax)가 왔다.

다음 근무자와 업무를 인수인계할 때 이 사항을 알리고 다음날 객실예약직원이 출근하였을 때 다시 한 번 확인 전화를 한다. 예약 건에 대한 팩스가 올 경우 반드시 그 내용을 끝까지 읽어보고 급한 내용이면 거기에 맞게 처리한다. 예약 건을 잘못 처리할 경우 고객에게 호텔에 대한 불신감을 남길 수 있으므로 정확한 처리를 해야 한다.

(6) 전문용어 오해

예를 들어 confirmed예약과 guaranteed예약의 혼돈, double room과 double bed의 혼돈, 이어진 객실번호라서 객실도 이어져 있는 줄 알았지만 사실은 맞은편인 경우 등이다. 이러한 실수를 예방하기 위해서는 예약 직원이 고객의 요구와 의도를 정확히 파악하고 예약용어의 의미를 정확히 설명하고 예약을 접수한 후에는 예약된 객실의 특성을 재차 설명해야 한다.

(7) 예약확인

호텔이나 항공사, 모든 예약을 받는 곳에 고민거리는 예약 부도(no-show)이다. 이는 아무리 약관을 표기해도 개선의 기미가 보이지 않으며 고객과 종사원 사이에 트러블의 원인이기도 하다. 예를 들어 고객이 예약을 했지만 시간이 너무 흘러 프런트 직원은 워크 인(walk in) 고객에게 룸을 판매했다. 몇 시간이 지난 후에야 예약고객이 나타났을 경우, 이런 상황은 호텔에서 종종 일어나는 일로서 고객과 종사원간에 상당히 애매한 입장이 생기기 마련이다. 예약의 기준은 사실 투숙 당일 오후 6시까지이고 이것은 세계 어느 호텔이나 가지고 있는 기준이다. 고객은 자신의 예약이 변동이 없으면 예약을 다짐하기 위해 신용카드로 지불보증을 정확히 한 다음 스케줄시간을 알려주어 호텔 측이 확실히 할 수 있도록 조치를 취하는 것이 좋은 방법이다. 또한 호텔 측은 먼저 정중히 사과하고 고객의 편의를 최대한 생각한 다음 어떠한 방법으로든 고객에게 불편을 주어서는 안 된다.

호 텔 프 런 트 오 피 스 객 실 실 무 론

제3장 Check-In 실무

Check-in 업무는 먼저 예약확인, 등록업무, 그리고 객실배정과 그 절차, 밸맨의 객실안내, 도착슬립의 작성과 배포를 하여 마지막으로 프런트 캐셔에게 관련 자료를 이송한다.

01 숙박고객 도착

숙박객이 호텔에 도착하여 벨맨에 의해 리셉션으로 안내되면 리셉션 클럭은 밝고 명향한 표정으로 맞이하며 정중히 인사하고 고객을 향한 관심도를 최대한으로 제공한다.

02 예약유무화인

예약 유무를 확인하기 위해 "예약 하셨습니까?", "언제 예약 하셨습니까?"라고 문의한 다음 고객이 예약이 되어 있을 때는 예약카드를 찾아 내용을 재확인한다. 이때 반드시 고객의 성명을 묻는다.

03 고객 등록(Registration)

(1) 등록 전 실무

고객의 예약 기록에 의거하여 미리 등록카드 작성, 객실번호, 객실료 설정, 고객장부(Folio) 작성 등을 의미하며 이는 고객의 신속한 check-in에 기여한다.

(2) 등록카드(Registration Card)

고객이 호텔에 도착하면 프런트 데스크는 등록카드를 작성하여 고객에 대한 정보를 수집하고 유숙적인 고객 관리는 물론 다시 방문하는 Repeat 고객을 확보하는데 중요한 자료가 된다.

표2-17 Guest Registration Card(고객 카드)

ROOM	NAME	RATE	RESV. ID			
GROUP	ADDRESS		ARRIVAL		ETA	F
CLERK INITIALS			DEPARTURE		RATE	F
			ADULT	CHDRN	RESV CLERK	RESV.DATE
REGISTRATION FOR SAFE KEEPING OF MONEY, JEWELRY AND OTHER VALUABLES INDIVIDUAL SAFE DEPOSIT BOXES ARE PROVIDED AT THE FRONT DESK AT NO CHARGE THE SHERATON INN-LANSING WILL NOT BE LIABLE FOR ANY ITEMS NOT SECURED IN THIS TANNER. GUEST'S SIGNATURE ______________			HOTEL	TYPE	NR-ROOM	NO.
			ROOM DESCRIPTION			
HOME ADDRESS					DEPOSIT	
CITY	STATE	ZIP	SPECIAL SERVICES			
DR LIC※	STATE					
	DOB					
METHOD OF PAYMENT ☐ AMERICAN EXPRESS ☐ CASH ☐ DINERS CLUB ☐ CHECK ☐ VISA ☐ CARTE BLANCHE ☐ MASTER CARD						

등록카드 기재 시에는 가능한 간단하고 신속, 정확히 끝내야 하며 아래와 같은 사항을 반드시 확인한다.

① 성명, 주소, 직업, 나이, 국적, 여권번호
② 출발일자
③ 인원수 및 성별
④ 지불조건
⑤ 예치와 선불
⑥ 화물 상태

04 객실배정과 객실요금 지불

실제로 객실배정은 숙박등록과 함께 이루어진다. 숙박객이 등록카드를 쓰는 사이에 룸 클럭은 숙박카드를 확인한 후, 객실번호, 요금, 취급자, 서명을 기입하고 객실을 배정한다. 객실번호가 결정되면 해당 객실열쇠를 벨맨에게 내준다. 숙박객이 벨맨에게 룸으로 안내되면 예약카드를 다시 체크한 후 숙박카드나 기타 필요한 자료를 프런트 케셔(Front Cashier)에게 인계한다.

(1) 객실요금 지불 방법

① 현금

고객이 숙박등록 시점에서 체재 전에 객실요금을 지불하는 것이다. 이는 paid-in-advance list에 올라있는 신용도가 불확실한 고객에게 주로 적용된다. 이러한 고객에게 후불을 허가하기 위해서는 check-in시 신용카드를 먼저 제시 imprint 해두어야 한다.

② 유가증권

은행에서 현금으로 교환할 수 있는 자기앞 수표, 여행자 수표 등으로 지불하는 경우 고객의 신분증명서상의 서명과 사진을 확인하여야 한다.

의심이 나면 유가증권을 발행한 은행이나 회사로 문의한다.

③ 개인수표

고객은 체재 전에 미리 개인수표로 지불하는 경우가 있다. 이때 각별히 주의할 점이 있는데 다음과 같다.

- 맨 처음 거래를 수표로 하여 잔금이 남은 경우 현금을 내주지 않고 되도록이면 처음의 수표를 되돌려 주고 계산서상의 정확한 금액을 지불할 수 있는 다른 수표를 요구한다.
- 수표발행날짜가 없는 수표는 받지 않는다.
- 계산서 지불을 위해 수표를 받을 수 있어도 현금교환을 위한 수표는 받지 않는다.

④ 수표 보장 서비스

호텔 업계에 매우 도움을 주는 서비스이다. 회계원이 전화로 고객 수표의 금액과 관련 자료를 말하면 수표발행인의 신용정도를 파악하여 지불을 보장하거나 거절한다. 호텔은 이 서비스에 대해 수표 건당 일정 비용을 지불한다.

(2) 신용카드 취급시 주의사항

① 유효기간 확인

② on-line 확인 체계를 이용해서 승인번호를 득한다.

③ on-line 확인 체계가 불가능한 경우 취소책자를 이용한다.

④ 확인결과 불량카드로 판명된 경우 고객에게 다른 방법의 지불을 요구한다.

⑤ 승인카드회사에서는 호텔에 지불 한도액을 허가하여 특별한 허가가 없는 한 한도액을 초과한 부분에 대해 지불을 하지 않는다. 계산서상의 금액이 지불한도액을 초과할 경우 회계원은 신용카드 회사로 연락하여 추가의 허락을 받아야 한다.

05 객실 변경(Roon Change)

객실변경은 고객이 요청했을 경우 또는 호텔 사정상 불가피한 상황에서 발생하며 호텔 사정일 경우 고객에게 양해를 구하고 그에 따른 요금 할인, 객실 업그레이드(Upgrade), 과일바구니 등의 적절한 보상을 제공한다. 변경 시 고객의 짐 운반, 메시지 전달, 요청 서비스 제공상 착오가 없도록 한다.

(1) 변경 객실 확인

① 객실 현황을 참고로 변경 가능 객실을 확인한다.

② 변경 가능 객실 중 고객이 선호하는 객실 형태를 결정한다.

③ 변경 예정 객실의 정비 상태를 확인 한다.

(2) 고객통보

① 변경 객실에 대한 최종 점검 후 고객에게 원하는 객실변경시간을 확인한다.

② 가능한 고객이 원하는 시간에 객실변경이 이루어지도록 한다.

(3) 객실변경

① 객실변경시간이 되면 고객이 불편이 없도록 신속히 객실변경업무를 수행한다.

② 등록카드, 객실현황 등 관련 파일과 서류상의 객실번호를 정정하여 기록한다.

③ 객실요금에 변동이 있을 경우 변동요금으로 기록한다.

④ 관련 부서에 객실변경사항에 대한 정보를 전달한다.

(4) 최종확인

객실변경이 완료되면 고객 수하물 운반, 메시지 및 기타 전달물의 전달 등의 사항을 최종 확인한다.

객실변경시 유의 사항 : 현재의 객실이 만족스럽지 못한 고객, 트윈(Twin)을 사용하다가 1명이 체크-아웃 하여 더블(Double)을 희망하는 고객, 체크-인 당시 예약한 객실이 없어서 업그레이드(Up Grade)해서 판매되었던 객실을 사용하시던 고객 등에게는 객실을 변경해 드려야 한다.

06 객실 키(Key) 지급

숙박등록절차는 객실열쇠를 발급하면서 마무리된다. 호텔에 따라 열쇠관리 원칙이 전문화 된 곳이 있을 만큼 열쇠는 매우 주의하여 관리되어야 한다. bell service를 제공하는 호텔에서는 프론트 직원이 벨맨에게 열쇠를 건네주고 벨맨은 고객을 객실로 안내한다.

07 유형별 Check-In

(1) Group Check-In

Group Check-in의 절차는 Tour Coordinator에 의하여 이루어지고 있으며 Front Desk에서는 Group 예약카드에 의거하여 Room Pre-Assignment의 임무를 가지고 있다.

- Room Pre-Assignment

① 빈 Room Key Box에 Stock card를 넣는다.

② Group Assign Sheet에 Room No.를 기재한다.

③ Group 별로 Key를 뽑는다.

④ 예약카드의 Second Copy와 Room Key를 Tour Coordination에게 전달한다.

⑤ 예약카드의 Original Copy를 Reservation Rack Board에 꽂는다.

⑥ Housekeeping에 Room No.를 통보한다.

(2) Convention Check- In

규모에 따라서 절차가 서로 다를 수도 있으나 대규모의 Convention일 때에는 Lobby Floor 또는 2nd Floor에 임시 Desk를 설치하여 Check-In 업무를 수행하고 있으며 Billing Instruction Case에 따라서 Group 또는 Mark Code를 설정한 후 FIT로 처리한다.

(3) VIP Society Check-In

Pre-Registration Card를 작성하여 고객도착 시에 Front-Desk에서 성명, 기간을 확인한 후 고객의 서명을 받아 Check-in시킨다.

※ Pre-Registration

① Room No.를 선정한다.

② 등록카드를 작성한다.

- 객실번호, 성명, 숙박기간, 국적을 기재한다.
- Remark란에 Mark Code "EX"를 넣는다.
- Guest Number에 VIP Society No.를 기재한다.

③ HLP Preset 또는 Give-Away Item Order Slip을 작성하여 Housekeeping에 보낸다.

(4) VIP Check-In

VIP의 Check-In 절차는 GRO 또는 DAM에 의하여 이루어지고 있으며 Front Desk에서는 Welcome Kit를 작성하여 GRO에 전달하는 임무를 가지고 있다.

① Welcome Kit 작성요령

- 객실 선정 시에 고객의 취향에 맞추어 객실의 상태 및 위치를 결정한다.
- VIP Stamp를 찍은 등록 Card, Guest ID Card, Key Envelope을 작성한다.

② 위와 같이 Welcome Kit를 작성하면 GRO Desk에 전달하여 Room- In 시키도록 한다.

③ 꽃, 과일, 케이크 등이 Check-In 전에 객실에 비치되도록 Order Slip을 Room Service 또는 Housekeeping에 보낸다.

④ Expected VIP List를 작성하여 해당부서에 배부한다.

(5) FIT Check-in

주류를 이루고 있는 FIT의 Check-in절차는 고도의 기술을 필요로 하고 있으며 예약객실의 형태, 요구하는 층 및 사소한 실수도 발생되지 않도록 모두가 노력해야 하며 고객의 도착 시에는 (Welcome to Hotel ○○○, sir) Rapeating Guest에게는(Mr, ○○○, Welcome to Hotel ○○○ again, sir)등의 인사말을 잊어서는 안 되며 Check-in 절차는 국적 및 성별을 초월하여 도착순위로 질서있게 진행되어야 한다.

• FIT의 유형

① Walk-in & Pick up Guest

② HLP Guest

③ Repeating Guest

④ Long-Term Guest

⑤ Guest of Bill to Local Co.

⑥ Deposit & Voucher Holder

(6) Stock Card

빈 객실의 판매가능여부에 대하여 Color로 구분된 Plastic Card를 Key Box에 넣음으로써 각 객실별 상태를 표시하여 Room Pre-Assign 및 고객 도착 시에 신속 · 정확한 객실판매를 할 수 있도록 이용되고 있으며 종류 및 활용 방법은 다음과 같다.

① Green Card(판매 가능객실)

CRT와 Indicator의 예기치 않은 고장시를 대비하여 Room Status Batch에 의한 Vacancies에 넣음으로써 사고시에도 원만한 객실판매절차가 이루어지도록 도모한다.

오전 근무조 및 오후 근무조는 근무시작과 동시에 Stock Card를 Key Box에 넣음은 물론 중간에 Check-Out 되는 객실에도 넣어야 하며, 객실 판매 시에는 Stock Card를 빼어 Room Double Sale(이중 판매)을 방지하여야 한다.

② Dark blue Card(수리 중인 객실)

Housekeeping으로부터 Repair Request를 접수한 직원은 우선 그 객실이 Pre-Assign

및 Blocking된 Room이 아닌가를 확인한 후 문제가 없으면 Repair Room으로 처리토록 함과 동시에 Stock Card를 Key Box에 넣고 Desk에 준비된 Information for Repair Room대장에 Room No, 이유, H/K 통보자, F/D clerk의 이름 등을 기록한다. 그 후 Indicator 및 CRT에 Clean-Up Sign이 나오면 즉시 Green Card와 교체한다.

③ Red Card

Lost Key Room인 경우 -Key가 Lost일 때 MSG Lamp를 켜고 빨강색 Stock Card를 꽂아둔다.

④ 보라색

특별한 단체성 FIT를 Block 할 때 사용한다.

⑤ White Card(Block)

개인고객을 Block할 때 사용한다.

⑥ Stripped Yellow Card

Group을 위한 Room Pre-Assign을 하는데 이용되며, 이 Stock Card가 들어 있는 Room Key는 Group 별로 정리되어 Tour Desk 전달되고 In-Put후에는 다시 빼낸다. Tour Desk에 Room Key가 전달된 후 Cancel 될 경우에는 반납된 Room Key를 Key Box에 넣음과 동시에 꼭 Stock Card를 빼내어야 한다.

⑦ Pink Card–Extra Bed를 미리 투입한 경우에 꽂아 둔다.

⑧ Two Line White Card

2인 이상 숙박하여 Second Key를 제공할 경우에 사용되고 CRT하단의 Key란에 "Y"를 넣는다.

(7) Walk–In Guest(예약 없는 고객)

다양한 성향의 고객들이므로 고객응대에 신중하여야 하며 가급적 판매 증대(Selling Up)를 유도하고 지불관계를 명확히 처리하여야 한다.

① 고객 영접 및 객실형태 확인

- 정중하고 친절하게 고객을 환대한다.
  "안녕하십니까? 저희 OOO호텔을 찾아 주셔서 감사드립니다."
  "무엇을 도와드릴까요?"
  "고객님, 객실을 예약하셨습니까?"
  "예약이 안 되어 있습니다. 고객님, 객실현황을 확인해 보도록 하겠습니다. 원하시는 객실형태를 말씀해 주시겠습니까?"
- 판매 가능한 객실들 중 고객이 원하는 형태의 객실을 결정한다.
  - 이때 고객의 성향을 신속히 파악하여 가능한 고급객실을 결정하도록 유도한다.
- 고객에게 결정된 객실의 요금을 제시한다.
  - 가능한 한 공표요금(Rack rate)을 통보하나 단골고객 또는 상황에 따라 적용 가능한 적정 할인율을 제공한다.

② 등 록

- 고객에게 등록카드 작성을 요구한다.
- 처음 방문한 고객일 경우 가급적 신분 확인 절차를 수행하는 것이 좋다.
- 등록카드에 기재된 사항을 확인하고 미비 된 항목이나 추가적으로 필요한 사항을 기입하도록 한다.
- 요금 지불 조건을 확인한 후 예약금(Deposit)을 수령한다.
- 기타 필요사항이나 요청 서비스 유무를 확인한다.

③ 객실 키(Key) 인도 및 정보제공

- 고객에게 객실 키(Key)를 인도하며 위치를 설명한다.
- 간단히 호텔관련규정과 정보를 설명한 후 편안한 체류가 되기를 바라는 말과 감사인사를 전한다.
  "고객님, 다시 한번 저희 호텔을 이용해 주셔서 감사드립니다."
  "편안히 쉬시기 바랍니다."

④ 등록업무 정리

- 등록카드 및 관련 업무를 정리하여 확인한 후 마감한다.
- 관련부서에 해당사항에 대한 정보를 전달한다.

08 투숙 시 제공 서비스

(1) 메시지 전달(Deliver Message)

전달하고자 하는 메시지 내용을 정확히 접수하고 안전하게 보관하며 신속하고 정확하게 고객에게 전달한다.

① 전화응대

친절하고 정중하게 인사를 하고 자신의 소속과 성명을 밝힌다.

"안녕하십니까? OOO호텔입니다."

"고객님, 무엇을 도와드릴까요?"

② 고객확인

메시지를 남기고자 하는 투숙고객의 성명과 객실번호를 확인한다.

"메시지를 남기고자 하시는 투숙고객의 성명과 객실번호를 말씀해 주시겠습니까?"

"잠시만 기다려 주시기 바랍니다. 투숙고객의 성명과 객실번호를 확인하도록 하겠습니다."

③ 내용접수

메시지 내용 접수 시 다음 사항을 정확히 기재한다.

- 전달하는 사람의 성명, 회사명, 연락처
- 전달하고자 하는 내용(정확히 정자로 기입)
- 메시지 접수시간
- 메시지 접수 담당직원 소속 및 성명

  "고객님, OO실 OOO고객님께 전하실 메시지를 말씀해 주시기 바랍니다."

(메시지 확인 후) "예, 고객님께서 말씀해 주신 내용을 OO고객님께 전달하도록 하겠습니다. 감사합니다."

④ 보관 및 전달

- 접수된 메시지를 메시지 봉투에 넣어 고객이 객실에 있을 경우 직접 객실로 배달한다.
- 고객이 객실에 없을 경우 Key Box에 넣고 메시지 램프를 켠 후 메시지 도착 내용을 Voice Mail로 남긴다.
- 메시지 접수대장을 정리하고 메시지 사본을 철하여 보관한다.

(2) 관광정보 제공

고객이 원하는 관광정보를 신속하고 정확히 제공하기 위하여 관련된 관광정보를 숙지하고 있어야 하며 관련 안내서 및 지도 등 인쇄물을 비치하여야 한다.

① 고객 요청 사항 확인

- 친절하고 정중하게 인사를 하고 자신의 소속과 성명을 밝힌다.
- 고객이 알고자 하는 정보가 무엇인지 확인한다.
  "안녕하십니까? OOO호텔입니다."
  "고객님, 무엇을 도와드릴까요?"

② 적절한 자료 선택

정확한 정보 제공을 위해 필요한 자료를 확인한다.

③ 정보전달

숙지된 정보를 바탕으로 고객에게 간단하고 정확하게 설명하고 준비된 자료(안내지도, 브로셔 등)가 있으면 함께 제공한다.

④ 최종 확인

고객에게 제대로 정보 전달이 되었는지 다시 한번 확인한다.
"고객님께서 원하시는 정보가 제대로 전달되었습니까?"
"더 필요한 사항은 없으십니까?
"감사합니다."

타 지역 관광객, 외국인 관광객 등은 호텔 주변의 관광지에 대한 정보를 자세히 알지 못하기 때문에 지역 관광에 대해 문의를 할 수 있다. 이런 경우를 대비해 호텔은 관광 안내 책자를 프론트에 비치하고 종사원들은 효과적으로 안내할 수 있도록 주변의 관광지에 대한 역사나 운영에 관한 사항, 교통편 등을 숙지하고 있어야 한다.

현재 상황 사례

(1) 고객이 체크-인을 마치고 객실에 들어왔을 때 객실 정비가 되어 있지 않을 경우

부서장급 이상이 직접 고객에게 정중히 사과하고 신속히 이용이 가능한 객실 중 업그레이드(Upgrade)된 객실로 변경하여 제공하고 꽃바구니, 샴페인, 과일바구니, 조식권 등의 부가 서비스를 제공한다. 그리고 하우스키핑 부서에 연락하여 원인을 파악하고 신속히 객실정비 업무를 수행하여 객실 판매가 가능하도록 하며 재발 방지를 위한 커뮤니케이션 체계 점검 및 직원 교육을 실시한다.

(2) 고객이 예약한 객실 타입과 배정된 객실이 다를 경우

고객에게 정중히 사과하고 이용이 가능한 객실 중 고객이 예약했던 객실 타입과 동일한 객실이 있다면 신속히 변경하여 제공한다. 객실이 없을 경우에는 타 객실을 제공하되 요금 할인, 업그레이드(Upgrade) 등의 보상을 제공한다. 그리고 예약 부서와의 업무 전달 체계, 재발 방지를 위한 교육 등 원인 규명 및 사후 조치를 실행하고 확인한다.

(3) 예약 없이 만취한 고객이 투숙하고자 할 경우

① 동반한 보호자 유무를 확인한다.
- 보호자를 동반했을 경우에는 동반한 보호자에 의해 체크-인 절차를 수행하고 예약금(Deposit)을 수령한 후 투숙을 허용하며 동반한 보호자에게 타 고객에게 불편을 끼치지 않도록 주의를 당부한다.
- 보호자를 동반하지 않았을 경우에는 투숙 절차상 문제, 타 고객에 대한 배려 차원에서 정중히 투숙을 거절한다.

② 만취한 고객이 투숙 여부에 상관없이 심한 욕설이나 거친 행동을 보일 수 있으므로 담당 종사원들은 인내하는 것이 중요하며 절대 감정적인 대립을 하여서는 안되고 타 고객들에게 불편을 끼치지 않도록 정중하고 침착하게 대처해야 한다.

(4) 환율 차이로 인해 요금 처리상 문제가 발생할 경우

우선, 고객이 예약할 때 요금처리규정 및 정확한 요금 안내가 이루어졌는지 확인한 후 정확히 공지된 상태라면 규정에 의해 처리한다. 불가피할 경우 고객에게 자세한 사유를 설명하며 양해를 구하나 가능한 한 고객의 입장에서 손실이 가지 않도록 처리한다.

예약금(Deposit)을 유치한 고객일 경우에는 남은 금액을 예약금 당시 환율로 계산하여 환불한다. 이러한 문제 발생 예방을 위해서는 항상 예약이나 체크-인을 할 때 요금 정보를 원화로 계산하여 제공하는 것이 좋다.

(5) 부서간 커뮤니케이션 착오로 고객에게 불편을 끼쳤을 경우

고객에게 종사원의 실수에 의한 잘못임을 시인하고 정중히 사과한 후 신속히 고객 불편에 대한 조치를 취하며 경우에 따라 고객에게 적절한 보상을 제공한다. 그리고 이러한 잘못의 재발 방지를 위해 종사원에게 교육을 실시한다.

(6) 고객 전달물이 분실되었을 경우

우선, 고객에게 정중히 사과하고 분실된 전달물을 찾기 위한 최선의 노력을 약속한 후, 고객 전달물의 전달 과정을 확인, 점검하여 원인을 규명한다.

만약 찾지 못했을 경우 적절한 보상과 함께 다시 한번 정중히 사과하며 용서를 구한 후 다시는 이러한 문제가 재발하지 않도록 노력하겠다는 약속을 드린다.

그리고 종사원에게 책임감 및 사고의 전환을 심어줄 수 있는 교육을 실시한다.

(7) 체크-아웃 할 때 고객에게 과다 계산 처리하여 피해를 줄 경우

고객 등록카드상의 연락처로 전화, 편지, 이메일 등을 통해 이중회계 처리되었음을 알리며 정중히 실수를 사과하고 용서를 구한다. 그리고 정정된 금액을 신용카드 결제 재처리, 우편환 발송, 통장 입금 등의 방법으로 신속히 환불해 드린다.

(8) 이중 예약을 받아 고객이 원하는 객실을 주지 못했을 경우

고객에게 먼저 정확하게 예약 받지 못한 점에 대하여 사과를 드린다. 가능하면 원하는 객실로 안내해 드리고 안내된 곳의 장점을 충분히 설명을 드린다. 이러한 상황이 발생하였을 때는 고객이 말하는 것을 끝까지 경청하는 것이 최선이며 고객의 말에 대하여 가능하면 고객이 옳다라는 기분이 들도록 한다. 다음에 예약할 때는 반드시 원하는 곳으로 준비해 드리겠다는 말도 잊지 않는다.

(9) 포스팅(Posting)을 잘못 했을 경우

잘못된 포스팅(Posting)으로 인해 고객으로부터 연락이 왔을 때에는 먼저 실수를 인정하고 고객에게 사과를 드린다. 그리고 잘못 포스팅한 것을 정정하고 고객에게 정정했다는 말과 함께 다시 한번 사과를 드린다. 이럴 경우를 대비해서 늘 조심하며 신중을 기해야 한다. 잘못된 계산으로 인해 고객의 불평이 발생되면 호텔에 대한 신뢰와 믿음이 깨질 수 있다.

(10) Walk-in 고객이 숙박을 요청할 경우(호텔에서 숙박할 수 없을 경우)

단순한 walk-in고객에게는 객실여유가 없다고 말하고 근처의 타 호텔의 객실 현황을 알아봐 주는 정도면 무리가 없지만 예약이 됐을 것으로 생각하고 오는 고객은 신중히 생각해야 한다.

- 고객이 예약확인서를 제시할 경우 날짜와 호텔명을 확인한다.
- 고객이 아닌 타인이 예약을 했는지 물어 본다
- 고객이 보는 앞에서 예약 파일을 재차 확인한다.
- 성과 이름이 바뀌었는지 확인하고 성의 철자(spelling)를 확인한다.

(11) 비보장성 예약을 한 고객의 경우

고객은 타당한 이유로 예약 취소시간이 지난 후에 도착할 수 있다. 하지만 결과적으로 객실여유가 없을 경우 프런트 직원은 대단히 신중하게 사실을 알려드린다. 이 경우 기억할 것은 객실의 부족이 고객뿐만 아니라 호텔의 잘못이기 때문이다.

(12) No inform service

호텔에는 투숙 사실을 대외 비밀로 붙여주는 특별한 서비스가 있다. 이런 서비스를 받는 고객은 대부분 유명 연예인이나 감찰직원 등 투숙이 알려지면 곤란한 고객이 요청하곤 한다. 일단 프런트에서 No inform이 걸리면 교환실에서 전화 연결을 해주지 않는다. 그런데 이 서비스는 No inform을 거는 시점과 해지하는 시점이 매우 중요하며 늦게 No inform을 걸어 낭패를 보는 고객들도 종종 생긴다. 이런 경우를 대비하여 일부 특급호텔에서는 No inform 서비스의 보조 장치로 자동응답기를 활용한다. 이미 객실 호수가 발각된 고객이 뒤늦게 No inform을 요청하면 교환실에서 객실로 걸려오는 전화는 모두 자동응답기로 돌려 버리는 것이다. 그러면 객실의 전화는 울리지 않으며 객실 내 고객은 메시지 통보 서비스를 통해 결려온 전화 내용을 알 수 있다.

09 객실부의 의견 교환

객실부 직원은 고객이나 방문객과 접할 기회가 많다. 따라서 타부서에 정보를 제공하고 고객의 요구에 부합하는 서비스를 창출하고 이익을 발생시킨다. 또한 고객의 POS charge는 대금수납을 위해 반드시 front desk와 연계되어야 하며 효율적인 객실부 의사소통을 위해 정보책자(information book), 업무일지(log book), 전화, 우편 연락이 이용된다. 타부서와의 의견교환에 있어서는 주로 객실관리부와 시설부가 가장 연계가 많고 매상과 관계있는 판촉과 홍보부도 긴밀한 관계가 유지되어야 한다.

호 텔 프 런 트 오 피 스 객 실 실 무 론

제4장 Check-out 실무

숙박객이 숙박요금을 계산하고 객실을 비우는 것을 체크아웃(check out)이라 한다. 체크아웃의 업무는 손님이 정산을 하는 프런트 회계의 업무로부터 시작되는데 출발 손님의 bill을 정확하게 작성하고 요금을 계산해 받는다. 회사지급으로 되어 있을 경우 bill에 사인을 받는다.

체크아웃은 Guest Ledger가 Close되는 마지막 서비스이므로 끝까지 좋은 인상을 남긴다.

01 Check-out 실무의 절차

(1) 체크-아웃 전 확인

① 당일 예정 체크-아웃 현황을 확인한다.

- 예정 체크-아웃 고객 현황 확인
- 이른 혹은 늦은 체크-아웃 고객(Early or Late Check-Out Guest) 현황 확인

② 이른 체크-아웃(Early Check-Out) 고객이 있을 경우 요청시간에 체크아웃 절차가 신속히 이루어질 수 있도록 사전준비를 한다.

(2) 고객 환대

① 친절하고 정중하게 고객을 맞이하고 체크-아웃 여부를 확인한다.
"안녕하십니까? 체크아웃 하시겠습니까?"

② 고객성명과 객실번호를 확인한 후 등록파일을 검색한다.

(3) 객실 확인

관련 부서에 요청하여 신속히 객실을 확인한다.

① 미니 바 확인

② 분실물 및 습득물 확인

③ 비용 지불을 요하는 가구, 전자기기, 비품 등의 파손 유무

(4) 요금 확인

① 고객계정을 마감하여 세금 포함 및 해당 할인율이 적용된 정확한 지불요금을 산출한다.

- 객실요금(예약금 차감)
- 미지급 식음료 요금
- 미지급 부대시설 이용료
- 미니 바 이용 음료 및 주류 요금
- 기타 미지급 유료 서비스 이용료(유선영화, 인터넷 사용료 등)

② 요금지불 청구내역서를 출력하여 고객에게 확인한다.

- 요금에 대해 의문사항이 있을 경우 산출내역을 재확인한 후 친절히 설명한다.

(5) 요금 수령

예약 및 등록시 제시된 지불방법에 따라 요금을 수령한다.

(외국환으로 수령시 해당일 환율을 적용하여 정확히 계산)

① 신용카드 사용시 해당금액 승인요청 후 발급된 영수증에 고객 서명을 받는다.

② 현금사용 시 예약금(Deposit)을 차감한 금액으로 수령한다.

③ 수표사용 시 고객성명 및 서명, 신분증 번호(여권, 주민등록증, 운전면허증 등) 등을 기입하도록 하고 신분증을 복사해 사본을 첨부한다.

④ 바우쳐(Voucher, 쿠폰) 사용 및 선지급이 되었을 경우 추가 이용료 부문에 대해서만 수령한다.

(6) 객실 키(Key) 수령

고객으로부터 객실 키(Key)를 수령하여 객실번호와 일치 여부, 제공되었던 수량 회수 여부 등을 확인한다.

(7) 고객 의견 조사 및 환송

① 고객에게 투숙기간 중 불편사항 유무, 시설 및 서비스이용 개선 필요사항, 직원들의 태도, 기타 건의사항 등에 관련된 의견을 조사한다.

② 친절하고 정중한 태도로 호텔이용에 대한 감사 인사 및 향후 재방문을 부탁하며 고객을 환송한다.

"저희 호텔을 이용해 주셔서 감사드립니다. 저희 호텔을 찾아주시면 성심성의껏 모시겠습니다."

(8) 체크-아웃 업무 정리 및 마감

① 체크-아웃 절차가 완료되면 관련파일 및 서류를 정리하여 마감한다.

- 고객자료(Guest History)
- 회계처리
- 기타 관련 로그 북(Log Book) 정리 및 마감

② 관련부서에 해당정보를 전달한다.

3) 체크-아웃 서비스(Check-Out Service)

친절하고 정중한 태도로 키(Key) 확인, 요금 지불 처리 등의 사항을 유의하면서 신속하고 정확하게 절차를 수행함으로써 고객 편의를 도모하고 호텔에 대한 좋은 인상을 남길 수 있도록 한다.

단 계	서비스 내용
체크-아웃 전 확인	• 당일 예정 체크-아웃 현황을 확인한다. - 예정 체크-아웃 고객 현황 확인 - 이른 혹은 늦은 체크-아웃 고객(**Early or Late Check-Out Guest**) 현황 확인 • 이른 체크-아웃(**Early Check-Out**) 고객이 있을 경우 요청 시간에 체크아웃 절차가 신속히 이루어질 수 있도록 사전 준비를 한다.
⬇	
고객 환대	• 친절하고 정중하게 고객을 맞이하고 체크-아웃 여부를 확인한다. **"안녕하십니까? 체크아웃 하시겠습니까?"** • 고객 성명과 객실 번호를 확인한 후 등록파일을 검색한다.
⬇	
객실 확인	• 관련 부서(**House Keeping**)에 요청하여 신속히 객실을 확인한다. - 미니 바 확인 - 분실물 및 습득물 확인 - 비용 지불을 요하는 가구, 전자기기, 비품 등의 파손 유무
⬇	
요금 확인	• 고객 계정을 마감하여 세금 포함 및 해당 할인율이 적용된 **정확한 지불 요금을 산출**한다. - 객실요금(**예약금 차감**) - **미지급 식음료 요금** - 미지급 부대시설 이용료 - 미니 바 이용 음료 및 주류 요금 - 기타 미지급 유료 서비스 이용료(**유선영화 등**) • 요금 지불 청구 내역서를 출력하여 고객에게 확인한다. - 요금에 대해 의문 사항이 있을 경우 산출 내역을 재확인한 후 친절히 설명한다.
⬇	⬇
요금 수령	• 예약 및 등록시 제시된 지불 방법에 따라 요금을 수령한다. (외국환으로 수령시 해당일 **환율**을 적용하여 정확히 계산) - 신용카드 사용시 해당 금액 승인 요청 후 발급된 영수증에 고객 서명을 받는다. - 현금 사용시 예약금(**Deposit**)을 차감한 금액으로 수령한다. - 수표 사용시 고객 성명 및 서명, 신분증 번호(여권, 주민등록증, 운전면허증 등) 등을 기입하도록 하고 신분증을 복사해 사본을 첨부한다. - 바우쳐(**Voucher, 쿠폰**) 사용 및 선지급이 되었을 경우 추가 이용료 부문에 대해서만 수령한다.

⬇

객실 키(Key) 수령	• 고객으로부터 객실 키(Key)를 수령하여 객실 번호와 일치 여부, 제공되었던 수량 회수 여부 등을 확인한다.
⬇	
고객 의견 조사 및 환송	• 고객에게 투숙 기간 중 불편 사항 유무, 시설 및 서비스 이용 개선 필요 사항, 직원들의 태도, 기타 건의 사항 등에 관련된 의견을 조사한다. • 친절하고 정중한 태도로 호텔 이용에 대한 감사 인사 및 향후 재 방문을 부탁하며 고객을 환송한다. **"저희 호텔을 이용해 주셔서 감사 드립니다. 저희 호텔을 찾아주시면 성심 성의껏 모시겠습니다."**
⬇	
체크-아웃 업무 정리 및 마감	• 체크-아웃 절차가 완료되면 관련 파일 및 서류를 정리하여 마감한다. - 고객 자료(Guest History) - 회계 처리 - 기타 관련 로그 북(Log Book) 정리 및 마감 • 관련 부서에 해당 정보를 전달한다.

02 Check-out Time

정각 12 : 00까지를 기준으로 하고 있으며 12 : 00 이후에 Check-out하는 경우에는 아래와 같은 Check-out charge를 부과한다.

· 12 : 00~15 : 00 : Rack Rate의 30%

· 15 : 00~18 : 00 : Rack Rate의 50%

· 18 : 00이후 : Full charge

03 Check-out 서비스 태도

객실상품에 대한 정확하고 충분한 지식을 습득하여 항상 신속 정확한 서비스 절차를 숙지하고 객실예약의 70% 이상이 전화로 이루어지기 때문에 전화벨이 울리면 가능한 빨리 수화기를 들고 "감사합니다. 객실예약과 000입니다."라고 분명한 목소리로 말해야 한다.

또한 전화예약은 고객이 보이지 않는 곳에서 이루어지므로 서비스에 소홀해지기 쉽다. 대화도중 고객에게 불쾌한 언행을 삼가고 정중하고 예의바른 자세로 임해야 하며, 고객이 원하는 기간 및 객실종류에 이상 유무를 확인하고 여유객실 및 고가객실도 유도판매 해야 한다. 또한 예약 Close 및 원하는 객실을 판매하지 못하더라도 최선을 다하여 호텔 Arrangement를 유도해야 한다. 따라서 고객에게 "다음에 이용하실 기회가 있으시면 다시 한 번 연락하여 주십시오."라고 정중하게 인사하여야 한다.

호텔프런트오피스객실실무론

제5장 객실 회계정보 실무(Room Cashier Information)

01 회계정보의 개요

판매한 객실을 사용한 대가로 고객으로부터 수납하는 매출의 회수업무로써, 거래내용의 기입을 의미한다. 고객에게 부과한 요금을 수납하는 업무로써의 요금수납은 결재하는 시기에 따라 선납과 중간수납, 그리고 Check-out 수납으로 구분할 수 있다. 요금지불형태에 따라 신용결재와 현금결재로 대별할 수 있고 지불조건은 예약 시나 등록 시에 결정한 방법에 따른다. 객실의 판매 전략이 뛰어나고 만족한 서비스를 구사해도 고객등록과 객실배정을 실수 없이 하여도 고객회계과정을 체계화하지 않으면 불쾌감과 다시 돌아오는 고객이 나타나지 않으며 호텔은 이윤의 극대화를 기할 수 없다.

따라서 매출을 창출하는 모든 부서가 이에 속하지만 특히 객실부서의 프런트 케셔가 고객회계과정에 관련되어 있으므로 고객에게 서비스제공의 대가로 지불을 요청할 때에 만족스럽고 쉬운 방법을 선택·개발하여야 할 것이다. 즉 고객회계시스템은 고객과 관련된 회계활동을 위한 중심적인 역할을 하고 있다.

호텔회계담당자는 프런트 오피스와 고객 간에 일어난 거래에 대해서 영업이익을 자세히 나타내는 재무제표 또는 대차대조표, 손익계산서까지도 작성하여 보고하기도 한다. 그러므로 이를 위해 무엇보다도 고객원장(Guest Folio)에의 등록이 정확하게 이루어져야 할 것이다. 즉 고객회계 과정은 예약 및 고객등록과 밀접한 관계가 있다.

(1) 어카운트(Accounts)

어카운트(Accounts)는 재정적 자료를 축척하고 요약하는 일종의 한 양식으로 "T"를 닮았다. 어카운트(Account)상에서의 증감은 요약되는데 결과로 나타나는 화폐액수를 어카운트 밸런스(Account balance)라고 한다. 호텔에서 발생하는 모든 재정적 거래를 모두 어카운트(Accounts)에 역할을 미친다.

표2-18 객실부 회계 문서

Description of Account	Charges	Payment	Balance

- 회계에서 어카운트(Accounts)의 좌변을 차변(dr)으로 우변을 대변(cr)이라 한다. 차변과 대변의 가치는 현대 기업회계의 기초인 Double-entry Bookkeeping을 사용하는데 기인한다. 모든 거래는 최소한 2개의 어카운트(Accounts)에 영향을 미친다. 거래에 의해 만들어진 차변 항목의 총계는 그 거래에 만들어진 대변의 항목의 총계와 같다.

① Guest Accounts - 고객과 호텔 간의 발생한 모든 거래의 기록

② Non-Guest Account - 호텔은 포로모션의 일환으로 지역산업체나 호텔 내 회의를 협찬한 단체에게 In-house charge특권을 부여할 수 있다.(이런 Accounts를 House accounts/City accounts라 부름)

(2) 폴리오(Folio)

Folio란 하나의 Account balance에 영향을 주는 모든 거래의 기록을 의미하며 Folio 상의 거래를 기록하는 작업을 Posting이라 한다.

표2-19 고객원장(Folio)

NO.	日字 DATE	內 譯 DESCRIPTION	金 額 AMOUNT

OK'D BY		請求處 CHARGE TO	
		住 所 STREET	CITY.STATE
I AGREE THAT MY LIABILITY FOR THIS BILL IS NOT WAIVED AND AGREE TO BE HELD PERSONALLY LIABLE IN THE EVENT THAT THE INDICATED PERSON COMANY OR ASSOCIATION FAILS TO PAY FOR ANY PART OR THE FULL AMOUNT OF THESE CHARGES.		署 名 CODE SIGNATURE	POSTAL

Chart Account Transaction에 사용되는 Folio

❶ Guest Folio- 개인이나 하나의 객실로 지정된 Account
❷ Master Folio- 개인이나 하나의 객실 이상에 지정된 Account(주로 Group Account로 남겨둠)
❸ Non-Guest/Semi Permanent Folio- 산업체나 여행사에 할당된 Account
❹ Employee Folio-직원들에게 할당된 Account

(3) 바우처(Voucher)

객실부 Account에 Posting되어야 하는 거래의 세부사항을 기록한 문서로서 Posting을 필요로 하는 영업장에서의 고객의 구매를 객실 수에서 알아보는데 그 목적을 둔다.

Voucher의 여러 형식

❶ Cash Voucher
❷ Charge Voucher
❸ Transfer Voucher
❹ Allowance Voucher
❺ Paid out Voucher

(4) Point of sale(POS)

POS란 재화와 용역이 판매된 시간과 장소로서 식당, 라운지, 룸 서비스, 세탁서비스, 주차나 전화 등 이익을 발생시키는 모든 장소와 시간을 포함하므로 매우 다양하다.

(5) 회계원장(Account Ledger)

Account의 묶음으로 객실부 Ledger란 Account folio의 묶음을 의미한다.

① Guest ledger

고객이 체제기간 동안 자신의 Account folio에 외상을 하도록 하는 것

② City ledger

Non guest ledger라고도 하며 고객이 아닌 모든 Non guest로부터 수납하여야 한다. 고객의 Account가 퇴숙시 완전하게 지급되지 않은 경우 수납을 위해 Guest ledger에서 City ledger로 넘어간다.

02 Account의 발생과 유지

(1) Record keeping system

고객의 Folio는 예약 또는 숙박등록 시점에서 만들어지는데, 사용을 위해서는 예약시 정보나 숙박기록이 반드시 Folio에 Transfer 되어야 한다. Folio상에 기록되는 정보의 형태에 따라 Record keeping system이 다를 수 있다.

(2) Charge privileges

호텔 안에 Credit line을 설정하기 위해 고객은 호텔이 수납 가능한 Credit card를 제시하거나 Direct billing을 승인하여야 한다. 일단 Credit line이 승인되어야 고객은 Charge시킬 수가 있다. 이러한 Transaction은 정확한 Account의 Posting을 위해 각각의 POS위치에서 객실부로 전자선을 통해 또는 Voucher를 통해 이루어진다.

(3) Account maintenance

Folio는 객실부 Account balance에 영향을 주는 기록의 Transaction에 쓰인다.

고객은 수시로 자신의 Outstanding account balance를 알고자 할 수 있으므로 고객의 Folio는 정확하고 최신의 내용을 기록하여야 한다. Transaction posting을 할 때 객실부 회계처리의 기본식은 다음과 같다.

Previous valance + Debits-credits = Net outstanding balance

PB + DR - CR = NOB

따라서 DR이 증가하면 CR이 감소한다.

03 내부통제(Internal Control)

객실부의 내부 통제

- Transaction서류 추적
- Account항목과 Balance 맞춰보기
- 회계시스템의 취약성 찾아내기

(1) 객실부 Cash sheet

객실부는 고객 또는 비 고객 Account에 영향을 주는 다양한 Cash transaction에 책임을 진다.

(2) Cash bank

객실부에서 Bank라는 것은 Cashier가 근무 시간 내에 발생하는 여러 가지 Transaction을 처리할 수 있도록 승인된 일정액의 현금을 의미한다.

① Overage
② Shortage
③ Due back

(3) Audit control

이는 외부감사뿐만 아니라 운영본부나 임원들에게 보고할 자료로도 쓰이고 객실부 직원이 현금, 고객 Account, 비 고객 Account를 정확히 처리하고 있는지 감사를 할 수 있다.

04 결산(Settlement of Accounts)

이는 Outstanding account balance를 지불받는 것이다. 고객의 Account balance가 'Zero'가 되거나 Direct billing이나 신용카드사로 완전히 Transfer되는 것을 말한다.(이런 경우의 Transfer는 고객의 Outstanding folio balance가 Guest ledger에서 City ledger로 이동함을 뜻한다.)

05 Night Audit의 실무

호텔은 24시간 영업을 하기 때문에 정기적으로 당일의 영업판매금액에 대한 재무감사가 필요하다고 할 수 있다. Night Audit(회계감사)는 당일 발생된 수입과 호텔 회계계정에 관한 정보를 제공해 주는 중간매개체로서의 역할을 한다. 다시 말해 Night Audit의 기능은 매일 발생된 총수입액과 고객에 의한 채무의 액수에 관한 질문에 답변해 주는 일이라고 할 수 있다. 따라서 Night Auditor는 호텔에서 당일 발생된 영업매출액을 각 업장 부서별로 정확하게 정산을 하지 않으면 안 된다. 호텔에서 거래되어진 금액은 고객회계에 전기되어지고, 정산중에 발생된 착오는 즉시 수정이 되도록 점검되어진다. 예를 들면 객실요금, 세금, 전화요금, 기타 업장에서 발생되어진 거래요금 등이 정확하게 고객회계에 전기되어져 각각의 회계로써 집산되어지도록 한다. 일단 Night Auditor가 이러한 일련의 업무절차를 완료하고 신속하게 당일 총 거래된 금액에 대한 감사를 하나의 유용한 형태의 보고서로써 작성한다. 이 경우 보통 객실점유율, 각 업장 매출액, 기타 다른 여러 가지 통계가 상세하게 인쇄되어진 보고서의 양식을 갖추게 된다. 전날의 거래매출금액에 관한 빠른 정보는 호텔지배인으로 하여금 당일아침에 영업방안을 강구할 수 있도록 한다.

(1) Night Audit의 목적

① 모든 고객요금에 대하여 정확하게 기록 및 전기를 한다.
② 고객의 원장을 차감하거나 당일 재무거래를 합산한다.
③ 필요한 자료로써의 최신 통계자료를 정리한다.
④ 각 부서별 거래매출에 대한 마감정리를 한다.
⑤ 완전한 근본 데이터를 확보한다.

(2) Night Audit의 임무

① 고객의 요금 수치 및 기록을 한다.
② 일정금액 이상의 고객회계에 대한 일일회계 및 작성을 준비한다.
③ 호텔정책과 절차에 준하여 객실을 친절하게 배정, 효율적인 고객관리를 한다.
④ 호텔정책에 준하여 일일 Walk-in고객 예약목록을 정리한다.
⑤ 매일 영업보고서의 정확한 통계와 최신 데이터 준비를 한다.
⑥ 전날 객실정비부서에서 발생한 객실점유율, 공실, 판매 불가 한 객실 등에 관하여 하우스키핑부서의 보고서를 오전 7시전까지 준비한다.
⑦ 호텔에서 점검이 요구되는 모든 영업통계보고서나 바우처(voucher)를 총지배인의 승인과 검토를 받기 위해서 책상 위에 서류를 준비한다.
⑧ 매월 전화요금을 감사하기 위해 교환원에게 요금청구서 작성 및 기타 지시사항을 전달한다.

⑨ 총지배인을 도와 각 업장지배인들이 야간회계업무를 이해할 수 있도록 업장지배인 교육을 실시한다.

- 매월 15일이나 말일 이전에 외상 및 악성채무에 대한 보고서 준비를 한다.

(3) Night Audit 점검사항

① Check-Out(퇴숙) Bill 점검

- 신용카드점검(지불금액, 한도금액, 유효기간, 서명, Black List 확인)
- Voucher 점검(서비스내용, 금액, 일자확인)
- City Ledger점검(지불조건, 여신허용여부, VAT부과 및 정확성)

② 각 식당 Bill 및 매출점검

- POS Ledger와 전산입력 데이터 확인(계정과목, 업장별 확인)
- 매출발생내역과 회수내역확인(음식+음료+기타+서비스요금+세금=현금+카드+Guest Ledger+City Ledger)
- Bill의 청구확인
- 신용카드점검
- City Ledger 점검

③ 기타 매출점검

- 기타 매출보고서와 전산입력 데이터를 확인(전화, 전신, 세탁, 기타 잡수입)한다.
- Paid-Out, 환불, 미지급보고서와 전산입력 데이터를 확인한다.
- VAT보고서와 전산입력 데이터를 확인한다.

④ 현금보고서 작성

- 각 업장별 현금회수금액(Check Out 현금 지불 분, 식당 및 기타 현금 지불 분)
- 현금지출금액(Paid-Out)
- 현금수납금액 산출

⑤ Balance 정산

Night Auditor의 핵심적인 업무와 모든 업장마감 후의 매출발생 및 회수사항을 컴퓨터에 입력된 데이터와 대조 확인하여 Balance를 점검한다.

- Front 매출발생 및 회수
- Restaurant 매출발생 및 회수
- Balance

⑥ 마감작업

매출계상 및 회수 등의 점검과 수정이 완료되면 전산실의 주 터미널에서 전 업장의 터미널을 내리고 정산데이터를 별도의 전산함에 복사하여 보관시키고 또한 이를 마감정산함에 복사하여 보관시키며 마감작업을 수행한다. 이 때 전산 주 프린터에서 각종 정산 Report를 산출한다.

Audit process조절

❶ Posting 되지 않은 것은 완료시킨다.
❷ Room status discrepancies를 검토한다.
❸ 모든 부서의 balance를 검토한다.
❹ Room rate를 확인한다.
❺ No-show 예약을 확인한다.
❻ 객실료와 세금을 posting한다.
❼ 보고서를 작성한다.
❽ 현금을 예치한다.
❾ System을 Back up 받는다.
❿ 보고서를 배포한다.

06 프런트 캐셔(Font Desk Cashier)업무

고객의 Check in, Check out과 체류 중의 투숙고객과의 거래에 관한 회계이며 객실판매 중심의 회계이다. 또한 투숙고객의 각 업장에서의 모든 후불 차지(Charge)와 그 정산을 이 회계에서 관장함으로써 프론트 회계는 호텔영업회계의 가장 중심적인 부문을 이룬다.

① 고객의 이용요금 부과
② 요금수납 업무
③ 수납결과 보고
④ 환전업무

투숙객 요금 정산업무 절차

- Room Key 및 Guest ID Card를 회수한다.
- 당 고객의 성명을 확인한다.
- Mini Bar 또는 기타 업장의 Bill 발생을 확인한다.
- Notice란을 확인한다.
- Message란을 확인한다.
- 지불조건을 재확인한다.
- 동행 Room의 C/O여부 및 계산관계를 확인한다.
- Connecting-Room에 대한 정산을 겸하여 한다.
- 수표접수 시 정확한 이서를 받는다.
- Credit Card는 처리 지침에 의거해 접수한다.
- 대외후불의 경우 등록카드 및 예약카드를 재확인한다.
- 대외후불 불분명시 상사 또는 관계부서와 협의한다.
- Tax 부과는 규정에 의거 적용한다.
- Voucher 부착시 Folio상에 명기한다.
- Receipt Copy는 정확히 교부한다.
- Folio상 수납 내역을 기록한다.
- Folio상 등록카드의 정리를 잘한다.
- Folio상 Room 및 특기 사항에 대한 인수인계는 정확히 한다.
- 12:00 이후의 C/O에 대한 Late Charge를 정확히 적용한다.

07 현금관리 업무

(1) 통화의 종류

① 내국 통화 : 지폐, 유가증권(자기앞 수표, 가계수표, 당좌수표)

② 외국 통화

- US$, ¥, DM, F/FR, AU$, HK$, CAN$, S/FR, POUND 등 9개국 외화를 비롯한 28개국 지정 영수통화 및 여행자수표
- 각 업장에서는 US$와 ¥화의 CASH 및 T/C에 한 한다.
- 외화 접수 시에는 당일 외화 환율을 정확하게 적용한다.
- 외화 접수 시 외화 접수 분에 대한 원화 환산 금액이 발생된 금액보다 많을 시에는 잔액을 원화로 환불해야 한다.
- 기타 통화를 고객 편의상 접수 시는 환전상에 의뢰 또는 확인하여 처리한다.
- 수납된 외화는 임의로 유용하여서는 안 되며 당일 입금시켜야 한다.
- 외화의 종류를 정확하게 구분하여 접수하도록 한다.

(2) 취급 요령

① 자기앞 수표 : ‘보증 수표’라고도 하여 은행 및 우체국, 농협, 수협 등 기타 금융기관에서 발행되는 것으로, 수표금액만큼을 은행에 입금 시킨 후 해당 수표를 발행한 것으로 현금과 동일한 가치를 갖는다.

- 판매대금으로서의 접수만 가능하며 현금교환의 목적은 투숙객에 한 한다.
- 수표접수 시 제시인의 성명, 주민등록번호, 전화번호를 수표 이면에 이서 받는다.
- 고액수표(액면가 10만원 초과) 접수시는 해당 발행 은행별 단계에 수표를 조회한 후에 내용을 수표 이면에 기록하여 접수한다.
- 은행 마감시간 이후에 고액수표를 접수하였을 경우에는 손님에게 양해를 구하고 현금 보관증을 2매 작성하여 1매는 손님에게 제공하여 은행조회가 가능한 시간에 General Cashier에서 찾아갈 수 있도록 유도한다. 단, VIP 및 지배인이 보증하는 손님인 경우에는 지배인의 확인 하에 차액을 즉시 환불할 수 있다.

② 가계수표 : 개인이 발행하는 수표로 발행자가 개설한 가계종합예금 구좌의 예금 잔액 범위 내에서 발행할 수 있는 수표이다.

- 대금지불조건 시 부득이한 경우에만 접수하도록 한다.
- 수표발행인 본인과 일치하는지 신분증이나 가계수표 보증카드를 통하여 확인한다.
- 수표 상단의 우측에 표시된 발행한도금액을 초과해서는 안 된다.
- 수표 접수 시 서명 및 금액의 누락, 정정 여부를 확인하여 숫자상의 금액과 문자 상의 금액 일치 여부를 확인한다. 일치하지 않을 경우는 문자 상의 금액을 기준 한다.

③ 당좌수표 : 개인이나 해당 금융기관에 개설한 당좌예금 구좌의 예금 잔액 범위 내에서 발행하는 수표이다. 따라서 접수하지 않는 것이 원칙이나 특별히 접수해야 할 경우에는 여신 담당자 또는 관련부서의 승인 및 책임하에 접수가 가능하다.

08 여행자 수표(Traveller's Check) 관리

해외여행자의 현금 휴대에 따른 분실, 도난 등의 위험을 피하기 위하여 고안된 수표로서, 은행으로부터 매입할시 이미 해당금액 만큼의 현금을 지불하고 발행받은 수표로 현지 통화의 현금화 및 물품구입이 용이하며 분실, 도난 시 재발급을 받을 수 있는 수표이다.

① 여행자수표는 당 호텔투숙객에 한하여 객실번호 또는 신분을 확인 후 접수한다.

② 수표 상단 또는 이면에 날인된 서명(Major Sign)과 고객이 날인하는 하단 또는 후면의 서명(Counter Sign)과 일치여부를 확인하여 접수한다.

③ 수표상 Major Sign란에 서명이 되어 있지 않은 경우에는 특히 신원을 정확히 확인해야 한다.

④ Major Sign 및 Counter Sign란에 서명된 상태의 수표를 접수 시는 수표의 뒷면에 재차 서명을 요구하여 일치여부를 확인 후 접수한다.

⑤ T/C의 종류를 확인하고 환율을 적용한다.(접수 가능 T/C : US$, ¥, DM, F/FR, AU$, HK$, CAN$, S/FR, POUND)
⑥ 환전은 반드시 원화로만 가능하다.
⑦ 환전시 은행에서 발행한 지정된 양식(외국환매각증명서)을 사용한다.

* 개인 수표(Personal Check) : 개인계좌의 잔액 범위 내에서 발행하는 개인발행수표이다.

09 신용카드 관리

소비자 신용의 일종으로서 상거래상 현금과 수표를 대신하여 대금을 결재하는 수단으로 통용되는 제3의 통화로서 카드회사(발급사), 회원(고객), 가맹점(소매점)으로 구성되어 있으며, 특히 신용사회 구축을 위한 금융 및 신용 정책상의 권장사업으로 금융서비스 제도권으로도 활용되어지고 있어 날로 그 이용도가 증가추세에 있는 통화이다.

(1) 카드의 종류

카드가 통용될 수 있는 지역을 구분하여 국제카드와 국내카드로 구분하며 최근에는 유통업체인 백화점에서 상품판매 촉진을 위하여 발행하는 카드가 있다. 각 카드별로 회원의 자격을 세분화하여 일반, 우량, 우대, 법인 카드 등으로 구분한다.

(2) 취급 절차

① 당 호텔 접수 가능 카드인가 확인한다.
② 유효기간을 확인한다.
③ 뒷면의 Sign과 대조한다.
④ 카드별 한도금액을 확인한다. 단, 한도 초과 시 해당은행이나 카드 발행사에 문의, 승인번호를 받는다. 한도초과 승인번호를 못 받았을 경우에는 한도액만큼만 접수할 수 있다.
⑤ Card Voucher상의 Sign과 Card 뒷면의 Sign을 대조·확인한다.

⑥ 작성된 매출 전표는 Bill 또는 Folio에 첨부하여 업무종료 후 사무실의 지정된 장소에 보관한다.

(3) 신용카드조회기(Easy-Checker)관리

가맹점에서 고객이 제시한 카드의 유효성 여부(분실, 도난, 연체, 한도초과)를 일반 전화회선을 이용하여 컴퓨터와 온라인으로 연결하여 조회 즉시 거래승인여부를 제공하는 컴퓨터 단말기이다.

① 사용 가능 카드 : Easy-Check를 통하여 승인번호가 얻어진 카드로 승인번호를 카드 매출표상에 기록하여야 한다.
② 분실 도난 카드 : 신분증을 확인하여 본인의 카드가 아닐 경우에는 즉시 회수하고 다른 지불방법으로 처리하며, 본인의 카드일 경우에는 다른 지불방법을 요구한다.

(4) Easy-Check 사용방법

① 카드의 마그네틱 부분을 Easy-Check기에 인식시킨다. 마그네틱이 훼손되었을 경우에는 카드번호를 직접 입력시킨 후(Key-In) 유효 기간을 입력시킨다.
② 할부개월 수를 입력시킨다.
③ Room 번호를 입력시킨다.
④ 금액을 끝자리까지 정확히 입력시킨다.
⑤ 카드 전표의 print 유, 무를 설정한다.
⑥ 금액의 표기를 원화 혹은 외화 표기인지 설정한다.
⑦ 각 카드의 한도 금액 초과 시에는 Easy-Check로 승인번호를 얻을 수 없으므로 해당 카드사에 전화하여 직접 승인 번호를 얻어야 한다.

10 쿠폰(Coupon) 관리 업무

호텔 투숙객에게 지정된 식사에 한하여 여행사 또는 Convention 주최자가 지정금액에 한하여 지불보증 하는 조건으로 발행하는 Coupon으로 C/O후 제 3자의 사용은 불가하며 현금으로 환불 또는 대체할 수 없다. Front Desk 또는 Tour Desk에서 여행사의 요구에 의해 발행하며 발행 시에는 장부에 내용을 기재하고, 의뢰인의 서명을 받는다.

(1) FIT Coupon

여행사(해외, 국내)에서 송객 시 객실요금과 지정 식사에 한하여 지불 보증한다는 Voucher소지고객 또는 이에 준한 F/D Clerk이 본 규약을 근거로 하여 Room#, Name을 기록하고 발급한다.

* 처리 : 계약된 Meal Ticket 가격 기준으로 등록하여 RM#별로 분리하여 <C>코드로 입력·전송하여야 한다. 단, Meal Coupon보다 추가되는 경우는 추가요금을 개별 RM 계정에 분리 전송 또는 현금으로 받는다.

(2) GIT Coupon

호텔과 계약체결된 국내외 여행사의 Group Member에게 발행하는 Coupon으로 Coupon상에 Group#를 기록하여 계약된 요금으로 발행한다.

* 처리 : Coupon 금액을 기준하여 등록하며 Group 별로 분리하여 2Bill 발행 후 <C> 조건으로 입력하며 해당 Room, 또는 Group#로 전송한다. 단, Coupon보다 추가 발생되는 경우 F. I. T와 동일하게 처리한다.

(3) Lay Over Coupon

항공사에서 자체 사정으로 승객을 지연하고자 할 때 고객을 투숙시키고 객실료+조식+중식+석식 등을 제공하는 조건으로 발행된 Coupon이다.

- 처리 : Meal Coupon에 명기된 금액에 한하여 FIT나 Group Coupon 처리와 동일하다. 단, 대한항공의 경우 한진에서 발행한 Meal Coupon을 사용한다.

(4) Comp Ticket

특별한 경우 무료 식사권으로 발행되는 Ticket으로서 Officer's Check을 발행하여 처리한다. 기타 특별한 경우는 별도로 안내하여 준다. Guide Free Ticket도 이에 준한다.

(5) Meal Coupon의 특성

① 청구서 송부, 청구서에 의해 입금 처리되는 후불의 성격을 띤다.

② 환불이 불가하다.

③ 사용할 때 해당 Room, 또는 Group Master Bill에 전송해서 처리해야 함으로, 처리 지연으로 누락되지 않도록 유의한다.

11 환전 관리 업무

외국 통화 및 외국과 국내에서 발행한 여행자수표의 매매를 환전이라 하며, 외국인 여행자의 환전 편의를 도모하는 한편 외국환을 조기 집중시키고 외화 유출을 방지하는 데 그 목적이 있다.

(1) 환전상의 의무

① 환전원은 외국인과 의사소통이 가능하며 환전업무관계 법규를 숙지하고 있는 자 2명 이상을 고용하고 환전원 관리대장을 비치하여 환전원의 인적사항, 담당기간 등을 기록, 유지한다.

② 당일의 환전 결과 매입, 매각액을 통화의 종류별로 합산하여 환전 장부에 기장하고 환전원과 책임자의 날인을 한다.

③ 환전상 인가증(신고필증), 환전상 표지 및 안내판을 게시한다.

(2) 환전상의 업무

① 외국환 매입

- 거주자로 또는 비거주자로 부터 지정영수통화로 표시된 외국화폐 및 여행자수표를 원화로 지급하고 매입한다.
- 지정영수통화는 편의상 9개국 대표 통화를 포함해 28개국 통화를 취급한다.
- 환전 시 환전증명서를 사용한다.
  - 환전증명서는 한국은행의 위임을 받은 외국환 은행에서 발행한 외국환매각신청서와 외국환매입증명서 용지만을 사용한다.
  - 흑색의 외국환매각신청서와 청색의 외국환매입증명서를 1조로 하여 50조 100장을 한 권으로 한다.
  - 외국환매각신청서는 환전상 비치 원본으로 사용하고 외국환매입 증명서는 환전상이 서명 날인하여 고객에게 교부하는 증명서로 사용한다.
  - 동일 번호의 1조로만 사용할 수 있으며 이에 반할 때는 폐기처분해야 한다.
  - 환전증명서의 금액 정정을 할 수 없다. 따라서 오기, 파손으로 인한 용지는 폐기해야 한다.
  - 폐기용지는 별도 보관하였다가 환전증명서 교부신청시 지정 거래 외국환 은행에 반납하고 반납 확인을 교부받아야 한다.
  - 환전증명서는 금액에 관계없이 반드시 교부하여야 한다.
- U$ 5,000 상당 이상의 외화 매입시 유의사항

한국은행 총재가 정하는 서식에 인적사항, 취득경위, 사용용도 등을 기재한 신청서를 제출받아 인적사항을 신분증명에 의해 확인한 후 매입할 수 있다. 상기 서식을 매월별로 다음 날 10일까지 주소지 관할 세무서에 통보한다. 단 매입금액이 건당 $100,000 초과의 경우 국세청에 통보하여야 한다.

② 재환전

재환전은 외화 유출을 방지하기 위해 외국환 은행을 제외하고는 환전상 중 카지노 환전상, 신용카드업자가 설치한 환전상만 취급 가능하므로 당 호텔의 경우 출국 시 공항에서 재 환금을 받도록 고객을 유도한다.

③ 외국환 매각

환전상은 매입한 외국 통화 또는 여행자수표를 매입일 익일까지 지정 거래 외국환 은행에 원화를 대가로 매각하거나 예치하여야 한다.

(3) 환전상의 외국환 매매율

① 환전상은 지정 거래 외국환 은행에서 정하는 당일의 당해 통화의 외국환 은행 대고객 전신환 매입율의 100/10 이내로 한다.

② 통화의 형태(현찰, T/C)에 따라 외국환 은행의 대고객 매입율이 각각 상이하므로 환전상에서는 매일 오전 10시경 각 통화의 형태별로 대고객 매입률을 산정하여 영업장소에 게시한다.

호 텔 프 런 트 오 피 스 객 실 실 무 론

제6장 프런트 영업정보 실무 보고서

호텔 숙박기능의 프런트 재무적 성과는 객실부문영업보고서에 나타나며 이 보고서에는 수익, 급여와 일정기간의 부문별 기타 비용을 볼 수가 있으며, 이것은 곧 부문별 이익을 나타내고 있다. 또한 현금유통, 은행회계, 수입, 회계수취계정 등의 수단으로써 활용될 뿐 아니라 객실회계에 대한 거래의 참고자료로 활용된다. 일일영업보고서가 합산되어 월 영업보고서가 작성되면 전월의 영업보고서와의 비교자료로도 이용된다.

01 영업 통계 계산방식

영업 통계 작성은 주로 프론트 오피스 지배인이 하는 가장 중요한 영업 정보 회계 보고서 업무이다.

(1) 객실 점유율(Occupancy)

객실영업에 있어서 가장 흔하게 사용되는 통계 부분은 객실 점유율 통계이며 전체 판매 가용한 객실에 대한 당일 판매 객실 비율을 나타낸 것이다.

[객실 점유율 계산방식]

$$\text{당일 객실 점유율} = \frac{\text{당일 객실 판매수}}{\text{당일 판매 가용 실수}} \times 100$$

(2) 복식 객실 점유율(Double Occupancy)

대부분 호텔에서 관심을 가지는 계산방식으로서 그 방법으로는 보통 2가지로 나뉜다.

복식객실 점유율을 산출함으로써 식음료, 판매, 세탁 요구사항 등을 예상할 수가 있고 호텔의 평균객실요금을 분석하는 데 좋은 정보가 된다.

[복식 객실 점유율 계산 방식]

① $\text{복식 객실 점유율} = \dfrac{\text{고객의 수} - \text{판매된 객실수}}{\text{판매된 객실수}} \times 100$

② $\text{객실당 투숙 인원수} = \dfrac{\text{고객 인원수}}{\text{판매된 객실수}}$

(3) 평균 일일 실료(Average Daily Room rate)

프론트 오피스 일일업무보고에 유용하게 사용되어진다.

[평균 일일 실료 계산 방식]

$$\text{평균 일일 실료} = \frac{\text{전체 객실 수입}}{\text{판매된 객실수}}$$

(4) 고객 1인당 평균 요금

남녀노소를 불문하고 모든 고객에 근거를 둔 산출방식으로 평균 고객 1인당 요금에 주력한 관심을 가지고 있는 휴양지 호텔에서 많이 채택하고 있다.

[고객 1인당 평균 요금 계산 방식]

$$\text{고객 1인당 평균 요금} = \frac{\text{전체 객실 수입}}{\text{고객의 수}}$$

02 영업 통계 분석

보통 나이트오디터(야간회계담당자) 당일 영업통계보고서를 위한 영업 통계를 내는 반면에 프론트 오피스 지배인은 영업의 패턴과 장래 추세를 결정하기 위한 정보를 분석하는 일을 주 업무로 한다고 할 수 있다. 이러한 일을 수행하는데 있어서는 상호간의 업무를 중요하게 여겨야 한다. 예를 들면 프론트 오피스 지배인은 평균 수입 통계를 분석하는 데 있어서 이중 객실 판매 점유율에 대해서 명심하지 않으면 안 된다. 복식 객실 점유가 증가함에 따라서 일일 평균실료는 대체적으로 증가하게 된다. 이러한 내용은 객실을 한사람 이상에게 판매한다는 사실 즉 하나의 객실이 단지 한사람의 고객보다는 그 이상의 고객에게 판매되었을 때 객실수입이 많아진다는 것을 나타내기 때문이다. 그러나 객실 1실에 두 사람이 투숙하여 발생한 수입이 한 사람이 투숙한 것에 비해 두 배의 수입이 되는 것은 아니며, 단지 고객 1인당의 평균 실료가 낮아진다고 할 수 있다. 또한 객실수입을 분석하는 데에 유용하게 활용되어지는 일부 다른 방법이 있다. 이것은 잠재적인 수입과는 대조적인 실제수입에 근거를 둔 방식이다. 호텔에서는 보통 하나의 요금 정책만 유지하고 있는 것이 아니라 호텔마다 요금 적용방법이 다르다는 사실을 지적하고 객실요금을 산출함에 있어서 규모, 위치, 유형, 경관, 장식, 종별의 기준에 의하여 차이가 있다.

03 Forecast 산출 계산방법

Front Clerk은 항시 당일의 룸을 Check하여 전날과 다음날의 상태를 숙지하고 있어야 하며 이를 토대로 당일의 업무를 해나가야 한다.

(1) 실제 객실 수(Actual Room)

Stay over Rooms + Expected arrival Rooms의 총 합계를 말하며 호텔의 총 Rooms로

나누면 No-Show 및 Exp. C/O를 감안하지 않은 Forecast를 산정해 낼 수도 있다.

(2) Early C/O

예정된 Check-Out 날짜보다 일찍 나가는 것으로 호텔에서는 약 0.5%정도로 추정된다.

(3) Exp. C/O

당일 현재 나갈 예정 Rooms 수를 말하며 이 예정 수에는 Stay Over될 것도 있다는 것을 감안해야 한다.

(4) No-Show

당일 Check-In으로 예약되어 있는 Card 중에는 오지 않고 자동적으로 취소되는 것을 말한다.

(5) Walk-In

예약 없이 당일 날 호텔에 투숙하려고 하는 고객의 예상수도 계산해야 한다.

호텔프런트오피스객실실무론

제7장 기타 프런트 서비스 실무

01 전화 교환 서비스 실무(Switchboard)

전화교환원은 친절하고 상냥한 목소리를 가진 사람이 적임자이며, 국가가 인정하는 자격을 가져야 한다. 또한 친절, 신속, 정확한 서비스로 손님에게 불편을 주어서는 안 된다.

전화교환원의 업무 중 국가 장거리 통화, 국제전화는 주로 시간과 요금이 많이 소요되므로, 이 때 종사원은 정확하고 신속한 서비스로 접속을 해주며 요금, 통화시간, 상대방의 전화번호를 꼭 전화전표에 작성한다.

현재 우리나라 시중 호텔은 신설되는 몇 개의 호텔을 제외하고는 숙박객이 내국인이든 외국인이든 시내통화를 하게 되면 요금을 받지 않고 있다.

이렇게 받지 않는 이유는 여러 가지가 있겠으나 무엇보다도 경제적으로 통화 도수기는 프런트 캐셔 뒷면에 각 객실별로 도수기를 설치하면 호텔에서 통화료 징수로 인한 수익이 증가될 것이다. 그러나 현재 많은 호텔들이 무료로 서비스하고 있으며 시외통화나 장거리통화는 요금을 징수하고 있다.

(1) 종사원의 업무태도

① 모든 전화는 친절하게, 공손하게 예의바르게 받는다.

② 외부전화에 대해서는(○○호텔입니다.) 내부전화는(교환입니다.)라고 받는다.

③ 상대의 목적, 의사를 정확히 파악한 후 연결한다.

④ 매뉴얼을 준수하되 예외적인 것은 필히 책임자의 판단을 요청한다.
⑤ 대화자와 감정적 언쟁을 하지 말아야 한다.
⑥ 고객 또는 외부인으로부터 장난전화 혹은 사적인 대화에는 정연한 태도로 거절한다.
⑦ 고객이 알아듣기 어려운 약어, 전문용어, 언어 등의 사용은 피한다.
⑧ 고객에게 실례되는 말씨는 삼가며 표준어를 쓴다.
⑨ 국내 장거리전화, 국내통화 등 많은 요금과 시간이 소요되는 통화는 정확히 연결을 해주어야 하며, 요금 및 통화수를 알려 주고 기재를 철저히 한다.
⑩ 고객의 메시지 전달과 모닝 콜(Morning Call) 취급에는 기록(객실번호, 시간, 가능하면 사용언어 등)을 철저히 유지하여 추호의 실수도 없도록 주의할 것
⑪ 모든 기기의 사용에는 안전관리지침을 준수하여 관리하며, 교환실의 정리 정돈을 하여야 한다.
⑫ 호텔내의 긴급한 비상사태나 재난이 발생시는 관계부서에 긴급히 연락 및 안내방송 등으로 대피와 진압에 최선을 다한다.
⑬ 교대 근무시의 인수인계를 정확하게 하고 개인전화의 사용을 금지한다.

(2) 통화의 종류

① 대화자 지정통화(Person to person call)
② 전화번호 지정통화(Station to station call)
③ 요금 수화자 지불 통화(Collect call)
④ 요금 통화신청자 지불통화(Paid call)

(3) 통화시간수의 통지

통화중에 경과한 시간을 알고자 할 경우 국제전화국에 신청하면 알려준다. 또는 위성회선의 경우는 통화가 시작하여 3분, 13분, 23분이 끝나면 12초 전에는 6초간의 경과음이 들린다.

(4) 국제전화 신청 시의 요구사항

① 대화지명과 국명확인

② 대화자의 전화번호(불명의 경우는 주소와 성명)

③ 신청자 자신의 전화번호

국제전화

해외통화나 국내장거리 통화는 반드시 전화국을 경유해서 통화하기 때문에 많은 요금과 시간이 소요된다. 이때에 담당교환원은 정확한 접속을 해주어야 하고 요금과 기재사항을 철저히 하여야 한다. 통화가 끝나면 즉시 청구서 (2매 1조)를 발행하여 교환대 일정표에 기재사항을 필하고 프런트 캐셔로 보내야 한다. 그러면 프런트 캐셔는 전화청구서를 고객원장에 기재한다. 현금지불의 경우도 2장을 현금과 함께 프런트 캐셔에게 준다. 영수증은 부본에다 "PAID" 스탬프를 찍어 내준다.

(5) 교환용어

- ○○○○호텔입니다.
- 교환대입니다.
- 잘 알았습니다.
- ○○ 선생님이십니까?
- 객실 안내로 연결하여 드리겠으니 그 곳에서 확인해 주시면 감사하겠습니다.
- 나오셨습니다. 말씀하십시오.
- 오랫동안 기다리셨습니다만 아직 통화중입니다.
- 손님께서 외출중이신가 봅니다.
- 잠시 기다려주십시오.
- 자주 사용하는 단어
  - 저희들
  - 이쪽 분, 저쪽 분
  - 부인, 사모님, 어린이
  - 젊으신 분, 연세 드신 분
  - 이름보다는 성함이라고 한다.

• 인사말
  - 안녕히 주무셨습니까?
  - 날씨가 매우 춥습니다.(덥습니다.)
  - 주무시는데, 쉬는데 죄송합니다만
  - 안녕히 주무십시오.

표2-20 시외 통화료 청구서

객실번호 ROOM NO.　　　일 자 DATE　19 . . .

지명 City	호출번호 Number called	호출시간 Time called	통화수 Minutes	금액 Amout
계 Total				

성명 Name ______

서명 Signature ______

담당교환원 Operator

검 인

확인Confirmed by

02 우편물 취급 서비스 실무

객실키와 우편함(key and mail rack)이 준비되어 있는 것이 대부분의 호텔 사무실의 일반적 특성이며, 리셉션의 두 가지 기본적인 업무가 곧 객실키와 고객 우편이라는 점을 나타내고 있다. 객실변화와 층별로 정리가 되어 있는 키와 우편함은 리셉션이나 객실현황판과 구조가 일치하며 객실현황판의 보조적인 역할을 하고 있다.

하루 일과 중 객실키는 호텔에 새로 도착하는 고객과 투숙하고 있는 고객에게 전달이 되고, 외출을 하거나 퇴숙 하는 고객으로부터 회수하여 함에 꽂는다함은 객실의 사용여부나 고객의 행선지를 알려주는 현황판과 같다.

우편물은 고객이 도착하기 전, 투숙 중, 또는 퇴숙 후에 접수될 수 있으며, 보통우편, 등기우편, 소포, 케이블(cable) 및 텔레그램(telegram), 텔렉스(telex), 속달우편, 그리고 고객에게 남겨진 개인적 메시지로 구성이 되어 있다. 고객이 도달하기 전에 온 우편물은 고객이 등록을 할 때 전달되어야 하며 고객이 호텔을 떠난 후에 접수된 우편물은 발신인에게 반송해야 한다. 고객이 투숙하고 있는 동안 텔레그램은 신속하게, 등기우편물을 안전하게, 소포는 부피를 고려하여 처리하는 것이 매우 중요하며, 각각 고유의 기본절차를 거쳐야 한다. 그러나 객실 키와 우편함이 핵심이 되며 고객이 객실 키를 받아갈 때 전달되는 우편물의 대부분을 거기에 꽂아 놓는다. 그리고 리셉션 종사원에게 소포나 우편물과 같이 별도로 보관된 물품에 대해서도 상기시켜 준다.

고객에게 키와 우편물 전달 외에 서비스를 제공할 경우에 반드시 유의할 세 가지 사항은 아래와 같다.

① 고객 색인(guest index)은 특정한 개인의 투숙 여부와 그의 객실번호를 나타낸다.
② 리셉션 현황판 또는 객실현황판은 특정 객실에 누가 투숙을 하고 있는지를 나타내고 있다.
③ 객실 키 및 우편물은 고객이 호텔 내에 있는지, 그리고 고객 앞으로 접수된 우편함이 있는지를 알려 주고 있다.

대부분의 호텔에서는 리셉션 사무실이나 거기에 소속된 다른 부서에서 고객에게 정보를 제공하는 업무를 담당하고 있다. 즉, 호텔시설, 서비스, 지역정보, 교통 및 기타사항에 대한 정보를 제공한다. 다른 호텔의 경우에는 객실 키와 우편, 그리고 고객에게 정보를 제공하는 업무를 유니폼서비스 종사원이 담당하고 있지만 다소 차이는 있다. 그러나 어느 종사원이 어떠한 직무를 맡고 있으며, 고객이 누구에게 도움을 청해야 될 것인지는 호텔의 조직구조는 특히 대형호텔에서는 더욱 중요한 것임을 기초로 설명하는 것보다는 고객의 필요와 욕구를 기초로 명확하게 설명하는 것이 좋다. 리셉션, 홀 포터와 같은 표지판은 호텔마다 그 내용이 다를 수가 있으며, 호텔 이용 경험이 많은 고객에게도 충분히 이해가 되지 않는 경우가 있다. 프론트 홀의 카운터와 각 부서별 표지판은 등록, 열쇠, 우편, 인포메이션, 고객계정으로 표기하는 것이 고객에게 더 정확한 의미를 전달할 것이다. 그리고 숙박객이 우편물 반송을 의뢰해 올 경우 그 우편물의 중량과 행선지, 수취인, 요금 등을 정확히 해서 반송시켜야 한다. 발송에 있어서 반드시 우편물 수불대장을 만들어 기재처리를 철저히 해서 호텔의 신용도를 높여야 한다.

표2-21 우편물 반송 의뢰서 양식

[반송의뢰서]

TO:

중앙우체국
( ) 귀하
국제전신전화국

상기의 손님은 (출발하시었습니다. / 체재하고 계시지 않습니다.) 와 같은 이유로 표기 발송하신분에 반송 바랍니다.

다음 양식은 고객으로부터 우편물 발송을 의뢰받았을 때에 기록양식으로서 누가 어떤 우편물을 의뢰받아 누가 발송했다는 것을 기록·보관하여 호텔의 신뢰를 지키도록 한다.

또한 고객이 호텔에 도착한 후에 오는 것이 통례이나 때로는 도착하기 전에 오는 경우도 있다. 이럴 때에 봉투 옆에 「Hold for Arrival」이라 적혀 있기 때문에 쉽게 알 수 있으며 잘 보관하였다가 고객이 도착하는 즉시 전달하는 것도 좋은 서비스의 한 방법이라고 할 수 있다.

Delivery 요령

❶ Mail Telex, Message의 경우

Room No, 등을 재확인하고 위의 Delivery Record에 기재한 후 Bell Man을 불러야 하나 Bell Desk가 상당히 바쁜 경우에는 고객에게 "조금 늦을지 모르니 죄송합니다."라고 미리 양해를 구하고 불편하지 않으시면 Front Desk에 오셔서 가져가시도록 종용하는 수도 있으나 이때는 고객의 기분이 상하지 않도록 정중히 말씀드려야 한다.

❷ Parcel류

Notice나 Baggage Check가 붙어 있는 Parcel의 보관 중에 객실에서 전화로 문의 오는 경우에는 어떤 종류의 Parcel인가를 말씀 드리고 손님이 원하면 Notice의 경우에는 Bell Man에게 손님의 서명을 받아 오도록 하고 Baggage Check인 경우에는 Bell Man이 Baggage Room에서 찾아 전달하도록 한다.

❸ 꽃, 케이크, 과일류

(Check-In 이전의 Delivery)투숙객을 환영하기 위해서 외부로부터 투숙객 전에 객실번호를 지정하여 객실에 케익, 꽃, 과일 등을 넣는 경우를 말하는데 특히 V.I.P. 경우에는 객실을 미리 지정하여 제공된다. Front Desk에서 Clerk은 Delivery & Reguest Slip을 작성, 물건은 Bell Man에게 제공된다.

배달업무

❶ 시간이 문제가 있는 전보는 전신국에서 배달되는 경우와 텔렉스에 의한 수신배달이 있다.
❷ 어떤 경우라도 수신과 동시에 도착시간 스탬프를 찍어 수신대장에 기록하고 즉시 배달하도록 한다.
❸ 우편물은 호텔 자체의 것과 숙박객의 우편물을 구분한다.
❹ 소포나 부피가 큰 우편물은 메시지 용지를 이용하여 소정의 장소에 보관해 놓았음을 기입하여 열쇠함에 넣어 두었다가 고객이 들어오면 전달한다.
❺ 수취인이 퇴숙하고 없을 때 도착한 우편물은 반송전표를 붙여 발신인에게 반송한다.
❻ 일반 우편물의 발송은 프런트 데스크에 비치된 우편함에 보관하였다가 우체국 우편물수집시간에 맞추어 인계한다.
❼ 전보는 국내외 것 모두 소정의 전보용지를 사용하여 판독이 어렵지 않도록 정확히 기재 받는다.

우편물로서 취급 불가능한 것

- 폭발, 발화성, 기타 위험성이 있는 것
- 독약, 극약 등 독극물
- 아편, 몰핀, 기타 마약류
- 외설 또는 부도덕한 물건
- 기타 법령에 의하여 수입 또는 유포가 금지된 물건

03 메시지(Message) 접수 서비스 실무

Message라 함은 외부인으로부터 투숙객에게 전화로 전해지거나 직접 남겨지는 간단한 Memo형식의 글을 의미한다.

Message는 크게 두 가지로 나누어 전화를 수신하여 받아 남겨지는 경우와 외부인이 직접 써서 남기는 것으로 구분되어지는데, 위의 두 가지 경우 모두 신속하고 정확하게 처리되어야 하며, 또 전달된 Message가 분실되는 경우와 Delivery 및 확인을 위하여 2매 1조로 적어야 한다.(1매는 Guest용, 1매는 F/D 보관용)

(1) Message 접수요령

① 전화

외부인이 전화로 Message를 남기고자 할 때에는 준비를 갖출 때까지 Hold the line, Please!라고 한 후 Room No. Guest Name을 확인하고 전하는 분의 이름, 회사명, Telephone No.를 적고 용건을 기재한다. 이 때 Room No, Guest Name은 재확인을 위해 복창하여야 한다. 또는 전화상 구별하기 힘든 단어, 예를 들면 P와 T, B와 V, R과 L 등은 정확하게 받아써서 투숙객이 착오를 일으키게 하는 등의 실수는 하지 말아야 한다. 그리고 시간, 날짜 등을 기재하고 서명란에 Full Name을 영문으로 기재하여 Key Box에 놓는다.

② 외부인이 직접 남기는 Message

외부인이 Message를 직접 남기고자 할 때에는 2매 1조의 Message용지를 내어드려 적게 하는데, 이 때 간혹 외부인이 투숙객에게 전하는 것인지 그 반대의 경우인지가 구분키 어려운 때에는 직접 문의 후 확인하여 외부인이 투숙객에게 남길 때에는 Message를, 투숙객이 외부인에게 남길 때에는 Message를 "where are you?"에 붙여 Key Box에 넣는다.(이의 경우에도 Room No. Guest Name은 꼭 확인되어야 한다.)

(2) Message의 전달

손님이 직접 프런트 데스크로 오는 경우 2매 1조에서 1매는 손님에게 내어드리고 나머지 1매는 정해진 장소에 보관하며, 전화로 메시지 문의가 온 경우에는 읽어 드리게 되는데, 이때는 특히 Telephone No. Name 등을 정확하게 읽어 드려야 하며, 이미 읽어 드린 Message Paper를 원하는 경우에는 Message Light를 Off한 상태로 통보시간, Clerk의 Name을 기록 후 Key Box에 넣어 놓거나, 고객이 원하면 Bell Man 이나 Delivery Boy에게 배달시키며, 이 때 1매는 Delivery용이다.

04 모닝콜 서비스(Wake up call) 실무

(1) 고객으로부터 직접 접수하는 경우

① 모닝 콜 용지에 객실번호, 깨우는 시간을 기입한다.

② 객실번호 우측에 교환원 번호를 기입한다.

③ 본인으로부터 받은 경우는 객실번호 좌측에 "본"이라고 기입한다.

④ 일본인 고객인 경우에는 Ⓙ, 영ㆍ미국인 일 경우Ⓔ, 한국인일 경우 Ⓚ표로하여 사용언어를 구분한다.

(2) 주의사항

① 접수 시 객실번호와 시간을 필히 복창할 것

② 고객을 약간 기다리게 할지라도 용지에 직접 기입할 것

③ 한 사람의 고객이 다른 객실을 대표하여 신청하는 수가 있으므로 어느 곳에서 부탁해 온 것인지 확실히 기재할 것

④ 자명종 시계의 시간을 확인한다.

(3) 종사원으로부터 접수하는 경우

① 객실번호를 기입 그 우측에 교환원 번호를 기입할 것

② 객실번호 좌측에 연락자의 이름을 기입할 것

③ 깨울 시간은 복창하여 확인 기재할 것

(4) 깨우는 법

① 인사를 하고 시간을 분명히 말한다.

② 고객의 대답을 확인하고 전화를 끊는다.

③ "예", "안녕히 주무셨습니까? 지금 몇 시 몇 분입니다."

④ 단체의 경우 시간 변경 유무를 깨우기 30분전에 룸 클럭에게 확인한다. 확인하면 룸 클럭의 이름을 객실번호 위에 기재한다.

⑤ 확인시간에 시계의 종을 정지시킨 후 깨우는 시간에 재조정하는 것을 잊지 않는다.

⑥ 깨운 객실번호를 사선으로 지운다.

⑦ 응답이 없을 경우 그 층의 스테이션에 연락하여 객실까지 가보도록 한다.

⑧ 스테이션에 의뢰한 객실번호에는 S자를 기입하고 회답을 기다리다가 깨웠다는 회답이 오면 사선을 긋는다.

05 기타 업무 및 교육

(1) 업무일지(Log Book)

Front Desk에서 이루어지고 있는 업무의 형태를 유형별로 분류한다면 헤아릴 수 없을 만큼 다양한 Operation Capacity를 가지고 있어서 Case별로 하나하나 Manual을 설

정하여 업무지침을 마련하기에는 불가항력적인 많은 요소를 내포하고 있으므로 각종 공지사항 및 유형별의 업무 인계인수사항은 꼭 Front Desk에 비치된 업무일지에 기재해야 한다. 인계자, 인수자, 처리자의 Sign과 함께 장기간 보존되는 업무일지의 활용범위 및 중요성은 상당한 비중을 차지하고 있으며 근무를 끝마치기 전에 인계사항을 기록함은 물론 근무를 시작하기 전에 전 직원이 업무일지를 읽어야 하며 처리가 필요한 사항에 대하여도 해당 Clerk이 업무일지에 기재하여 업무 수행에 완벽을 기함과 동시에 고객 및 각종 Operation Mistake를 사전에 예방하여야 한다.

(2) 근무 편성(Working Shift)

24시간 동안 Open 상태를 유지하며 Shift Relay를 하고 있는 Front Desk의 Working Schedule은 준비 및 정리단계인 Morning Shift, Check-in 과정인 Afternoon Shift, 업무마감과 Report 작성 단계인 Night Shift의 3 Shift로 구분되어 월 1회로 Rotation 처리되고 있다.

근무 스케줄(Working Schedule)의 기능

❶ 근무는 항상 Working Schedule에 의거하여 진행되어야 하며 부득이한 경우에는 Mgr.의 허가를 득한 후에만 Shift 및 Day Off 날짜를 서로 교환할 수 있고 대휴 신청자 및 각종 교육훈련통지를 받은 Clerk은 사전 Mgr.에 보고하여 해당일의 Shift별 인력 배정에 차질이 없도록 하여야 한다.
❷ 지배인은 월말에 작성된 New Working Schedule List를 Section별로 정리하여 부서장의 결재를 득한 후에 총무과에 각 1부씩을 발송하여 익월 급료 조정 계획에 참조토록 한다.

(3) 업무 및 교육일지

인사이동 및 신규발령에 의하여 많은 새로운 사람이 F/D에서 다시 근무하게 되거나 또는 너무 오랜 시간의 Routine한 Job으로 잊어버리기 쉬운 것들을 방지하기 위하여 다시 재정립하거나 교육하게 되며, 중점적인 신입사원을 위하여 사용될 뿐 아니라 사례집으로서의 역할을 하게 되며 업무를 분석하고 점검하게 되는데 사용된다. 조별 Meeting 시간에 업무 및 교육상 내용 등을 적어 보관하고 보고하는 일지이다.

호 텔 프 런 트 오 피 스 객 실 실 무 론

제8장 비즈니스 센터(Business Center) 실무

비즈니스 센터(Business center)에는 팩시밀리(Facsimile), 텔렉스(Telex), 복사기, 퍼스널 컴퓨터(Personal computer) 등의 설비를 갖추고 호텔경영에 관계되는 통신문의 발송 및 접수는 물론, 고객의 사업상 필요한 통신문의 발송, 접수, 전달업무를 담당하는 중요한 기능 중의 하나이다. 이곳에서의 주요업무는 다음과 같다.

① 호텔내부의 통신문 접수, 전달 및 발송을 한다.
② 호텔고객의 통신문 접수, 전달 및 발송을 한다.
③ 퍼스널 컴퓨터로 제공할 수 있는 정보(관광정보, 교통정보, 일기예보 등)를 제공한다.
④ 통신문의 수발대장을 기록·관리한다.
⑤ 비즈니스 센터의 청결유지 관리를 한다.
⑥ 호텔 내부 및 고객의 복사업무를 한다.
⑦ 고객의 요구에 의한 컴퓨터 업무를 한다.
⑧ 통신문의 정확한 전달을 위한 룸 클럭과 긴밀한 협조를 한다.

관광호텔 등급결정기준 항목인 '비즈니스 센터'에 대한 평가지침

- 비즈니스센터 설치 및 운영 여부
- 비즈니스센터 내 지원시설의 비치 및 운영·관리상태 : PC, 팩스, 복사기 등 지원 여부
- 비즈니스센터 서비스 가능 시간

01 통신 서비스(Communication Service)

(1) 인터넷 서비스(Internet Service)

고객의 인터넷사용 요청에 대하여 호텔에서 가능한 인터넷서비스를 제공하는 것으로 고객의 비즈니스 업무에 도움이 되도록 신속하게 제공한다.

① 인터넷사용 요청

- 인터넷 연결 절차와 방법을 숙지한다.
- 고객의 인터넷사용 요청을 접수한다.
- 유료일 경우 인터넷사용과 관련된 요금을 공지한다.

② 노트북 보유 확인

- 고객이 노트북을 보유하고 있는지 확인한다.
- 노트북을 보유하고 있지 않으면 렌탈 서비스를 제공한다.

③ 인터넷서비스 제공

- 노트북에 인터넷 유무선 연결 정보를 제공한다.

④ 인터넷서비스 확인

- 제공된 인터넷서비스로 인터넷 연결이 되는지 확인한다.
- 고객만족 여부를 확인한다.

(2) 팩스 서비스(Fax Service)

팩스 서비스는 고객의 비즈니스를 돕는 가장 기본적인 서비스로 수신(Incoming)은 외부에서 고객에게 들어오는 팩스이며, 발송(Outgoing)은 고객이 외부로 보내는 것을 말한다.

① 팩스 수신

- 팩스의 상태를 항상 정상적으로 작동하도록 관리한다.

- 팩스를 수신한다.
- 팩스를 수신한 후 접수장부에 기록한다.

② 수신자 확인

- 팩스에 기재된 고객성명과 객실번호를 확인한다.
- 고객성명 또는 객실번호만 있다면 고객 등록 명부에서 확인한다.
- 인쇄가 불량해 고객성명 전부의 식별이 어려운 경우 일부분으로 고객 등록 명부에서 확인한다.
- 고객성명의 확인이 불가능한 경우 팩스 송신처로 재발송하여 고객 성명을 확인한다.

③ 팩스 배달

- 수신자가 확인되면 팩스 봉투에 넣어 벨 데스크(Bell Desk)로 전달한다.

④ 팩스 송신

- 고객이 팩스 송신을 요청하면 수신번호가 제대로 기입되었는지 확인한다.
- 팩스 영수증(Bill)을 작성한다.
- 팩스를 송신한다.

> 팩스 서비스의 경우 고객이 보내고자 하는 사람이 정확히 수신되었는지를 확인해야 하며 수신되지 못했을 경우에는 재발송해야 한다.

02 렌탈 서비스(Rental Service)

비즈니스에 필요한 노트북, 휴대폰, 프로젝터 등의 고객이용 요청시 이에 대한 기물을 준비하여 고객의 비즈니스에 이용하도록 렌탈 서비스를 제공하며, 제공되는 기물은 항상 최상의 상태를 유지하도록 한다.

(1) 고객 요청 접수

① 고객의 렌탈 서비스 요청을 접수한다.

- 고객이 필요한 기물의 종류를 확인한다.
- 기물 렌탈이 가능한 경우 이용요금에 대하여 공지한다.

② 렌탈

- 렌탈 기물에 대하여 고객의 확인을 받는다.
- 렌탈과 관련되어 고객과 약정을 체결한다.
- 고객성명, 일자, 기물 종류 등을 렌탈 장부에 기록한다.
- 기물을 고객에게 렌탈 한다.

③ 반납

- 대여기간을 확인하고 기물을 받는다.
- 기물의 이상 유무를 확인한다.
- 이용요금을 받거나 고객계정에 합산한다.

④ 사후 관리

- 반납된 기물을 점검하여 재 렌탈에 대비한다.
- 렌탈 사용내역을 일지에 기록한다.

고객이 건의를 할 때(시설, 제품 등)

- 고객의 말에 경청하고 특이사항이 있으면 메모를 해도 좋다
- 고객의 건의에 대해 본인이 결정하여 말하지 않으며 부서장에게 고객의 의견을 전달한다.
- 고객은 그 동안 주의 깊게 관찰한 후 말한 것이니 "의견을 주셔서 감사합니다."라는 말을 전한다.
- 후에 고객이 오셨을 경우 지난번에 건의한 내용의 결과에 대해 말한다.

03 회의 서비스(Meeting Service)

고객이 비즈니스 진행에 필요시 회의실을 원하게 되며 이때 회의진행이 가능한 회의실을 고객이 원하는 인원수에 맞게 준비하여 제공하여야 한다.

(1) 회의실 준비
① 회의실이 항상 사용이 가능하도록 청결을 유지한다.
② 회의실의 이용 인원, 예약 가능성, 기타 이용 장비에 대하여 숙지한다.

(2) 회의실 대여 접수
① 고객으로부터 회의실 이용을 요청 받으면 이용 가능 유무를 확인한다.
② 회의실은 이용 접수시 회의에 필요한 비품에 대해 고객에게 확인한다.
③ 회의실 이용요금을 공지하고 대장에 기록한다(일자, 성명 등).

(3) 회의실 대여
① 필요한 비품을 회의실에 세팅한다.
② 고객에게 회의실을 대여한다.
③ 회의실 이용 중 발생하는 긴급 주문에 대비한다.

(4) 회의실 반납
① 고객의 회의실 이용에 대한 의견을 청취한다.
② 고객이 회의실 이용이 끝나면 세팅을 원위치 한다.
③ 다음 회의실 대여를 위한 준비를 한다.

회의 서비스와 관련한 종사원들은 회의실의 가능 인원, 예약 가능성, 기타 이용 장비에 대하여 반드시 숙지하고 있어야 한다.

현재 상황 사례

(1) 복사기 고장으로 인해 고객 불평이 발생한 경우

원본이 크게 훼손이 되었거나 순서가 완전히 뒤바뀌어 처음부터 다시 해야만 하는 경우에는 고객이 매우 화가 난 상태이므로 일단 고객을 진정시켜야 한다. 여기서 중요한 것은 고객의 화를 더 돋우지 말아야 하는 것이다.

절대 당황하지 말고 고객이 무슨 말을 해도 동요되지 말며 겸손히 경청해야 한다. 고객이 조금 진정되었다 싶으면, 조심스럽게 시간을 다시 줄 수 있는지 의향을 알아보고 소량의 경우는 무료로 복사해 주며 다량의 경우는 지배인의 동의하에 할인해 줄 수 있도록 한다.

단, 무조건 할인을 해주는 이미지를 풍겨서는 절대 안 되며 그 이전에 고객을 진정시키는 것이 더 중요함을 명심해야 한다.

(2) 팩스를 잘못 송신한 경우

여러 장의 팩스를 각기 다른 곳으로 송신하는 경우가 빈번하게 있으며 이러한 경우 팩스를 잘못 송신하는 일이 발생할 수 있다. 팩스를 잘못 송신한 경우에는 먼저 잘못 송신한 곳에 전화를 걸어 상관없는 내용이니 파기해 달라고 요청하고, 재 송신해야 한다.

이런 경우를 방지하기 위해서는 수신자명, 매수, 팩스번호를 확인해야 하며 바쁠 경우에는 눈으로 확인이 가능한 부분은 질문을 피하고 확인 어려운 부분만 질문 후 접수한다.

(3) 팩스를 잘못 전달한 경우

팩스를 잘 못 전달한 경우에는 크게 다른 방에 전달되는 경우와 객실번호를 잘못 기입하는 경우로 나눌 수 있다.

팩스 기록장부에는 전달되었다고 기록되어 있는데 고객이 못 받았다고 할 경우에는 기록장부의 아래 위의 객실을 확인해 본 다음 그 객실의 아래 위층의 객실을 확인하여야 한다. 그래도 발견을 못할 경우에는 팩스기의 수신 리포트를 뽑아서 송신한 곳에 팩스의 재송신을 요청할 수 있다. 수신 팩스를 찾았을 경우에는 신속히 전달하고 이해할 수 있는 범위 내에서 상황을 설명한다.

고객에게 실수를 솔직히 인정하고 분실된 팩스를 찾을 수 있다는 확신을 보여준 후 신속하게 사후처리를 하는 것이 무엇보다도 중요하다.

호텔프런트오피스객실실무론

제9장 프런트 종사원의 서비스 수준(Level of Service)

프런트 종사원의 서비스 수준의 차이는 호텔의 규모나 유형과는 무관하다.

서비스의 특징은 첫째는 무형성(Intangibility)이다.

깨끗한 객실과 좋은 음식과 같은 유형의 생산품을 판매하는 사업이 아니다.

고객이 안락함과 편안함을 느꼈다고 생각할 때 기여하는 것은 유형의 생산품보다 무형의 서비스(행동, 태도, 노력, 업무수행 정도)이다.

둘째는, 품질 보증성(Quality Assurance)이다.

품질 보증의 열쇠는 다양한 서비스를 관리하고 품질보장의 열쇠는 표준화된 서비스 상품을 만들어 그 가치를 측정 보증하는 것이다.

01 프런트 데스크의 근무자세

① 명랑하고 품위 있는 태도를 가진다.
② 인사는 언제나 밝고 웃는 얼굴로 한다.
③ 호텔이 지정한 유니폼을 청결하고 단정하게 착용한다.
④ 목욕, 손톱, 두발 등 개인위생에 신경을 써서 항상 청결을 유지토록 한다.
⑤ 여자종사원은 짙은 화장을 피하고 명찰은 단정하게 달아 고객이 쉽게 성명을 알아볼 수 있도록 해야 한다.
⑥ 전화응답은 간단명료하면서 친절에 유의한다.
⑦ 프런트 데스크는 객실판매 데스크라는 것을 명심한다.
⑧ 고객과의 언쟁은 절대 있어서는 안 된다.
⑨ 고객에게 적극적인 관심을 표하고 질문에 최선을 다해 답변할 수 있도록 만반의 자세를 갖춘다.

02 프런트 데스크 종사원의 몸가짐

(1) 여(女) 종사원

표2-22 프런트 데스크 종사원의 몸가짐(여사원)

Check 항목	몸가짐 점검 기준
두발	청결한가, 손질은 되어 있는가
	일을 하는데 지장이 없는 두발 형태를 하고 있는가
	앞머리가 눈을 덮고 있지는 않은가
	어울리는가
	머리 장식이 지나치게 눈에 띄지는 않는가
화장	청결하고 건강한 느낌을 주고 있는가
	화장이 지워지지는 않았는가
	립스틱 색상은 적당한가(지나치게 흰색이나 브라운 계통은 피함)
복장	유니폼을 잘못 입고 있지는 않은가(길이나 옷 매무새)
	더럽혀지지 않았는가, 얼룩, 주름은 없는가
	다림질이 되어 있는가(브라우스, 스커트의 주름 등)
	스커트의 옷단은 풀리거나 해지지 않았는가
	어깨에 비듬이나 빠진 머리카락이 붙어 있지는 않은가
	소매 끝의 단추는 채웠는가, 소매를 걷어 올리지는 않았는가
	통근 시간의 복장은 적당한가
손	손발의 잔털이 눈에 띄지는 않는가
	손톱의 길이, 매니큐어가 너무 진하거나 벗겨져 있지는 않은가
	손, 손끝은 깨끗한가
스 타 킹	색상은 적당한가, 느슨해지지는 않았는가
	올이 풀려있지는 않은가
	여분의 스타킹을 가지고 있는가
구두	깨끗이 닦여 있는가
	굽이 닳지는 않았는가, 모양이 망가져 있지는 않은가
	색상이나 형태는 적당한가(샌들 등은 보기 흉하다)
가방	깨끗이 손질이 되어 있는가, 모양이 망가지지는 않았는가
악세서리	일에 방해가 되는 악세서리나 지나치게 눈에 띄는 장식을 하고 있지는 않은가

- 머리부터 발끝까지 조화를 이룬다.
- 직장에서의 차림새는 항상 활동적인 아름다움을 유지한다.
- 거울 앞에서 다시 한번 자기점검을 한다.
- 손수건은 2장을 준비한다.

(2) 남(男) 종사원

표2-23 프런트 데스크 종사원의 몸가짐(여사원)

Check 항목		몸가짐 점검 기준
두발		깨끗이 정돈되어 있고, 앞머리가 눈을 덮고 있지는 않은가
		삐친 머리는 없는가
		비듬은 없는가, 냄새는 나지 않는가
얼굴		미처 깍지 못한 수염이나 코털이 보이지는 않는가
		이는 깨끗한가, 입 냄새는 제거했는가
		눈이 충혈 되어 있지는 않은가, 안경은 더럽지 않은가
옷	와이셔츠	옷깃이나 소매 끝에 얼룩이 져 있지는 않은가
		소매 끝의 단추는 채워져 있는가, 소매를 걷어 올리지는 않았는가
		색상과 무늬는 적당한가
		다림질은 되어 있는가
	넥타이	돌아가 있지는 않은가, 매듭은 비뚤어지지 않았는가
		더럽혀지거나, 주름이 잡혀있지는 않은가
		옷에 어울리는가
		길이는 적당한가, 넥타이핀의 위치는 적당한가
	상의	어깨의 비듬에 주의, 너무 화려하거나 얼룩이 져 있지는 않은가
		섰을 때 단추는 채워져 있는가
		주머니가 불룩할 정도로 가득 채워져 있는 것은 보기 흉하다
	바지	다림질이 되어 있는가, 무릎이 나와 있지는 않은가
		벨트를 너무 꽉 조인 것은 아닌가
손		더럽지는 않은가
		손톱이 너무 길지는 않은가
양말		흘러내리지는 않았는가, 청결한가 (냄새에 주의)
		지나치게 화려한 색상이나 무늬는 아닌가 흰색 스포츠 양말을 신지 않도록 한다.
구두		깨끗이 닦여 있는가
		뒷굽이 닳지는 않았는가
		색상이나 형태가 비즈니스에 적당한가
가방 소 지 품 명함첩 등		모양이 망가지지는 않았는가
		깨끗이 손질되어 있는가
		명함은 명함첩에 넣어 두었는가, 매수는 적당한가

(3) 프런트 데스크 종사원의 전화응대법

받는 법		거는 법	
바로 받는다		이야기의 내용을 정리하고 전화를 건다	5W3H의 요령으로
↓ 신분(소속.성명)을 밝힌다	감사합니다. ○○(소속)의 ○○○(자신의 이름)입니다.		
↓ 상대를 확인한다.	'○○의 □□님이시군요'	↓ 상대를 확인한다.	
↓ 인사를 한다.	항상 여러모로 신세를 지고 있습니다.	↓ 신분을 밝힌다.	'○○의 □□라고 합니다.'
↓ 용건을 묻는다.	5W3H의 요령으로	↓ 인사를 한다.	
↓ 용건을 메모하여 복창한다.	'확인 부탁드리겠습니다'	↓ 연결의뢰	
↓ 자신을 밝힌다.	예, 전화바꿨습니다. ○○입니다.	↓ 용건을 간결하게 전한다.	
↓ 인사를 한다.	잘 부탁드립니다. 실례하겠습니다. 감사합니다.	↓ 인사를 한다.	
↓ 정중히 끊는다.		↓ 정중히 끊는다.	

03 프런트 데스크 종사원의 고객 불평 처리법

(1) Complaint 발생 요인

① 전화를 오랫동안 받지 않을 경우

② 말씨가 퉁명스럽거나 난폭할 경우

③ 접객의 태도가 나쁠 경우

④ 시간이 너무 지체될 경우

⑤ 부주의나 불결로 파리나 해충이 있을 경우

(2) Complaint 처리 요령 5단계

Complaint 고객 응대시 절대 고객의 말을 가로막아서는 안 되며 고객보다 목소리가 높아서는 안 된다.

① 1단계

먼저 "죄송합니다"라고 말한 뒤 고객의 불만을 듣는다. 이 때 선입관을 버리고 자신의 의견을 개입시키지 말며 전체적인 사항을 듣고 중요사항을 메모한다.

② 2단계

고객의 불만의 원인을 분석한다.

③ 3단계

해결책을 검토할 때 자기권한 내인가를 염두하고 자기권한 밖이면 상사에게 보고하여 신속한 해결의 일정을 검토한다.

④ 4단계

고객에게 해결책을 제시하고 권한 이외의 것은 설명하면서 양해를 구한다.

⑤ 5단계

처리결과를 검토하고 고객의 반응을 조사하며 재발을 방지한다.

불평처리 시 주의사항

- 고객이 무척 화가 날 수 있으므로 종사원은 문제를 조사하기 위해 혼자 객실로 가서는 안 된다.
- 직원은 결코 능력 이상의 것에 대해 약속하지 않는다.
- 만약 해결이 불가능한 문제일 경우 직원은 빨리 잘못을 시인한다.
- 어떤 고객은 그들의 성격상 결코 화가 풀리지 않는 경우가 있으므로 객실부 직원은 이러한 고객 취급법을 터득하여야 한다.

(3) Complaint 일지 작성요령과 의의

① 6하원칙에 의해 기록

- Who : 주체적 인물
- When : 언제, 시간
- Where : 장소
- What : 내용
- Why : 왜
- How : 처리방법

② 작성의의

- 반복되는 종류의 Complaint을 미연에 방지한다.
- 객실부 종사원 교육 시 자료로 활용한다.
- 고객의 기호를 파악하는 자료가 된다.
- 객실부서의 발전을 뒷받침할 귀중한 자료로서의 역할을 한다.

♣ 프런트 객실 종사원이 알아두어야 할 객실 기본용어

① Amenity : 고객의 편의를 꾀하고 격조 높은 서비스제공을 위하여 객실 등 호텔에 무료로 준비해 놓은 각종 소모품 및 서비스용품을 말한다.

② Baby sitter : 4~5살 미만의 아기를 호텔에 데리고 왔을 때 맡길 수 있는 곳으로 다양한 놀이기구와 교육자료 등을 비치하고 있으며 보모가 관리한다. 참고로 고급식당에서는 어린아이의 입장을 허용하지 않는다.

③ Blocked room: 예약이 되어 있는 단체, 국제회의 참석자, VIP를 위해 사전에 객실을 지정해 놓은 것을 말한다.

④ Cancellation: 예약취소, 약어로 CNL이라고도 표기한다.

⑤ Cancellation charge: 예약취소에 따라 지불하는 비용을 말한다.

⑥ Commercial rate: 특정회사와 호텔간의 계약에 의하여 일정한 비율로 숙박요금을 할인해 주는 제도로 대개 10~20% 정도 할인혜택이 주어진다.

⑦ Deposit reservation: 예약 시 예치금을 말한다.

⑧ Down grading: 객실 사정으로 인해 예약 받은 객실보다 싼 객실에 투숙시키는 것을 말한다.

⑨ Early arrival: 항공기의 조기도착 등으로 체크아웃 시간 전에 도착한 손님을 말한다.

⑩ ETA: 도착예정시간(Estimated Time of Arrival)을 말한다.

⑪ ETD: 출발예정시간(Estimated Time of Departure)을 말한다.

⑫ Early out: 예정된 체크아웃 일자보다 빨리 체크 아웃된 객실 또는 고객을 말한다.

⑬ Express check-in: VIP 또는 단골고객을 위해 프런트에서의 체크인 절차를 거치지 않고 바로 미리 배정된 객실로 체크인 하는 것을 말한다.

⑭ Family plan: 객실을 사용하는 14세 미만의 어린이에게 적용하는 제도로서 Extra-bed를 넣어주고 요금은 징수하지 않는다.

⑮ Late arrival: 예약시간보다 늦게 도착한 고객

⑯ Make up: 객실 정비(Make up room: 청소가 완료된 방)

⑰ No show: 예약을 해놓고 아무 연락 없이 나타나지 않는 고객

⑱ Occupancy rate: 호텔 객실 또는 항공기 좌석 이용률

⑲ Over charge: 객실사용기간 초과요금, 즉 체크아웃 시간을 기준으로 하여 일정시간을 초과함에 따라 적용되는 요금, 그 이후부터는 6시까지 Over charge로서 Half-day charge(반값)를 적용하는 것이 보통이다.

⑳ Open bed: 숙박중인 손님이 취침하기 편하게 침구의 한쪽 모서리를 단정하게 접어놓는 서비스이다.

㉑ Pre-registered: 투숙경험이 있는 고객으로부터 객실예약이 있을 경우 예약카드를 미리 작성해 놓는 것을 말한다.

㉒ Sleeper: 손님이 이미 체크아웃 하여 객실이 비어있는 데도 등록카드에 대한 정리가 채 이루어지지 못한 경우이다.

㉓ Turn away: 객실 부족으로 고객을 더 받을 수 없어, 예약된 고객을 빈 방이 있는 다른 호텔에 주선하여 보내는 것을 말한다.

㉔ Up grading: 고객이 예약한 등급의 객실보다 비싼 객실에 투숙시키는 것을 말한다.

㉕ Valet parking service: 자가운전자를 위하여 Car jockey가 주차시켰다 호출시 손님에게 갖다 주는 서비스이다.

㉖ Goshow : 예약을 하지 않고 객실을 요구하는 고객

㉗ Skipper : 객실을 사용하고 계산을 하지 않고 도망가는 고객

㉘ Deposit : 예약 고객의 Room Rate 또는 부수적으로 발생되는 금액에 대한 일부 또는 전액을 입금시키는 것을 말한다. 선수금시 No-Show 금액 규정을 어떻게 설정하느냐에 따라 선수금의 환불여부가 달라지므로 분명히 고객과 의논하여 결정한다.

객실종사원이 알아두어야 할 사항

❶ 지불능력이 없는 고객

지불 능력이 없다고 인정되는 Guest는 객실부와 협의하여 Door Double Lock 및 각 영업장에 통보하여 입장 사용을 통제하게 된다.

❷ Attention

High Balance Check를 소홀히 하여 악성으로까지 가는 사례가 있으니 High Balance로 판명된 Room은 특별히 중시하여 상사에게 보고하고 함부로 Extension시켜 주어서는 아니 되며 추가 객실 사용을 통제해야 한다.

Chapter

03

유니폼 서비스(Uniform Service)의 실무

제1장 유니폼 서비스(Uniform Service) 개요

제2장 컨시어지(Concierge)의 업무

제3장 E.F.L(Executive Floor Lounge 실무)

제4장 G.R.O 실무(Gusest Relations Officer)

호 텔 프 런 트 오 피 스 객 실 실 무 론

제1장 유니폼 서비스(Uniform Service) 개요

현관 유니폼 서비스란 호텔의 프론트 기능에 반드시 필요하며 고객에게 다양한 종류의 개인적인 서비스를 제공하는 것이다.

호텔에 도착하는 고객과 호텔을 떠나는 고객에게 서비스를 제공하는 것은 가장 일반적인 유니폼 서비스 업무이다. 호텔에 도착하는 고객을 영접하고 그들의 짐을 운반하고 자동차를 대신 주차시켜 주는 것이 기본적인 업무이며 이것은 호텔 입구와 주차장에서 호텔 객실까지 연결된다. 고객이 호텔을 떠날 때에도 유니폼 종사원의 기본적인 업무는 고객을 전송하고 그들의 짐을 운반하며 교통의 편의를 제공하는 것이다. 오전에 수십 명의 고객이 호텔을 떠나고 오후와 저녁에 비슷한 수의 고객이 도착하는 호텔에 근무하는 유니폼 서비스 종사원은 하루일과 중 약 500-1000명의 고객을 돌보며 수백 개의 짐을 다루고, 수백 대의 자동차를 주차시키며, 수십 대의 택시를 수배, 알선해야 한다. 그러므로 유니폼 서비스를 제공하는 데 있어서 고객과 그의 짐과 자동차는 중요한 역할을 한다.

고객이 투숙하는 동안 유니폼 서비스 종사원은 호텔과 그 주변 지역에 대한 주요 정보의 제공자가 되며 연극표, 관광, 렌트카와 다른 서비스를 제공하는 중요한 역할도 맡고 있다. 프런트데스크 또는 프론트 홀에 있는 안내 카운터는 호텔의 정보센터가 되며, 고객에게 제공하는 서비스의 범위와 그 통합 조절에 크게 기여를 한다. 그 외의 고객서비스도 유니폼 서비스 종사원들이 제공한다. 이런 종사원들은 메신저, 승강기 오퍼레이터와 신사용 클로억 룸의 업무도 담당할 수가 있다. 대부분의 호텔에서 야근자들은 유니폼 서비스 종사원뿐이며, 특히 규모가 작은 호텔에서는 낮에는 타부서에서 제공하던 서비스를 야간에는 유니폼 서비스 종사원이 제공한다. 또한 프런트 데스크와 접속되어 숙박객과 일반 호텔 이용객들에게 기동성 있는 각종 서비스를 제공하는 것이다. 그리고 현관 유니폼 서비스 업무란 도어맨, 포터, 벨맨, 발렛서비스, 컨시어지 등의 업무를 말한다.

01 도어맨(Door Man) 실무

고객 응대는 호텔 도착 및 출발하는 고객을 영접 및 환송하는 업무로 고객 화물 유무를 확인하고 승하차를 도울 뿐만 아니라 고객에게 호텔에 대한 긍정적 이미지를 심어주는 중요한 순간이므로 극진한 서비스를 제공하여야 한다.

호텔에 오는 고객을 맞이하는 최초의 접객종사원이다. 현관에서 고객의 출영, 영접·환송, 현관 부근의 차량정리, 주차장 안내, 차량호출, 택시수배, 청결유지 등 절도 있고 고객의 불평이 없도록 제반 편의를 도모하여야 한다. 호텔 표식을 단 모자와 특수한 복장으로 상냥한 미소로 반기며 인사드림으로써 첫인상(First Impression)을 깊게 인식시킨다. 또한 벨맨이 부족 시 Check in 및 Check out을 보조하는 역할을 담당한다.

(1) 차량 이용하는 고객

① 도착 시

차량이 들어오면 적당한 위치에 일단 정지시키고 고객의 안전을 위해 서 차량의 문을 완전히 연 후 두 손으로 꽉 잡아서 고객이 안전하게 하차 하면 문을 살짝 닫는다.

② 출발 시

고객이 Hotel에서 나오면 신속하게 차량을 호출하여 대기시키고 문을 열어 꽉 잡아당긴 후 고객이 완전히 승차하고 손, 발, 옷 등이 문에 걸려있지 않은지 필히 확인하고 문을 정중히 닫아야 한다.

(2) 인 사

언제나 환한 미소를 머금고 반기는 자세로 절도있게 인사하여야 한다.

① 도착 시

차량이 들어오면 2~3미터 전방에서 절도 있게 거수경례(남자) 및 머리 숙여(여자)인사하고, 고객이 하차한 후 "어서 오십시오" (WELCOME TO THE HOTEL ○○○, SIR)하고 소리 내어 인사한다.

② 출발 시

출발 시에는 반대순서로 절도 있게 인사하여야 한다. 즉 손님이 차에 승차하실 때 "안녕히 가십시오"(HAVE A NICE TRIP. SIR)하고 소리 내어 인사하는 방법으로 가능한 많은 고객에게 인사를 드려야 한다.

(3) 차량 호출

차량 호출은 고객으로부터 번호를 정확히 듣고 정확하게 2회 이상 호출하여 HOTEL 앞으로 나오도록 방송한다. 차량 호출이 많을 경우 기록하면서 호출하는 것이 바람직하다. 이 때 차량번호와 고객을 유심히 관찰하여야 한다.

(4) 고객에게 영업용 차량 안내

① AIR-LINE Crew는 항상 시간에 쫓기므로 줄을 서지 않고 우선적으로 승차토록 한다.

② 영업용 차량이용은 투숙객 및 HOTEL 이용객이 승차하도록 하되 투숙객 우선으로 한다.

③ 투숙객의 차량 이용이 없을 경우 일반 고객이 차례차례 타도록 질서를 유지한다.

④ CALL TAXI를 이용코자 하는 손님은 CALL TAXI가 HOTEL에 도착 시 CALL TAXI 줄에 서 있는지 확인하여 이용토록 한다.

도어맨 업무

- 고객들의 호텔에서 제공하고 있는 발렛(Valet) 서비스에 대한 불만으로는 서비스료의 적정성, 서비스 종사원의 친절성 등으로 조사되었다.
- 발렛 서비스를 이용하지 않고 개별적으로 주차하는 고객을 위해 주차장의 진·출입의 편리성을 고려해야 한다.
  - 주차장의 유도 안내판 설치, 진·출입의 분리 설치, 진·출입의 공간 확보 등

(5) VIP 안내

① 도착 시

VIP가 도착하면 VIP 출입문 앞으로 차량을 유도하고 정지시킨다. 이때 다른 도어맨은 자동 DOOR앞의 ROPE STANCHION을 치우고 문을 연후 정중하게 안내한다. 이때 VIP가 2인이 탑승하였을 경우 양편 문을 열어 하차하도록 한다.

② 출발 시

VIP가 출발할 경우 차량을 VIP 출입문 앞에 대기시키고 나오는 즉시 승차할 수 있도록 조치하고 차량을 정리하여 VIP 차량이 HOTEL에서 출발하는 데 지장이 없도록 최선을 다한다.

VIP고객이 호텔에 차량으로 도착 시

정중하게 차량을 유도하고 정지시키며 고객이 2인 이상일 경우에는 양쪽 문을 열어 하차하도록 한다.

(6) 고객 수하물 취급

CHECK-IN하기 위한 손님이 도착하면 차에서 고객의 짐을 신속히 내리고 차량 안에 남아있는 물건이 없는지 확인하고 필히 고객의 짐의 개수를 확인하여 벨맨에게 정확히 인계한다.

이 때 영업용 차량일 때는 차량번호를 기록한다.

CHECK-OUT 하기 위한 손님의 짐이 있을 경우도 같은 요령으로 수량을 확인하고 안전하게 차에 싣고 손님에게 빠진 물건이 없는지 확인한 후 출발시켜야 한다.

관광호텔 등급결정기준 항목인 '수하물 서비스'에 대한 평가지침

- 고객 수하물의 서비스 제공 여부
- 귀중품·고객 수하물 보관소의 설치 유무
- 고객 수하물 서비스 관리 교육 여부

표3-1 도어맨(Door Man) 근무 일지

<table>
<tr><td>근 무 자</td><td>근무
시간</td><td></td><td>비 번 자</td></tr>
<tr><td colspan="4">지 시 사 항</td></tr>
<tr><td colspan="2">사고 및 Complaint 사항</td><td colspan="2">VIP 사항</td></tr>
<tr><td colspan="2">건 의 사 항</td><td colspan="2">오늘의 행사</td></tr>
</table>

차량번호	차 종	입고시간	비 고	OVER NIGHT 차량			
				차량번호	차 종	입고시간	비 고

(7) 차량 정리

차량의 정리는 주차정리요원만의 업무가 아니라 DOOR MAN업무의 일부분이기도 하다. 차량의 원활한 소통을 위하여 적극적인 자세로 차량을 정리, 통행시키고 VIP차는 주차정리요원의 협조를 얻어 VIP차량 주차지역에 주차시킨다.

(8) 정보 제공

손님에게 정확한 정보를 제공하기 위하여 HOTEL 내의 전반적인 고객 정보제공(INFORMATION)을 숙지함은 물론, 시내의 중요건물 위치, 관광지, 정부기관, 주요경기장 등을 가능한 많이 알아 고객 SERVICE에 최선을 다하여야 한다.

(9) 고객 요청사항 서비스 확인

고객 요청사항 확인은 호텔 현관에서 고객이 요청하는 서비스에 대한 업무로 서비스 수행에 대한 전반적인 절차를 나타내며 항상 고객에게 처리결과를 통보해야 한다.

① 고객 요청사항 접수

- 고객의 요청사항을 반갑게 접수한다.
  예) "안녕하십니까? 무엇을 도와드릴까요?"
- 접수시 수행과 관련된 정보를 제공한다.

② 고객 요청사항 수행

- 고객 요청사항을 수행한다.
- 수행 주체가 다른 부서 또는 다른 사람일 경우 통보하고 수행결과를 통보 받는다.

③ 수행 결과 고객 통보

- 수행 결과를 고객에게 통보한다.
- 고객의 확인을 받은 후 정중히 인사한다.
  예) "고객님께서 요청하신 사항은 잘 처리되었습니다. 더 필요하신 사항은 없으십니까?"
  "이용해 주셔서 감사드립니다."

(10) 교통 수배 서비스(Transportation Arrangement)

교통 수배 서비스는 고객이 차량을 필요로 하는 경우 요구 차량에 대한 정보를 정확히 제공하여야 하며 고객의 불편이 없도록 하여야 한다.

① 차량 알선 요구 접수

- 버스의 경우 차량의 종류, 거리, 이용시간, 요금 등을 확인한다.
- 택시일 경우 최종 목적지를 확인한다.

② 차량 수배

- 고객이 원하는 차량을 수배한다.
- 고객에게 차량 수배 예상시간을 말해준다.

  예) "고객님께서 원하시는 차량은 약 OO분 정도 걸립니다. 괜찮으시겠습니까?

③ 차량 탑승

고객의 차량 탑승을 보조한다.

④ 고객 전송

고객을 정중하게 전송한다.

(11) 렌탈 서비스(Rental Service)

렌탈 서비스는 호텔 현관에서 고객이 요청할 때 필요한 기물(휠체어, 목발, 유모차 등)을 빌려주는 것으로 고객의 이용에 편리하도록 철저한 준비가 필요하다.

① 기물 준비

- 렌탈 대상 기물은 지정된 장소에 보관한다.
- 렌탈 대상 기물 목록과 수량을 숙지한다.
- 렌탈 대상 기물은 항상 사용이 가능하도록 보관한다.

② 고객 요청

• 고객의 렌탈 요청을 반갑게 맞이한다.

예) "안녕하십니까? 렌탈 서비스를 이용하시겠습니까?"
"무엇을 렌탈하시겠습니까?

• 유료 렌탈 시 비용 정보를 공지한다.

예) "고객님께서 렌탈 하신 OO은 하루(한시간)에 OOO원의 요금이 부과됩니다."

③ 렌탈

• 요청 기물을 고객에게 렌탈한다.
• 렌탈시 반환과 관련된 정보를 제공한다.
• 렌탈 내용을 일지에 기록한다(일자, 객실번호, 성명, 수량)

④ 반환

• 반환된 렌탈 기물의 이상 유무를 확인한다.
• 반납하는 시간을 일지에 기록하고 대여기간을 고객에게 확인시킨다.

예) "고객님께서 OO일 OO시에 렌탈하신 OO은 금일 OO시에 반납하셨고, 총 OO일 OO시간 동안 대여하셨습니다."

• 유료 렌탈시 이용요금을 받거나 고객 분실시 상응하는 비용을 청구 하여 고객계정에 합산한다.
• 재사용이 가능하도록 렌탈 기물을 지정된 장소에 보관한다.

02 벨 맨(Bell Man) 실무

과거 여행자가 도착하여 문을 두드리면 안에서 알았다는 응답으로 종을 흔들면서 나와서 문을 열어 주었던 시대에서 유래되었다고 한다. 이 벨맨의 업무는 숙박객의 요구에 응하여 내외로 기동성 있는 서비스를 해야 하는 것이다.

고객이 도착하여 현관사무실에서 숙박등록을 마치면 객실열쇠를 받아서 지정된 객실로 안내한다. 그 밖에 각종 메시지 전달, 현관로비의 정비상태, 고객요구에 의한 시내안내와 숙박객의 심부름 등 호텔 내외로 서비스하는 사람이다.

정보 제공은 호텔 이용 고객에게 호텔 내·외의 관련 정보를 제공하여 보다 편리하게 호텔 이용이 가능하도록 하는 차별화된 서비스로 인식되도록 하여야 한다.

(1) Bell Man 업무도

표3-2 Bell Man 업무도

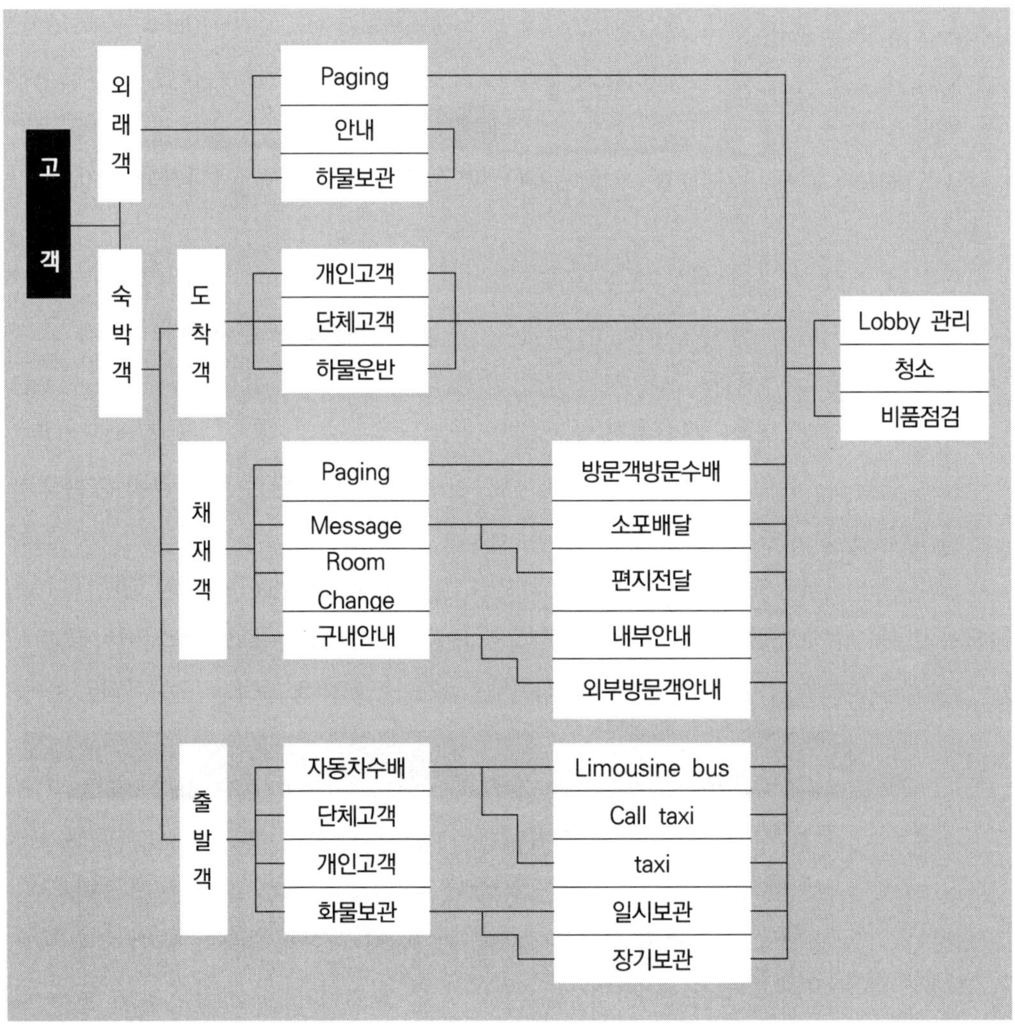

(2) 숙박 시 벨맨의 서비스 태도

① 고객의 도착을 현관 앞에서 보게 되었을 때는 재빨리 영접인사를 하며 고객 짐을 받아들고 프런트 데스크에 안내한다.

② 고객의 짐이 많을 경우에는 조심하여 웨곤에 싣고 운반한다.

③ 사진기, 정밀기기 등은 웨곤에 싣지 말고 고객 자신이 가지고 가도록 한다.

④ 택시에서 짐을 내려 실을 경우는 짐의 개수를 확인하여 준다.

⑤ 고객이 프런트 데스크에서 숙박 등록을 하는 동안 가벼운 짐이면 손에 들고 옆 뒤쪽에 서서 룸 클럭의 안내 지시를 기다린다.

⑥ 화물을 웨곤에 운반하여 왔을 경우 다른 고객의 왕래에 불편이 없도록 고객이 보이는 장소에 놓아두고 지켜 드린다.

⑦ 객실 안내의 지시를 받고 열쇠를 받을 때 참고로 룸 클럭이 말한 객실 번호와 열쇠, 객실 배정표의 번호가 일치하는가 확인한다.

⑧ 엘리베이터는 고객을 먼저 태우고 엘리베이터 안에서는 출구를 향하여 선다. 목적지 층에 도착하면 고객을 먼저 내리게 한다. (부득이 자기가 먼저 내려야 할 경우에는 먼저 한 발 나아가 고객을 맞이한 다음 객실로 안내한다.)

⑨ 객실 앞에 도착하면 객실번호를 확인하고 노크한 후 우선 열쇠를 열어 실내 등을 켠 다음 고객을 먼저 들어가게 한다.

⑩ 수화물을 하차대에 놓고 실내등 스위치가 있는 장소를 설명하면서 전등의 작동을 확인한다.

⑪ 객실내의 설비 설명(예를 들면 에어콘디션, 모닝 콜, 시계, 룸서비스 등의 사용법)을 한 다음 다른 용무가 없는가 물어본 후 즉시 나와 문을 닫아준다.

(3) 퇴숙시 벨맨의 서비스 태도

① 고객 자신의 전화, 혹은 프런트 클럭으로 부터 짐을 옮기려는 지시가 있을 경우에는 신속히 화물, 이동 기록서에 시간과 객실번호 담당자 성명을 기입하고 객실로 간다.

② 객실번호를 확인하고 화물의 수량을 확인하여 많을 때는 웨곤을 갖고 간다.

③ 화물의 개수와 잊은 물건이 없는가를 확인하며 웨곤에 싣고 고객과 함께 엘리베

이터를 탄다. 이 때 즉시 출발이 아닐 때는 짐표를 발행하여 밑의 반쪽을 고객에게 내어준다. 짐표 발행시 출발시간을 물어 화물을 1층 체크 룸에 보관함을 알려준다.

④ 고객을 프런트 케셔에 인도하여 대금지불을 하도록 유도한다.

⑤ 잠시 후 출발예정 고객의 화물은 화물 덮개만을 씌워 놓고, 상당시간 경과 후 출발 예정인 고객 화물은 체크 룸의 선반에 정리하여 놓는다.

⑥ 화물만 객실에서 운반해 내고 고객이 남아 있을 경우는 짐표를 사용하여 몇 시경에 출발하는가를 물어 필요사항을 기입하여 반쪽을 고객에게 내준다. 퇴숙 시간은 프런트 클럭, 객층 담당자에게 연락한다.

⑦ 화물을 찾으러 왔을 경우에는 열쇠, 계산의 지불 여부를 확인한 후에 짐을 내어준다. Baggage Check에는 프런트 케셔의 싸인 또는 지불 확인의 도장이 찍혀져 있어야 한다.

Baggage Check

- 고객이 일단 퇴숙하여 24시간 지나서 다시 호텔로 돌아와 숙박할 경우 짐을 놓고 가는 경우가 있는데 일반적으로 보관기간은 30일이다.
  Baggage Check의 기록은 해당란에 정확히 기록하고 손님이 주의(Notice)를 읽도록 유도한 후 손님의 서명을 받는다.
- 짐 보관을 의뢰 받을 시는 악취가 나는 물건, 부패가능성 물질, 인화성 물질 등은 보관할 수 없으며 우산도 보관할 수 없다고 말씀드린다. 짐의 보관은 짐보관소 선반에 조심스럽게 보관하고 위치를 확인한 후 Baggage Check Record에 일자, 객실번호, 물건명, 수량, Check no, in time clerk명, 보관 장소를 정확히 기록한다. 이 때 깨질 우려성이 있는 물건의 Fragile tag을 보이는 곳에 2~3개 정도를 부착한다.
  짐을 보관하는 요령은 단기 보관은 앞쪽에, 장기 보관은 안쪽으로 하는 것이 편리하다.
- 보관 물품을 고객이 찾으러 왔을 때는 객실번호, Luggage 수, Baggage Check, guest의 서명을 대조한 후 내주어야 한다.
- Baggage Check을 분실하여 Baggage Check없이 물건을 찾고자 하는 경우 Bell Captain이나 지배인의 허락을 얻은 후 해당 장부에 정확히 기록하고 짐의 수량 및 내용물을 정확히 확인한 후 내줄 수 있으며 또 필히 Log에 기록하여야 한다. 이 때 찾아가는 사람의 전화번호 및 연락처를 기입한다.

(4) 단체 투숙객에 대한 서비스 절차

① 단체가 도착했을 때에는 우선 벨 캡틴은 인솔자 혹은 안내자를 찾아서 프런트 데스크로 안내한다.

② 만약 단체고객의 인원수가 상당히 많을 때는 로비에 서비스 데스크를 설치할 수도 있다.

③ 룸 클럭과 인솔자가 타협하는 동안 Welcome envelope(키, 등록카드 등이 넣어져 있다)를 내주고 룸 클럭의 지시가 있으면 객실로 안내한다.

④ 안내할 때 귀중품, 파손되기 쉬운 것 등은 고객 자신이 가지고 가도록 한다.

⑤ 소화물들에 명찰이 부착되어 있는 경우 웨곤으로 로비까지 운반하여 수량을 확인한 다음 화물표를 부착한다.

⑥ 프런트 데스크에서 최종 결정한 명단을 받아 화물에 부착된 이름을 찾아 꼬리표에 객실번호를 기입한다.

⑦ 꼬리표에 객실번호 기입시 단체별로 매직펜의 색깔을 다르게 사용하면 화물 수거시 혼돈을 방지할 수 있다.

⑧ 객실에 화물을 운반할 때 어느 객실에 몇 개의 화물이 들어갔는지를 단체 숙박명부에 기입한다.

⑨ 소화물에 명찰이 없는 경우 화물을 로비에 전부 운반해 놓고 안내자나 인솔자에게 이 사실을 알리고 지시를 받도록 한다. 이 때 누구의 화물인가 판명될 경우가 많지만 모를 때에는 고객의 지시ㆍ연락을 기다리지 않으면 안 된다. 이때에는 프런트 데스크에도 이 사실을 통보한다.

(5) 단체의 퇴숙객에 대한 서비스 절차

① 단체고객 퇴숙시 화물수거 시간은 룸 클럭이 확인하여 단체명단에 기입하여 놓는다. 그러나 일단 화물수거 전에 단체 인솔자에게 확인하는 것이 좋다.(시간은 끝나는 시간을 말하는 것이니 주의할 것)

② 어느 객실에서 몇 개를 수거하였는지 꼭 체크하고 화물을 전부 내려왔으면 한 곳에 집결시켜 그물(Net)해 준다.

③ 복도에 나와 있지 않는 경우에는 문을 노크하고 화물을 운반하려고 왔음을 알리

고 짐 꾸리는데 협조해 준다.

④ 단체의 경우 입숙 퇴숙에 관계없이 항상 화물의 수량을 확인하여 인솔자 혹은 안내자의 서명을 받아야 한다.

⑤ 벨 캡틴은 출발 전에 열쇠 및 계산 등이 전부 끝났는지를 확인해야 한다.

(6) 벨맨의 기타 업무

① 당일 숙박 예정의 화물

숙박 예정 시간(12시) 이전에 도착하여 객실 준비가 되어 있지 않는 경우 보관하게 되는 화물이다. 룸 클럭으로부터 투숙 예정고객의 화물로서 보관하도록 지시를 받는 벨맨은 고객의 성명을 물어 화물표에 성명과 화물의 수량을 기입, 체크 룸의 투숙예정 보관선반에 보관해 둔다. 손님이 숙박 전이라 해도 객실번호가 지정되고 먼저 화물을 넣으라고 지시가 있을 때는 화물기록장에 기입하고 객실에 가져다 놓는다.

② 객실에 배달한 물건

- 어떠한 물건이라도 전달 요청을 받은 벨맨은 꼭 보내 온 사람의 성명, 시간을 기록장에 기록해 둔다.
- 외부에서 숙박객 앞으로 배달할 물건이 있어 벨데스크에서 부탁받은 경우에는 그 자리에서 이를 받지 말고 프런트 인포메이션에서 받도록 한다. 숙박객과의 교섭은 인포메이션 클럭이 담당하도록 한다. 배달은 인포메이션 클럭의 지시에 따른다.
- 배달 기록부에 필요 사항을 기입하여 고객이 객실에 있을 때는 물건을 내주고 외출시에는 각 층 담당자와 상의해서 고객이 돌아오는 즉시 배달할 수 있게 한다.
- 고객이 외출시 함부로 객실에 물건을 넣어서는 안 된다.
- 배달이 끝나면 화물기록대장에 기록한다.

표3-3 벨맨 일지

<table>
<tr><td>근 무 자</td><td>근무
시간</td><td colspan="2"></td><td>비 번 자</td></tr>
<tr><td colspan="5">지시사항</td></tr>
<tr><td colspan="5">주요보고 및 VIP 사항</td></tr>
<tr><td colspan="3">단체 및 객실 사항</td><td colspan="2">금일의 행사</td></tr>
<tr><td colspan="3">사고 및 Complaint 사항</td><td colspan="2" rowspan="2">내일의 행사</td></tr>
<tr><td colspan="3">인수인계 및 건의사항</td></tr>
</table>

③ 객실변경(Room Change)

- 숙박중의 고객이 객실을 변경할 경우 룸 클럭으로부터 객실변경지시를 받으면 화물이 많을 경우는 웨곤을 가지고 가서 객실의 화물을
새로운 객실로 이동한다. 이 때 욕실, 옷장, 책상, 서랍속 등 객실의 구석구석을 잘 살피어 물건이 빠지지 않도록 주의한다.
- 새로운 객실에 짐을 옮기면 먼저 객실에 있었던 상태로 놓는다.

• 가능한 한 고객 입회하에 하는 것이 이상적이다.

④ 소화물의 도착

숙박객 또는 숙박 예정객의 화물이 호텔 앞에 송달되어 오면, 실제로 현재 숙박하고 있는지 혹은 예약이 되어 있는지를 조사하여 화물기록장에 기입한다.

표3-4 BELL CAPTAIN'S RECORD

DATE :												BELL CAPTAIN :			
NO	ROOM	N	S	V	B	O	TTL	BELL	KEY	T	BELL	TRANSPORTATION	T	BELL	
1															
2															
3															
4															
5															
6															
7															
8															
9															
10															
11															
12															
13															
14															
15															
16															
17															
18															
19															
20															

• 이미 숙박하고 있는 경우

화물이 도착하면 화물 기록장에 필요사항을 기입하고 객실로 배달한다. 처리는 Baggage Check처리 요령과 같다.

• 숙박하고 있지 않은 경우

당일 예약을 프런트 데스크에서 조사하여 예약객이면 숙박 예정 화물로서 체크 룸에 보관되어 있음을 룸 클럭에게 통보한 다음 화물표에 성명을 기입하고 당일 도착 예정의 화물 보관 선반에다 넣어 둔다.

03 포터(Porter) 실무

호텔에 예약을 하고 오는 고객을 역이나 공항 또는 항구까지 출영하여 호텔까지 안내를 한다. 원래 포터라는 뜻은 「화물운반인」을 의미하는 것으로서 역구내 승하차객의 화물을 취급하는 사람을 뜻하는 것이다.

이와 같이 포터가 처음에는 화물운반만을 해왔으나 점차 일의 범위가 확대되면서 호텔운영 형태에 따라 그 업무도 변하게 되었다.

수하물 운반 시 고객과 함께 엘리베이터에 탑승하는 경우

문을 손으로 막고 아이들, 여성 고객, 남성고객 순으로 인도한 후 마지막에 직원이 타고 객실이 위치한 층수를 누른 후 눈은 고객을 응시하지 않아야 한다.

(3) 수하물 보관 서비스 단계

① 보관 요청

고객의 수하물 보관 요청을 반갑게 받는다.

"안녕하십니까? 고객님의 수하물을 보관하시겠습니까?"

② 보 관

- 수하물의 종류에 따라 보관 장소를 구분한다.
- 고객에게 수하물 물표(Baggage Tag)를 발부한다.
- 수하물 보관소에 고객 수하물을 보관한다.
- 고객 수하물의 보관에 대한 기록을 한다.

③ 수하물의 인도 요청

- 고객으로부터 수하물의 인도 요청을 받은 후 수하물 물표(Baggage Tag)를 받는다.
- 고객이 요구하는 배달 장소를 확인한다.

"고객님께서 말씀하신 배달 장소가 OOO맞습니까?"

④ 수하물 배달

- 고객 수하물의 보관 장소를 확인한다.
- 고객 수하물의 보관 상태를 확인한다.
- 고객에게 수하물을 배달한다.
- 고객에게 수하물의 상태를 확인하고 고객의 서명을 받는다.

"고객님, 수하물의 상태를 확인하여 주시기 바랍니다."

"고객님의 수하물이 맞다면 여기에 서명하여 주시기 바랍니다."

관광호텔 등급결정기준 항목인 '수하물 서비스'에 대한 평가지침

- 고객 수하물의 서비스 제공 여부
- 귀중품·고객 수하물 보관소의 설치 유무
- 고객 수하물 서비스 관리 교육 여부

4) 배달물 처리

고객에게 온 메시지, 팩스, 우편물 등을 고객에게 전달할 경우 고객 객실 번호를 확인하고 고객과의 일치 여부를 확인한 후 고객에게 전달하며, 배달물의 분실이나 훼손이 없도록 최대한 주의를 한다.

(1) 고객 메시지 및 우편물 요청 접수

① 고객의 메시지 및 우편물 요청을 접수한다.

② 접수 순서별로 전달되도록 전달 준비를 한다.

(2) 배달물 접수 및 기록

① 고객의 배달물을 접수한다.

② 배달물을 일지에 기록한다(객실 번호, 배달 품목, 시간, 성명).

③ 배달물의 성명과 고객 성명, 객실 번호가 일치하는지 확인한다.

(3) 배달

① 고객의 객실로 직접 배달시 공손히 인사하고 서명을 받는다.

"안녕하십니까?"

"고객님께 OO으로부터 물품이 배달되었습니다."

"고객님께 배달된 물품이 맞는지 확인하여 주시기 바랍니다."

"배달 영수증에 서명해 주시겠습니까?"

② 고객 부재 시 간단한 우편물 등은 객실 문 밑으로 배달하고 배달 통보(Notice)를 한다.

(4) 완료 기록

배달 결과를 일지에 기록한다.

외부 전달물을 Assigned Room에 넣을 때

- 꽃, 과일, 선물, 분실물, 습득물, 환영편지 등을 넣고 그냥 가만히 있으면 20%는 잘못 전달이 되어 고충을 겪게 된다.
- 넣은 물건은 예약 카드에 빨간 펜으로 적어 두고, His Comment에 물건, 보낸 사람, 전화번호 등을 입력해 두고 체크인 전에 Assigned Room No.가 안 바뀌도록 하고 불가피하게 바뀌면 들어가 전달물을 전부 다 옮기는 것을 확인한다.

5) 우편물 처리

고객의 우편물 및 수화물 처리는 고객의 요청에 의해 수행되며 고객이 원하는 우편물의 처리 방법에 따라 신속히 처리한다.

(1) 처리 방법 숙지

① 우편물 및 소화물의 요금, 발송 방법을 숙지하여야 한다.
② 우편물 취급 요령을 숙지하여야 한다.
③ 항공, 선박일 경우 국가별 제한 중량을 알고 있어야 한다.

(2) 접 수

① 고객으로부터 우편물 및 소화물 접수 요청을 받는다.
② 보내는 주소와 받는 주소가 정확한지 확인한다.
③ 고객이 원하는 처리 방법을 정확히 인지한다.
④ 처리 방법에 따른 배달 시간, 비용 등을 공지한다.
⑤ 고객 직접 발송일 경우 대행업체나 발송 방법을 알려준다.

(3) 발 송

① 주소와 연락처가 정확한지 다시 한번 확인한다.
② 발송 의뢰일 경우 일지에 기록한 후 담당자가 서명을 한다.
③ 항공, 선박, 국제항공배달(DHL), 국제특급우편(EMS) 대행업체가 있으면 연락한다.
④ 대행업체가 발송할 경우 영수증을 받아 보관한다.

(4) 고객 통보

발송 내역을 고객에 통보한다.

국제 우편 배달에 걸리는 시간 (한국 - 미국간)

- 항공은 4~7일 정도 소요, 선박은 20~25일 정도, DHL은 1~2일 정도 소요된다.

표3-5 고객의 짐을 안내하는 종사원

물건보관 (Baggage Room)

CHIT BOOK

月 日	傳達處	內譯	依賴先	時間	傳達者	備考

04 주차관리(Valet Service)

Valet은 Hotel 이용객 중에 자가운전자의 주차를 대행해 주는 것이다.

Valet의 근무시간은 07 : 00 ~ 22 : 30까지 15시간 30분이고 Valet Parker는 Hotel 이용객 차량 중 Valet parking을 의뢰한 차량에 한하여 신속·정확·안전한 Service를 목적으로 한다.

① Valet Parker는 손님으로부터 차량을 인수시 Valet Ticket을 차주에게 발부한다.
② Valet Parker는 손님으로부터 차량을 인수시 차량의 이상 유무를 확인한다.(단, 차량에 이상이 있을시 즉시 손님께 확인시킨다. 기타 차량 이상 발견시 현관 캡틴에게 보고하고 그 외 근무자에게 이러한 사실을 구두로 전달하고 Log한다.)
③ 주차대행시는 10㎞/h 미만으로 안전하게 항상 서행하며 반드시 지정된 장소에 주차한다.
④ 손님 차안의 귀중품 여부를 확인하고 만일 귀중품을 발견할시 도난 방지를 위하여 안전한 조치를 취한다.
⑤ 주차 완료 후 차창 및 차문의 잠금 상태를 확인한다.
⑥ Valet Ticket에 차량번호, 시간, 차량 위치를 기재한다.
⑦ 주차한 차량의 Key는 주차권과 지정된 Key Box에 안전하게 보관한다.
⑧ 공항 터미널로 출·입국하는 고객의 편의를 위해 호텔에서 공항 터미널로 셔틀버스를 운행한다. 이 때 고객에게 인사하고 짐을 싣고 내려준다.

유니폼 서비스 현재 상황 사례실무

(1) 고객이 택시에 수하물을 두고 내린 경우

고객이 택시 안에 수하물을 놓고 내린 경우 상황을 접수한 종사원은 도어맨(Door Man)이 기록한 도착 택시의 차량 번호를 갖고 있는지 확인한 다음 교통방송 안내 센터에 전화를 하여 물건을 고객이 찾고 있다는 것과 ㅇㅇ호텔에 투숙하는 고객이라는 것을 접수시킨다. 또한 택시 분실물 센터에 전화하여 보관 여부를 확인한다.

(2) 고객보다 수하물이 먼저 도착한 경우

슬립(Slip) 3장을 작성하여 한 장은 프론트 데스크(Front Desk), 한 장은 벨 데스크(Bell Desk), 한 장은 고객의 수하물에 붙인 후 고객이 도착하면 빠짐없이 전달할 수 있도록 한다. 또한 고객의 객실에 먼저 배달되기를 원하는 수하물은 프론트 데스크(Front Desk)에 문의하여 객실 번호가 배정되었는지를 확인한 후에 객실에 전달할 수 있도록 한다.

(3) 투숙 기간 동안 고객이 신문, 잡지 등을 원할 경우

객실 번호, 투숙 기간과 신문 및 잡지의 종류를 확인하고 아침에 신문이 도착하는 즉시 객실로 전달한다. 만약 호텔에서 평상시 준비하지 못하는 신문을 원할 경우 각 신문사에 전화를 걸어 원하는 날짜까지 구독할 수 있도록 최선을 다한다.

(4) 택시가 승차를 거부할 경우

택시가 승차를 거부했을 경우에는 보안카드 상에 기록되어 있는 택시의 차량 번호를 확인하여 회사 택시와 개인 택시를 구분하여 해당 회사에 신고한다. 고객에게 사과를 한 후 즉시 다른 택시를 수배하여 이용토록 한다.

(5) 복사기 고장으로 인해 고객 불평이 발생한 경우

원본이 크게 훼손이 되었거나 순서가 완전히 뒤바뀌어 처음부터 다시 해야만 하는 경우에는 고객이 매우 화가 난 상태이므로 일단 고객을 진정시켜야 한다. 여기서 중요한 것은 고객의 화를 더 돋우지 말아야 하는 것이다.

절대 당황하지 말고 고객이 무슨 말을 해도 동요되지 말며 겸손히 경청해야 한다. 고객이 조금 진정되었다 싶으면, 조심스럽게 시간을 다시 줄 수 있는지 의향을 알아보고 소량의 경우는 무료로 복사해 주며 다량의 경우는 지배인의 동의 하에 할인해 줄 수 있도록 한다.

단, 무조건 할인을 주는 이미지를 풍겨서는 절대 안되며 그 이전에 고객을 진정시키는 것이 더 중요함을 명심해야 한다.

(6) 팩스를 잘못 송신한 경우

여러 장의 팩스를 각기 다른 곳으로 송신하는 경우가 빈번하게 있으며 이러한 경우 팩스를 잘못 송신하는 일이 발생할 수 있다. 팩스를 잘못 송신한 경우에는 먼저 잘못 송신한 곳에 전화를 걸어 상관없는 내용이니 파기해 달라고 요청하고, 재 송신해야 한다.

이런 경우를 방지하기 위해서는 수신자명, 매수, 팩스번호를 확인해야 하며 바쁠 경우에는 눈으로 확인이 가능한 부분은 질문을 피하고 확인 어려운 부분만 질문 후 접수한다.

(7) 팩스를 잘못 전달한 경우

팩스를 잘 못 전달한 경우에는 크게 다른 방에 전달되는 경우와 객실 번호를 잘 못 기입하는 경우로 나눌 수 있다.

팩스 기록장부에는 전달되었다고 기록되어 있는데 고객이 못 받았다고 할 경우에는 기록장부의 아래 위의 객실을 확인해 본 다음 그 객실의 아래 위층의 객실을 확인하여야 한다. 그래도 발견을 못할 경우에는 팩스기의 수신 리포트를 뽑아서 송신한 곳에 팩스의 재송신을 요청할 수 있다. 수신 팩스를 찾았을 경우에는 신속히 전달하고 이해할 수 있는 범위 내에서 상황을 설명한다.

고객에게 실수를 솔직히 인정하고 분실된 팩스를 찾을 수 있다는 확신을 보여준 후 신속하게 사후처리를 하는 것이 무엇보다도 중요하다.

제2장 컨시어지(Concierge)의 업무

컨시어지 서비스는 최근 VIP 마케팅을 하는 서비스 업종에서 일반화되고 있는 추세이다. 컨시어지의 주된 업무는 호텔이 위치한 도시나 지역의 최신 문화를 업데이트하고 숙지해서 고객들이 어떠한 목적이나 용무에 대한 문의에도 막힘없는 서비스를 제공하고 불편없는 숙박경험을 유도하기 위한 것으로 고객들은 컨시어지를 통해 관광, 쇼핑, 문화, 레져 등 각종 정보를 쉽고 편리하게 얻을 수 있다.

최근 일부 호텔에서 등장한 'e-컨시어지' 서비스는 고객이 원하는 예산과 규모에 맞게 객실 및 레스토랑, 연회 등 호텔상품 전반을 고객의 관심사와 예산에 맞게 구성해 주는 서비스이다.

호텔에서의 컨시어지 업무란, 비즈니스 고객을 위한 각종 정보제공과 호텔에 대한 제반시설을 이용할 수 있도록 고객에게 편의를 제공하고 호텔에 이미지 제고를 위하여 특별히 신경을 써야 하는 데 다음과 같은 직무를 수행한다.

01 컨시어지(Concierge)의 직무 역할

(1) 정 보

① 비즈니스맨을 위한 정보를 제공한다.

② 여행 및 수송서비스와 렌트카 대여서비스를 확보한다.

③ 고객이 필요로 하는 특정지역, 국가, 시내 등의 안내지도를 구비한다.

④ 모든 종교의 종파, 교파에 대한 종교시설을 안내한다.
⑤ 전문 쇼핑가, 운동경기를 안내한다.
⑥ 호텔 내의 행사를 안내한다.
⑦ 극장, 오페라, 음악회, 박물관, 화랑 등을 안내한다.

(2) 서비스
① 헬스클럽, 스포츠 시설, 조깅코스를 안내한다.
② 꽃방(flower shop)의 꽃에 대한 정보제공을 한다.
③ 체인호텔의 예약서비스와 안내책자를 비치한다.
④ 세계 각국의 다양한 식당과 식단, 특별요리를 안내한다.
⑤ 비행기, 기차, 버스 등의 대중교통수단 안내 및 시간표를 구비한다.
⑥ 비디오에 관한 서비스를 제공한다.

(3) 시설물 제공
① 탁아시설 및 탁아알선을 한다.
② 컴퓨터 시설 등의 비즈니스용품을 제공한다.
③ 미팅 룸, 비즈니스센터 이용 등의 편의시설을 제공한다.

(4) 안전
급히 요청할 수 있는 의약품, 병원 등의 긴급요청 서비스를 확보한다.

02 컨시어지(Concierge) 준비 실무

① 고객의 요구에 대한 만족한 서비스를 위해서는 불충분한 것을 언급하기보다 타 부서와 긴밀히 연락을 취해 최대한의 서비스를 해야 하며 짧은 시간 내에 극장, 음악공연, 운동경기, 전시회 등의 티켓을 구할 수 있어야 한다.
② 메시지, 메모지, 표 확인, 시내지도 등의 양식과 프린트물은 항상 적당량 재고가

유지되어야 하고 고객을 위한 긴급을 요하는 화장품류 일체, 국내·국제 신문을 무료 제공할 수 있도록 비치해야 한다.

③ 호텔 식당의 예약 또는 예약확인과 현재의 메뉴 등을 서비스 할 수 있어야 하고 호텔 외부에서의 서비스가 제공되기 전에 호텔에 의해 색다른 서비스가 제공되도록 모든 판매촉진방안에 대해 노력한다.

④ 문화행사, 오페라 등의 홍보용 월별 캘린더의 구비와 고객의 요청시 체인호텔과의 교환도 힘쓰고 고객이 당 호텔에 없는 헬스클럽 등의 시설물을 찾으면 다른 곳을 이용하도록 정보를 제공한다.

⑤ 의약품을 원하는 고객을 위해 생수 한 병, 물 한 잔, 쾌유를 비는 카드, 신선한 꽃 한 송이를 선물한다.

⑥ 메시지를 찾는 고객에게 메시지 데스크나 교환으로 문의해보라고 하지 말고 직접 찾아내어 전달하고 모든 메시지는 봉인한 봉투에 넣고 수취인 미확인 메시지는 Bell Staff로 하여금 취급토록 해야 한다.

⑦ 우편물, 소포, 메시지, Ticket 등과 찾지 않는 것 등은 예약 장부와 투숙객 명단, Check out 명부를 매일 대조하여 전달하고 Check한 후 고객에게 즉시 알린다.

⑧ 고객에게 Check out한 후 도착한 우편물이나 FAX 등은 손님의 사업주소로 영수증(수취증)을 보낸다. 보내기 전 가능한 전화로 고객에게 내용물과 보낸 곳, Check out 후 도착했다는 것을 알린다.

03 컨시어지(Concierge)의 교육

무엇보다 세심하고 개별화되며 차별화된 서비스를 위하여 Concierge에 대한 교육과 자질은 중요하며 교육의 내용은 다음과 같다.

(1) 부서별 교육

① 부서별 서비스 표준과 대고객 서비스교육

② 메시지 전달체제와 메시지 취급교육

③ 중요한 열쇠보관과 조치교육
④ 우편물과 소포취급의 조치교육
⑤ 안내 및 예약서비스교육(식음료 판매 및 운영시간 숙지, 메뉴에 대한 아이디어, 분위기, 가격, 복장제한, 예약방침 등에 정통해야 함)

(2) 첫 4개월
① 개인·단체 및 호텔 VIP영업계획 숙지(멤버십 클럽 등)
② 예약과, 프런트 데스크, 케셔, 그리고 GRO부서 등과 상호 교환 교육

(3) 추가 요구되는 교육
① 근교 극장가, 연극, 음악 홀 등에 관한 지식
② 호텔 식음료 시설에서의 주기적인 식사 경험
③ C.C.F(Customer Come First ; 고객제일주의)교육 프로그램의 추가 교육
④ 고객들의 취향을 파악하기 위한 호텔 투숙 경험
⑤ 심장미비환자 등 인공호흡을 요하는 응급조치 자격증 획득

04 컨시어지(Concierge)의 근무조건

① 업무를 수행할 수 있는 신체조건과 상대에게 깨끗하고 단정한 인상을 주는 용모를 갖추고 친절하고 편안하게 대할 수 있는 성품의 사람이어야 한다.
② 고등학교 이상을 졸업하고 관련분야에서 근무한 경력이 있어야 하며 모국어와 영어 외에 제2외국어 구사능력이 있어야 한다.
③ 직업에 대한 긍지와 정확한 판단력이 있으며 화술은 물론 문장으로도 의사소통을 훌륭하게 구사할 수 있는 능력이 있어야 한다.
④ 모든 고객의 주문과 불평 등을 처리하고 세심한 주의와 조직력을 갖추고 기본적인 서비스제공 외에 다양한 서비스를 추가로 제공할 수 있는 적극성과 배려를 갖춘 사람이어야 한다.

호 텔 프 런 트 오 피 스 객 실 실 무 론

제3장 E.F.L(Executive Floor Lounge) 실무

오늘날에는 시대변화가 갈수록 빨라지고 고객의 욕구와 수요도 다변화 또는 개성화되고 있는 추세이다. 급속한 변화 속에서 고객들의 취향은 제각기 다르기에 최근 호텔기업에서도 고객들의 다양한 수요와 욕구에 적응하기 위하여 시설면에서나 식음료서비스 등에 걸쳐서 다양화되고 또한 세트화된 합성상품만으로 제공하는 시설을 갖추고 사회의 공공기업체로서의 사명을 수행하는 종합적·다목적인 상품기능제공의 장소라 할 수 있으며, 특히 지역사회의 예술적 공간, 문화적 공간, 커뮤니케이션 공간으로써 확고한 자리를 굳히고 있다.

호텔산업의 양대 수입원천에는 호텔 객실부문과 식음료부문이 있으며, 이중 객실부문의 경우보다 고급화, 대형화 추세로 이제는 단순한 숙박시설이라는 이미지를 벗어나서 현대 비즈니스맨들에게는 사무실 공간의 연장이라고까지 할 수 있다.

호텔에서도 특히 객실부문의 경우, 비즈니스 여행자의 증가와 함께 이를 위해 취고의 서비스를 제공하는 귀빈층이 최근 들어 많이 발전하고 있는 추세이다.

따라서 잦은 출장, 복잡한 업무에 시달리는 현대 비즈니스맨들을 위해 최고의 서비스를 제공하는 Executive Floor가 호텔마다 크게 늘어나는 추세이다. 이것은 Executive Floor를 이용하는 손님 중 95% 이상이 비즈니스고객이며, 이처럼 이름난 호텔이 그룹(group)보다 비즈니스 여행객 유치에 더 깊은 관심을 보이는 이유는 이들이 객실부문은 물론이고 식음료 및 각종 부대시설, 비즈니스 센터 등을 이용함으로써 발생되는 이익이 일반 여행객보다 상업적으로 높은 비중을 차지하기 때문이다.

오늘날 약간의 호텔들이 고객들에게 손비누, 목욕비누, 샤워캡, 샴푸 등을 제공하는데 비하여 타워 개념(tower concepts)에서는 스킨 크림, 배스오일 비누, 마우스 와쉬, 향수비누, 특별 목적의 비누와 샴푸를 그리고 장식된 벽의 컨디셔너 따위의 어메니티를 제공한다.

Executive Floor 층에서 제공되는 고급품목들은 목욕탕(bath)에서만 제한하는 것이 아니라 많은 호텔들은 고객의 객실 안에 저녁에 턴다운서비스할 때 몇 개의 특별한 것을 고객 개인이 닿을 수 있는 침대 곁에 남겨 놓을 것이다.

많은 경우 타워나 Executive Floor는 등록한 고객들만이 이용할 수 있는 개별라운지 지역(Private Lounge area)를 가지고 있다. 조식이나 Bar 서비스는 거기서 제공된다.

Executive Floor는 매우 매력적이지만 손님들은 더 높은 요금을 지불해야 한다.

그것을 운영하는 것은 매우 많은 비용이 소요되지만 많은 호텔들은 만약 이런 Option을 제공하지 않는다면 그들 지역 안에서 적은 수지만 선택권을 제공하는 고급호텔들과 효과적으로 경쟁할 수 없는 것을 발견할 수 있다.

많은 호텔경영자들은 최고의 서비스를 제공하는 것이 그들의 표준적인 서비스에 있어서 더 그들의 지위를 향상시키는 데 당연한 것으로 인식하고 있다.

01 Executive Floor Lounge의 특징

귀빈층 라운지란 호텔객실의 일부층을 보통 객실보다 고급스럽게 꾸미고 전용라운지가 마련되어 있으며, 고객에게 서비스를 제공하는 Floor Manager(G.R.O)가 있는 것이 특징이다. 국내호텔에서 귀빈 층 라운지가 처음으로 생긴 곳은 하얏트 리젠시 서울이다.

하얏트 리젠시 서울은 영업 전략에 따라 1980년도에 리젠시 클럽이라는 고유 명칭으로 4개 층을 마련하였다. 그 다음으로 체인호텔인 힐튼 호텔이 1985면 8월에 20, 21, 22층 3개층 객실전체를 Executive Floor로 마련하였으며, 현재는 19층을 포함해서 4개 층이 운영되고 있다. 또한 신라호텔이 1985년 5월에, 롯데호텔이 87년 3월에 각각 귀빈 층 라운지를 신설하여 영업에 들어갔으며, 현재는 신관 4개층 본관 2개층을 운영하고 있다. 서울 가든 호텔(현, 홀리데이인 서울), 조선호텔 등도 귀빈 층을 신설하여 영업에 들어갔다. 또한 라마다르네상스와 스위스그랜드 호텔(현, 그랜드힐튼 호텔) 등이 전면

개관과 동시에 영업에 들어갔다.

이곳에서는 비즈니스맨을 위해 필요한 시설과 집기 및 편의시설을 갖추고 비서업무와 함께 전문화·개별화된 서비스를 제공한다. 또는 귀빈층 중에 아늑한 분위기를 선호하는 귀빈들을 유인하기 위한 것으로 인식되어지고 보통객실에 비해 귀빈층은 초과요금을 받지만 투숙객에게 다양한 서비스 혜택을 부여한다.

단기적인 이익창출보다는 장기적인 관점에서 부가가치를 창출하는 호텔 내에서 하나의 상품화된 단위로써 존재한다. 또한 전체적인 호텔 이미지 향상(image-up)에 기여한다.

서비스 내용은 호텔마다 차이가 있지만 공통적인 것은 투숙객 전용라운지와 귀빈층 고객만을 위한 G.R.O가 있다는 것이다. 이곳에서는 아침식사와 Happy Hour에 칵테일과 음료(hard drink, soft drink)와 안주로 사용할 수 있는 스넥 등을 제공하고 커피와 차가 어느 때든 무료 제공된다.

보통 아침식사는 컨티넨탈 조식이 제공되거나 호텔에 따라서는 스크램블 에그와 같은 계란요리나 전복죽 같은 죽(porridge)이 제공되기도 한다. Happy Hour에는 Hard drink를 비롯한 거의 모든 종류의 술과 Soft drink, Dry snack과 Snack 등 기본 메뉴 외에 Hot dish가 특별메뉴로 제공된다. 물론 라운지에는 신문과 잡지, 서재와 화장실, 코스메틱룸, 그리고 비즈니스맨을 위한 미팅 룸과 같은 업무시설을 갖추고 투숙객은 라운지에서 방문객을 맞이할 수도 있다.

귀빈층 Concierge는 고객이 호텔에 도착해서 객실까지 영접하고 환영음료를 제공하는 시점에서 떠날 때까지 세심한 서비스를 아끼지 않는다. 이들은 항공권 예약과 확인, 해외호텔, 레스토랑과 문화행사 예약, 쇼핑과 관광정보제공, 비즈니스 미팅주선과 일정표 작성, 셔틀버스 운행일정 등 모든 비서업무를 제공한다.

위와 같은 공통된 기본서비스 외에도 귀빈층에서는 호텔마다 독특한 서비스를 제공한다. 몇 가지 대표적인 서비스를 나열해 보면 일반적으로 일반객실보다 화려하고 값비싼 가구와 비품을 제공하고 최상의 전기, 전자제품(T.V, 팩시밀리, 냉장고, 비디오) 등을 구비하고 입·퇴실 시에 업무를 최우선적으로 라운지에서 처리해주고 과일과 꽃, 주류와 각 호텔의 독특한 선물을 제공하며 금박으로 프린트한 성냥 및 문구류를 제공하기도 한다.

최근의 호텔들에서는 욕실에 어메니티를 제공하는데 확대경과 헤어드라이어, 녹슬지 않는 전자식 체중계, 사해소금과 Bath Tud 베개 등을 제공한다. 객실에는 개인금고를 설치하고 메시지 음성서비스와 다리미 후크를 설치할 예정이며 고객들에게 현재 무료로 비디오테이프를 제공하기도 한다.

이처럼 귀빈층에서 고객들에게 베푸는 각종 서비스는 호텔마다 조금씩 차이는 있으나 호텔이 추구하는 서비스 전문화, 고급화의 일환으로 앞으로 크게 발전될 전망이다.

02 Executive Floor 고객의 특성

귀빈층 고객의 특성상 대부분은 개별손님(F.I.T)이며 비즈니스 목적으로 여행자가 거의 95% 이상을 차지하고 있으며, 일부분은 비즈니스 경향의 동양계 손님과 여성 투숙객도 투숙하는 경향이 있다.

비즈니스 여행자들은 구매력이 높고 수요가 불규칙적인 관광객과는 달리 업무차 여행을 하는 고객들이다. 그들은 대부분 전문직이나 관리직 종사자들이며 관광객에 비해 까다로운 성향을 가진 것이 특징이다. 그러나 그들의 여행비용은 대부분 회사에서 지급하므로 다른 여행자들보다 경제적으로 더 여유가 있으며 객실요금보다 부가적인 서비스 측면에서 투숙할 호텔을 결정하며 같은 호텔에서도 귀빈층을 선호하는 이유이다.

비즈니스 여행자들은 업무 일정이 꽉 짜여 있으며 그들에게 시간은 곧 돈이다. 대부분의 여행자들에게 있어서 신속하고 정확한 서비스를 제공하는 것이 매우 중요하지만 비즈니스 여행자의 경우 신속성과 효율성은 더욱 중요하다. 그들은 일반 여행자들로부터 격리되어져서 휴식을 취하고 업무와 생각을 정리할 수 있는 공간이 필요하며 주변의 사람들로부터 존경과 인정을 받기를 원한다. 귀빈층은 이러한 비즈니스 여행자들의 특성에 부합하는 시설과 서비스를 제공하는 곳이며 귀빈층을 이용하는 고객은 일반객실을 이용하는 고객들보다 비교적 수준이 높다고 볼 수 있겠다. 즉, 귀빈층을 이용하는 고객들은 호텔 이용경험이 많고 호텔문화에 적응되어 있기 때문에 상당히 세련되고 여유 있는 모습을 보여주고 있으며 귀빈층 직원들에게도 호의적이다. 이러한 고객들은 호텔이 추구하는 가장 바람직한 고객 형태일 수 있으며 호텔의 대외적 이미지 정립과도 밀접한 관계가 있다고 보여 진다.

철저한 서비스 정신으로 일반고객보다 틀린 점을 강조하며 이들에게 강한 인상을 남겨주어야 한다. 즉, 그들은 VIP의 대접을 원하기에 그에 맞는 우대와 서비스를 해주어야만 재투숙을 할 것이다.

따라서 귀빈층은 "호텔 내부의 호텔", 개인전용의 서비스와 더불어 각종 특수한 편의 및 각 손님의 요구를 만족시키기 위해 운영한다.

(1) Executive Floor Service

① 서비스 업무

포장과 소포의 우편배달 및 비행기 예약과 확인, 통역 서비스, 관광안내 등 서비스 업무를 담당한다.

② 식음료 부문 서비스

American Buffet Style의 Breakfast가 제공되며 음료, 커피, 주스류는 무료로 제공된다. 또 Happy hour에는 칵테일, 맥주 등이 과일과 쿠키는 고객 룸에 서비스로 제공된다.

표3-6 EFL 운영방침 및 운영적 특징

구분	내용
운영방침	① EFL 관광자를 위한 개인화 및 차별화 서비스 제공 ② EFL 투숙객을 위한 각종편의시설 확보 및 개발 ③ EFL을 단기적인 이익창출이 아닌 보다 거시적이고 장기적인 관점에서 부가가치를 창출하는 상품화된 존재 가치 부각 ④ EFL은 전사적 차원에서 호텔 Image-up에 기여
운영적 특성	① 호텔에 따라 조금씩 차이를 보이지만 일반객실보다 요금이 약간 높게 책정 ② 투숙객을 위한 전용라운지가 있어 EFL관광자만을 보살펴주는 EFL Receptionist가 상주 ③ 입숙시 사전등록으로 접수계에서 기다리는 번거로움을 배제하고 호텔 도착 즉시 GRO(Guest Relation Officer)의 영접으로 라운지에서 차를 마시며 서명만으로 등록을 하고 퇴숙시에는 라운지에서 음료 등을 즐기며 Express Check Out이 제공 ④ 조식이 무료로 제공 ⑤ 저녁 Happy Hour에는 10종류 이상의 술과 음료, 마른안주와 스낵 등 기본메뉴와 Hot Dish가 특별 메뉴로 제공, 낮 시간에는 커피나 차 혹은 과일, 쿠키 등을 제공 ⑥ 비즈니스맨을 위한 각종 사무기기인 복사기, 팩시밀리, 개인 컴퓨터 등을 구비해 무료로 제공 ⑦ 사업상이나 그 밖의 환담을 할 수 있는 장소로 작은 회의실이 무료로 제공

03 Executive Floor Lounge 운영 사례

이제 호텔의 EFL은 특별한 고객을 위한 특별한 공간으로서, 호텔을 이용하는 고객들에게 자리매김하고 있다. 서울 소재 특1급 호텔의 EFL특징과 분위기를 살펴보면 다음과 같다.

(1) Hotel In Hotel

'호텔 안의 호텔'로 불리는 'Executive Floor Lounge(EFL)'는 차별화된 최상의 서비스와 VIP고객들을 위한 특별공간으로 비즈니스와 사교, 휴식을 동시에 즐길 수 있는 공간이다.

사전등록으로 접수계에서 기다리는 번거로움을 배제하고 호텔 도착 즉시 'GRO(Guest Relation Officer)'의 영접으로 라운지에서 커피를 마시며 서명만으로 체크인과 체크아웃이 되는 곳으로, EFL은 현대 비즈니스맨들을 위한 사무실의 편리함과 편안함을 동시에 만족시켜주는 곳이다.

(2) 그랜드힐튼 호텔 : 자연 속 품격 있는 비즈니스 공간

그랜드힐튼 호텔의 11층에 위치한 '이그제큐티브플로어 클럽라운지'는 귀빈 전용층인 11층과 12층을 사용하는 고객들의 공간으로써 평일 오전 6시반 부터 밤 10시까지, 주말 및 공휴일에는 오전 7시부터 밤 10시까지 각종 편의시설을 제공한다.

격조 높은 디자인과 편안한 분위기가 어우러진 그랜드힐튼의 이그제큐티브플로어 라운지는 인터넷과 컴퓨터 무료사용은 물론, 복사기, 팩스, 대형스크린 TV, 스테레오 등의 장비가 갖추어져 있고 비즈니스를 효율적으로 도울 수 있는 전문 직원이 상주해 업무를 도와준다.

특히 하루에 2시간씩 이용 가능한 소회의실은 조용한 분위기에서 회의진행을 원하는 비즈니스맨들의 이용 빈도가 높다.

그랜드힐튼의 고객들이 최고로 평가하는 장점은 넓은 유리창으로 펼쳐지는 수려한 백련산의 풍경이다. 자연 속 품격 있는 비즈니스 공간에서 회의를 진행하다 보면 회의의 능률이 높아짐은 물론 틈틈이 발코니에서 맞는 상쾌하고 부드러운 바람은 안정감까지 느끼게 해준다는 평을 받고 있다.

(3) 임페리얼팰리스 호텔 : 전통가옥 재현, 첨단시설과 조화

임페리얼팰리스 호텔의 20층 EFL은 '백 투 더 패스트(Back to the Past) 조선시대'라는 테마로 조선시대 전통 기와와 가옥을 그대로 재현했다.

현대적인 호텔의 인테리어와 전통적인 EFL의 조화는 오묘한 분위기를 자아내며 외국인들에게 특히 좋은 반응을 얻고 있다.

아궁이와 가마솥, 물 항아리와 청자, 백자, 호리병이 전시되어 있는 푸드코트와 천장의 석가래가 인상적인 PC룸은 사랑채를 그대로 재현해 귀빈 클럽 라운지를 고급 민속촌 컨셉의 형태로 구성했다.

호텔관계자는 "비즈니스호텔의 특성상 EFL을 이용하는 손님의 90% 이상이 외국인이라는 점을 고려해 그들에게 한국의 문화를 직접적으로 향유할 수 있는 볼거리를 제공하는데 목적이 있다"고 전했다.

비즈니스업무상 한국을 제대로 관광할 수 없는 외국인들에게는 이러한 테마의 라운지가 한국의 역사박물관에 온 듯한 느낌을 준다.

(4) 롯데호텔서울 : 비즈니스 편의시설 갖춘 개인 서재 분위기

2006년 5월, 5개월간의 리노베이션을 마친 롯데호텔서울은 고급 비즈니스 고객과 VIP고객이 주로 이용하는 신관 로비를 14층으로 이전, 독립적이고 비즈니스 편의시설을 갖춘 개인 서재 분위기의 테마로비로 만들었다.

라이브러리 테마로 설계된 14층 로비에는 프런트 데스크, 벨 데스크, 라운지, 비즈니스 센터, 화상회의가 가능한 최첨단 회의실과 미팅룸, 개인 워크스테이션, 살롱 라운지, 가든 등이 있다.

개인 서재와 같은 안락한 분위기를 연출하기 위해 우드 마감재와 소프트한 수직 카페트를 사용하고, 곳곳에 책장을 배치해 다양한 서적을 진열했다.

신관 14층에서는 체크인, 체크아웃을 위해 줄을 서지 않고 다과를 즐기고 있으면 리셉션리스트가 고객 한 명 한 명에게 직접 다가가는 이동식 리셉션 서비스를 제공하고 있다.

즉, 신관은 관광객들이 주로 사용하는 본관과 달리 비즈니스 호텔이라는 인식을 전달하는 데 중점을 두었으며, 신관 14층 로비는 안락한 서재와 같은 공간에서 간단한 다과를 즐기면 체크인과 체크아웃은 물론, 비즈니스 업무를 할 수 있는 것이 큰 특징이다.

호 텔 프 런 트 오 피 스 객 실 실 무 론

제4장 G.R.O 실무(Gusest Relations Officer)

객실담당에 소속된 여직원으로서 고객의 안내 및 Flight Confirmation, 호텔예약, 각종 관광안내 등을 수행하며 업무 성격상 당직지배인과 같이 일하며 당직지배인 부재시 당직지배인 업무를 대행하나 각종 업무 보고는 Front Desk 지배인을 통해 한다.

(1) 일반 업무

① C.R.T 조작업무 숙지

② Room Mix 숙지

③ C/I시 등록 업무 숙지

④ 호텔 관내 시설물 숙지

⑤ 호텔 Regulation 숙지

⑥ 공항 상황 파악

⑦ Brochure 정리

⑧ 기록, 보관, File 정리

(2) Main 업무

① VIP 영접 안내

② Express 및 특별지정 고객 Check-In 영접

③ 투숙객 식당예약 및 호텔 시설물 안내

④ 대고객 비즈니스 업무 협조

⑤ 항공사 Crew Check-In

⑥ 외래 고객을 위한 Room Show 안내

⑦ 고객을 위한 간단한 통역

⑧ 항공예약 취소 및 재확인 업무

⑨ Tour 안내

⑩ 관련 부서

- 객실부 (F/O) : 고객에 대한 각종 상황 변경시 통보를 해준다.
- 객실 관리부 : 객실비품, Room온도, 분실물 처리 및 요청을 한다.

호텔 프런트 오피스 객실 실무

Chapter

04

하우스키핑(Housekeeping) 서비스의 실무

제1장 하우스키핑(Housekeeping)의 개요

제2장 하우스키핑(Housekeeping)의 기능별 직무 분담

제3장 린넨(Linen Room) 서비스 실무

제4장 세탁 서비스 실무(Laundry service)

제5장 객실 보수 작업

호 텔 프 런 트 오 피 스 객 실 실 무 론

제1장 하우스키핑(Housekeeping)의 개요

호텔 객실 하우스키핑(Hotel Housekeeping)이란 가구를 중심으로 일어나는 활동의 일환으로 규정하여 “The Housekeeping of the House" 즉, 가사, 가정, 가계 등의 뜻으로 집을 수리하고 관리하는 일이라고 정의를 하고 있으며, 또한 호텔 ‘Housekeeping’이란 객실의 관리 및 객실부문에서 제공되는 서비스의 모든 것을 가리킨다. 일반적으로 객실 정비의 업무를 보면 객실 청소와 객실의 설비, 가구, 비품류의 정비 그리고 객실용의 린넨류, 소모품류 등 전반적인 객실관리를 의미 한다.

프론트 오피스가 최상의 상품을 판매할 수 있도록 객실 정비 및 관리의 기본기능 외에 때로는 호텔의 다른 부분까지 기능이 확대될 수가 있다. 오늘날에는 호텔, 병원, 학교, 아파트 등과 같이 많은 인원이 유치되는 대규모 빌딩 등에 있어서 시설유지, 수리 및 관리 안전과 청결 등의 각종 분야에서 생산적인 시설을 유지하나다는 의미로 하우스키핑이란 말이 쓰이고 있다. 특히 호텔에서는 그 대상이 관광객이며 아울러 이윤의 극대화라는 기업 목표 하에 운영되므로 하우스키핑의 효율화 내지 과학화는 대단히 중요한 것이다.

호텔 투숙객은 일반적으로 투숙한 기간의 $\frac{1}{3}$을 객실에서 보낸다. 객실의 디자인 계획, 장치장식, 가구 및 집기는 고객의 욕구를 충족시키기 위해 필수적인 것이며 고객의 만족을 창출해야 하고, 이런 것들은 하우스키핑 부서에 의해 크게 좌우될 수 있다. 청결상태와 정리정돈, 린넨 및 기타 객실 소모품과 객실의 완벽한 준비는 이 부서의 가장 중요한 역할이다.

일반적으로 하우스키핑의 업무는 객실의 청소, 객실의 설비·기구·비품류의 정비, 객실용의 린넨류, 소모품의 관리, 세탁서비스, 분실물서비스, 공공지역의 청소 등이다. 하우스키핑 부서는 많은 인원과 장비를 운영하므로 비용 관리에도 세심한 계획이 필요하며 모든 부서와 업무상 밀접한 관계를 맺고 있으므로 내부 커뮤니케이션을 활성화하여 업무의 효율성을 높이는 것도 중요하다.

또한 식음료 업장, 연회장, Front office, 로비는 물론 이른 아침의 차 제공 서비스, 고객 세탁물, 아기를 돌봐주는 서비스와 기타 개인적인 서비스도 포함하고 있다. 하우스키핑의 중요기록 사항은 도착 및 출발 명부, 리셉션 사무실에서 받은 연락사항과 하우스키핑 자체적으로 만든 객실현황보고서로 구성되어 있으며 하우스키핑 부서가 제공하는 추가적인 서비스에 관한 별도의 기록도 포함이 된다.

호텔객실관리 외의 하우스키핑 기능은 일반적으로 객실의 바닥위생 뿐만 아니라 계단, 공공 플로어 및 호텔의 기타 공공장소의 위생도 포함하고 있다. 그러나 호텔 라운지와 같은 공공지역은 유니폼 종사원들이 정비를 하는 것이 일반적이다. 신사 및 숙녀 클로억 룸은 유니폼 서비스 종사원과 하우스키핑 부서에서 나누어 정비를 하며 레스토랑과 바(bar)는 소속부서의 종사원들이 정비를 하는 것이 일반적이다. 최근에는 호텔 공공지역의 위생 상태를 외부 용역(Outsourcing)을 주는 경우도 있다.

기타 하우스키핑 서비스는 고객과 종사원들에게 응급처치를 제공하고 분실물을 관리하며 호텔내부 전반의 꽃장식도 담당한다. 만약 호텔이 종사원 숙소를 제공한다면 그 관리도 헤드 하우스키퍼의 업무에 포함이 된다.

여러 나라의 호텔들이 외부세탁소 및 드라이클리닝 업체를 사용하는 추세가 증가하고 있지만 대부분의 호텔들은 자체 드라이클리닝 및 세탁 시설을 갖추고 있다. 이러한 내부 시설은 호텔의 별개 부서로 조직이 되거나 하우스키핑 부서의 한 부분으로 조직이 된다.

이런 호텔 하우스키핑 기능의 외형은 세 가지 조직방법을 나타내고 있다. 첫째는 하우스키핑 부서가 주축이 되어 부서내에 여러 관련 기능이 혼합된 것이다. 둘째는 특정한 기능은 하우스키핑 부서에서 담당하고 다른 기능은 다른 부서에 업무 분담을 하며, 이 때 물리적인 지역을 기준으로 업무가 분담된다. 셋째는 특정한 서비스를 호텔시설로 직접 운영하지 않고 외부업자로부터 구입하는 것이다.

하우스키핑의 업무의 객실관리업무는 객실 그 자체가 호텔의 중요한 상품의 하나이기 때문에 품질 관리의 입장에서 객실정비의 업무가 중심이 된다. 즉, 생산 공장에 비유하면 호텔에 있어서 현관은 객실을 판매하는 곳이며, 하우스키핑은 객실을 생산하는 곳이다. 그러므로 좋은 상품을 생산해서 효과적으로 판매하려면 이 두 부서가 잘 협조해야 하므로 두 부서 사이는 항상 긴밀한 연락이 있어야 한다.

하우스키핑의 책임자는 일과표에 의한 주간 정비계획표를 작성하여 당일의 업무를 지시·감독한다. 그리고 객실정비표에 의해서 매일 객실의 이상 유무를 조사한다.

객실 정비 업무의 중요성

- 호텔의 상품은 객실 그 자체이므로 비싼 요금을 지불한 고객의 기대에 부응하도록 정비해야 한다.
- 객실 재생산 및 고객의 생명과 재산을 지키는 일을 한다.
- 프론트 및 시설부와 긴밀한 협조체제를 유지하여 객실의 새상품을 창조한다.

- 침대 및 가구류 정돈 및 위생 상태
- 각종 전등 상태
- 전화기 상태
- 각종 안내문 및 인쇄물 상태
- 냉난방 상태
- 변기 및 욕실 상태

이상과 같은 사항을 매일 점검해서 이상이 있으면 수리반에 연락하여 보수를 해야 한다.

표4-1 하우스키핑의 주요 업무 내용

분류	내 용
관리직	하우스키핑의 총괄적인 경영의 지원 및 근태관리, 예산 책정, 매뉴얼 관리 등
객실	객실 및 복도정비 소모품 관리, Inspection 등
공공장소	공공지역 정비 및 호텔 대리석, 카펫, 가구의 세척 및 관리
린넨	호텔 전 지역의 린넨 류 불출 및 수거 세탁, 종사원 유니폼 관리 및 불출
세탁	호텔 고객 및 외부고객의 세탁물 수거 및 세탁, 수선과 매출관리
플라워 샵	연회 서비스 및 VIP의 꽃 장식과 포장 서비스 및 판매
미니바	객실내의 미니바 아이템의 유지 보관 및 매출관리
물품보관소	객실 소모품의 보관 및 유지관리, 고객요구 즉시 응대(Room Runner)

제2장 하우스키핑의 기능별 직무 부담

호텔이 판매기능과 더불어 상품의 생산 내지 유지관리기능을 동시에 보유해야 하는 필요성에 입각해서 판매부분과 함께 호텔의 상품관리에 임하는 중요성이 강조되는 것은 당연한 것이다.

하우스키핑의 주 업무인 객실정비 부분은 남성도 가능하지만 대체적으로 여성으로 이루어지며 기혼여성의 비율이 훨씬 더 높다. 뿐만 아니라 주간의 공공지역의 정비, 유니폼 불출 부문도 대부분이 여성인력인데 이는 하우스키핑의 업무가 집안을 정리, 정돈하고 가족을 보살피는 가사노동과 비교되기 때문이다.

하우스키핑의 직무성격상 과거 남녀 구성 비율이 보편적으로 여성이 많았다. 그 이유는 하우스 맨, 클리너, 영선 등을 제외한 대부분의 업무가 여성들이 할 일이기 때문에 자연히 이들을 통솔·지휘하는 데는 남성보다 여성이 보다 적합한 점도 있기 때문이다. 그러나 근간에 와서는 비록 하우스키핑의 업무가 여성의 할일로서 그대로 존속한다 해도 막대한 호텔의 재산관리와 능률적인 작업의 지휘 및 부문책임자로서의 부단한 활동력을 전개해야 함으로서 남성으로 바뀌가는 경향이 있다.

01 하우스키퍼(Housekeeper)

하우스키퍼는 하우스키핑의 책임자이다. 또한 프론트 기술부문과 연결하여 객실의 관리유지를 의미한다.

하우스키퍼 성질상 그 맡은 바 직무의 중요성이 부여된다. 호텔의 제반 방침에 의거 하우스키핑의 기본업무인 객실정비, 유지관리 및 비품집기관리에 중점을 두고 하우스키핑 전 직원들에게 작업을 지시하고 감독하고 작업실시 결과를 확인하며 린넨관리 및 막대한 호텔의 재산을 보호하여 특히 화재, 사고 등 긴급사태에 대비 항상 만반의 준비를 하여야 한다.

- 호텔운영경비 절감을 위해 전력을 다한다.
- 새로운 작업계획을 항상 수립하여 유효적절하게 진행한다.
- 하우스키핑 요원에 대한 훈련
- 재고조사의 확인 즉 각종 용품, 비품, 도구의 대장을 비치하고 체크한다.
- 보급품의 발주 및 보충을 한다.
- 수리발주 및 확인점검을 한다.

(1) 직무내용

하우스키퍼의 직무는 호텔의 기본방침과 규모에 따라 다르지만 공통적 일반사항은 다음과 같다.

① 운영경비의 절감

효율적 방법에 의해 인건비의 절감과 새로운 작업방법의 도입으로 작업능률 향상을 강구해야 한다.

② 작업계획의 수립

자기 감독 하에 있는 모든 직원들이 수행할 작업계획을 수립하여 실행계획을 수립, 실행방법 등을 구체화한다. 비수기에는 성수기에 손질이 어려웠던 부분을 수리·보수하는 일을 계획·수립한다.

③ 구성요원의 교육훈련

자기 감독 하에 있는 종업원들이나 신입 룸 메이드 등에게 비수기 동안 또는 한가한 시간에 효과적인 작업의 방법을 교육·훈련시켜야 한다.

④ 재고조사의 확인

자기 부서에서 소요되는 여러 가지 비품이나 용품, 도구 등을 대장과 일치하는지 체크하고 비교적 한가한 시간에 주기적으로 실시함이 합리적이다.

⑤ 각 부서와의 협조

작은 규모의 호텔에서는 객실부문 책임자가 모든 부문의 일을 총괄하고 있으나 조금 규모가 큰 호텔에서는 소단위 책임자로서 하우스키핑의 모든 운영에 참여하여 협의 또는 권고한다.

(2) 근무자로서 숙지해야할 용어

- On Change- 이불정리
- In Order - 정리가 완료됨
- Out of Order - 사용 불능
- Evening Work - 야간작업
- Watch Work - 당번근무
- Make Up - 룸 메이드가 퇴근시간까지 정비 못한 객실 정비
- Do not disturb - 방해 마시오.

(3) 주요업무

- 귀빈실을 점검한다.
- 각종 보고사항 작성 및 처리를 한다.
- 객실점검 및 열쇠관리를 한다.
- 분실물관리 및 처리를 한다.
- 보수작업 접수 및 지시를 한다.
- 작업의뢰 및 통보를 한다.
- 정비보수 계획수립을 한다.

02 하우스 맨(House Man) 서비스 실무

객실관리 업무를 담당하며 룸 메이드를 도와 객실을 상품화하는 데 기동성 있는 종사원으로서 객실전반에 대한 지식을 갖추어야 한다.

하우스 맨의 업무는 여성이 감당하기엔 힘든 업무나 궂은 일 등을 전담하거나 룸 메이드 보조자로서의 역할을 한다. 규모가 큰 호텔에서는 각 층별로 한 사람씩의 하우스 맨이 배치되어 근무하는 곳도 있다. 따라서 주요 업무는 린넨류 및 보급품의 체크, 각종 객실청소장비 관리, 쓰레기 운반, 새로운 린넨류의 공급, 복도·홀·계단 등의 위생상태, 건물의 청결 등이 있다. 또한 국내 1~3급 관광호텔에서는 하우스 맨의 역할을 룸 메이드가 모두 담당하는 곳도 많다.

메이드 웨곤(Maid wagon)의 물품보급과 사용한 린넨의 회수운반 등 객실전반에 관한 일을 한다.

① 정기적으로 복도 및 기타 공공장소의 카펫을 정비한다.
② 적어도 일주일에 1회 이상 대 정비를 한다.
③ 객실의 카펫은 메이드에 의하여 매일 정비하나 일주일에 한 번 정도 하우스맨이 도와서 정비를 한다.
④ 건물의 청결유지관리에 광범위한 지식과 긴급 시에는 룸 메이드가 하는 일들을 할 수 있어야 한다.

하우스 맨(house man) 업무

- 하우스 맨의 업무는 여성이 감당하기엔 힘든 업무나 궂은 일 등을 전담하거나 룸 메이드 보조자로서의 역할을 한다. 규모가 큰 호텔에서는 각 층별로 한 사람씩의 하우스 맨이 배치되어 근무하는 곳도 있다.
- 주요 업무는 린넨류 및 보급품의 체크, 각종 객실청소장비 관리, 쓰레기 운반, 새로운 린넨류의 공급, 복도·홀·계단 등의 청소, 건물의 청소 등이 있다.
- 국내 1~3급 관광호텔에서는 하우스 맨의 역할을 룸 메이드가 모두 담당하는 곳도 많다.

03 룸 인스팩터(Room Inspector)

룸 익스팩터는 객실 점검원을 의미한다.

룸 인스팩터란 객실을 상품화했을 때 완전상태 점검을 주 업무로 하고 있다. 룸 메이드의 객실 위생 상태나 소모품의 부족상태, 근무상태, 객실 기능의 이상 유무 등을 점검하고, 잘못된 점을 지시하여 완벽한 객실 상품이 되도록 하며, 점검 후의 특기사항을 상사에게 보고해야 하고 점검하는 책임을 갖고 있다.

(1) 객실점검원의 주요점검 사항

① 창문과 커튼의 청결상태
② TV와 서랍 속의 청결상태
③ 휴지통, 재떨이, 탁자, 카펫 바닥의 점검
④ 옷장과 옷걸이 수, 벽지 및 세탁대
⑤ 전기 및 라디오, 스위치 상태
⑥ 침대 및 침구의 상태
⑦ 냉온수 및 배수의 상태
⑧ 욕실과 변기 및 타일벽 위생 상태
⑨ 공공장소 청결 상태
⑩ 비품, 소모품 타올류 비치 상태

(2) 정비가 끝난 객실의 점검

룸 메이드에 의하여 청소가 완료된 즉시 체크하여 프런트와 객실 사무실 지표(Indicator)로 알려주어야 한다. 이때의 점검은 "MAID HAND BOOK"에 의하여 체크되고 체크할 때 발견되는 사용불가는 즉시 Housekeeping Office에 보고하여 수리하도록 한다.

① 청소가 깨끗하게 잘 되어 있는 가?
② 비품이 안전감 있게 잘 정돈되어 있는 가?

③ 소모품은 충분히 보충 하였는가?
④ 객실의 전기시설은 이상이 없는 가?
⑤ 화장대와 거울은 깨끗한가?
⑥ 서랍은 잘 닦여 있는 가?
⑦ 커튼은 잘 움직이는 가?
⑧ 창문은 깨끗한 가?
⑨ 라디오, TV는 정상인 가?
⑩ 여분의 담요는 잘 정돈되어 있는 가?
⑪ 액자는 바르게 잘 정돈되어 있는 가?
⑫ 에어콘은 계절에 맞게 가동되는 가?
여름 : -25℃ 이하
겨울 : -18℃ 이상
⑬ 욕조는 청결한 가?
⑭ 화장지는 충분한 가?
⑮ 점검이 끝나 객실을 판매할 수 있을 때 Indicator Plug를 빼고 점검시간을 기록한다.

카펫 관리

- 얼룩의 원인을 알아낸다.
- 얼룩의 원인을 알아내지 못한 겨우 조심스럽게 얼룩을 긁어내고 진공 청소한다.
- 얼룩의 진공청소가 곤란한 경우 얼룩의 바깥쪽에서 안쪽으로 조심스럽게 얼룩을 찍어낸다(이 때 얼룩을 제거하기 위해 문질러서는 안 된다. 왜냐하면 올이 엉키거나 울퉁불퉁해지기 때문이다).
- 항상 일반 물만으로 얼룩을 씻어내기 위해 노력한다.
- 물로 얼룩제거가 불가능할 경우 세제를 이용한다(이 때 세제는 항상 걸레에 묻혀 사용한다).

04 오더 테이커 서비스 실무(Order Taker Service)

관리직원의 주 업무로서 고객으로부터 각종 주문을 접수 처리하게 하는데 있지만, 그 중에는 호텔 전반에 걸친 인포메이션도 포함되어 있기 때문에 호텔 각 부서로부터 영업전반에 걸쳐 매일같이 정보를 수집하여 새로운 것이 있을 시는 검토하여 고객으로부터 언제, 어디서 전화문의가 있다 해도 항상 자신 있는 대답을 해줄 수 있는 준비가 되어있어야 한다. 또한 고객세탁물 관계, 영선관계, 일반 요구관계, 객실 내에서 사용되는 각종 소모품 관계, 각종 재고조사 관계 업무를 취급하는 하우스키핑부서 내에서의 중요한 직책이다. 특히 출근과 동시 야간근무자인 하우스맨으로부터 야간에 발생 접수된 모든 사항을 점검, 확인, 인수하며 미확인이나 의심점이 있는 것은 야근자가 퇴근하기 전에 확인하여 근무에 정확·신속을 기하도록 한다.

일반 업무사항

❶ 손님으로부터 주문이 있을 때는 필기구를 항상 준비하여 객실번호와 고객 요구사항을 정확히 복창하면서 기록해야 한다.

❷ 전화통화가 끝날 때 '감사합니다'라는 말을 잊지 말 것이며 언제 몇 시까지 또는 어떻게 해드리겠다는 답변을 정확히 해야 한다.

❸ 통화가 끝나면 주문접수(Order taker) 장부에 기록(처리결과까지) 한다.

❹ 자신이 할 수 있는 것은 자신이 하되 타부서에 의뢰할 것은 빨리 의뢰하여 인수자의 확인을 받아야 한다.

❺ 자신이 행할 것이거나 타부서에서 할 것이거나 고객과 약속시간내에 이행이 되도록 하여야 한다. 만일 약속시간 내 이행이 안될 시 빨리 손님에게 전화 연락하여 부득이한 사정을 설명 이해토록 하여야 한다.

❻ 주문접수자의 근무는 주로 객실을 위주로 행하여지나 객실손님은 항상 유동적이며 변화가 많다. 그러므로 항시 많은 각종 변화와 많은 주문이 발생하므로 재치 있게 처리할 수 있는 근무요령이 필요하다.

❼ 주문접수자(Order taker)는 프런트 데스크에서 보내오는 룸랙슬립(Room rack slip)을 신속 · 정확히 정리하여야 한다. 특히 객실변경지시슬립이 넘어오면 Room rack을 정리하고 객실변경전의 지시가 있었는가를 확인하고 그에 따른 조치를 취하여야 한다.

(1) 엑스트라 베드 서비스(Extra Bed Service)

고객의 요청 혹은 초과인원의 투숙객을 위해 유·무급의 여분의 침대를 제공함으로써 투숙기간 중 편안하고 안락한 서비스를 제공하기 위한 것으로 신속·정확하게 제공하여 만족스런 서비스가 되도록 노력한다.

① 고객의 주문 접수

- 고객의 요청(직접요청, 전화요청)에 친절히 응대하며 고객이 원하는 사항에 대해 정확히 접수받는다.

② 기록

- 침대대여 관리대장에 객실의 번호와 요청날짜, 요청시간에 대해 기록하고, 담당자에게 연락한다.

③ 설치

- 고객의 요청 구비 사항(여분의 담요·베개 등)도 꼼꼼히 챙겨, 요구 시간에 맞춰 하우스키핑 종사원이 객실에 안전하게 설치하도록 한다.

④ 회수·반납

- 고객의 체크-아웃 혹은 고객의 요청에 의해 담당자가 회수·철거하며 객실관리 사무실(Housekeeping Office)에 반납한다.
- 회수·반납시 대출장부에 기록하고, 사용된 린넨은 수거하여 세탁실에 보내고, 침대 상태를 점검한 후 보관한다.

(2) 객실 편의용품 대여 서비스

전 객실에 비치하기 어려운 편의용품(다리미, 커피포트 등)을 사무실에 배치하여 고객주문에 신속하게 대여·설치하여 주고, 반납 시에 반드시 기록장부에 명시하여 관리에 문제가 없도록 한다.

① 고객 주문 접수

- 고객의 대여요청 전화에 밝고 친절히 응대하며, 정확성을 위해 고객이 요청한 편의용 품명을 꼭 재확인하여 접수를 받도록 한다.

② 기록

- 대출품 관리대장에 객실번호와 사용날짜, 대여한 편의용품(다리미, 다리미판, 커피포트 등)을 기록한다.

③ 대여 및 설치

- 고객의 요구시간 내에 룸 메이드나 하우스키핑 종사원이 객실에 설치한다.

④ 회수, 반납, 기록

- 고객이 체크-아웃 할 때 또는 고객의 요청에 의해 신속·정확하게 회수하고, 해당 관리 부서에 반납한다.
- 반납 시 반드시 회수날짜와 편의용품을 확인하고 장부에 기록한다.
- 편의용품의 소재파악 현황을 점검해 둔다.

객실용 편의용품 종류

옷걸이, 옷솔, 슬리퍼, 구두주걱, 슈 크로스, 스테이셔너리 홀더, 편지지, 편지봉투, 볼펜, 메모패드, 재털이, 성냥, 라운드리 백, 세탁계산서, 바늘쌈지, 성경책, 불경책, 호텔 안내서, 룸서비스 메뉴, 텐트 카드, 미니바 계산서, 오프너, 관광 안내서, 크리넥스 티슈, 화장지, 위생대 백, 샤워 캡, 비누, 샴푸, 린스, 면도날, 스킨 로션, 밀크 로션, 면봉, 치약, 칫솔 등

표4-2 ORDER TAKING MEMO

RM NO		용 건	시간	접수자	처리	확인
1						
2						
3						
4						
5						
6						
7						
8						
9						
10						
11						
12						
13						
14						
15						
16						
17						
18						
19						
20						
21						
22						
23						
24						

05 룸 메이드(Room Maid) 서비스 실무

룸 메이드가 객실의 위생을 정비 하는데 두 가지로 분류한다. 고객이 숙박을 하고 퇴숙한 방을 청소하는 완전청소와 고객이 계속 숙박하고 있는 상태에서 정비를 하는 재정비가 있다. 재정비의 경우는 침대의 시트나 비누 같은 것을 매일 새 것으로 교체해 주지 않아도 되겠으나 퇴숙을 한 완전정비의 경우는 반드시 새 것으로 모두 교체해야 한다.

오늘날 호텔 객실 하나를 꾸미려면 많은 비용이 든다. 따라서 룸 메이드는 근무일마다 거액의 재산을 위임받고 있는 것이다.

호텔경영자나 지배인은 이러한 투자를 룸 메이드에게 맡기고 있으며 룸 메이드를 믿고 또한 신임하고 있다. 따라서 최선을 다해 빈틈없이 직무를 수행해 나가도록 힘써야 하며, 룸 메이드 자신들이 자기의 직무에 긍지를 가질 수 있도록 해야 할 것이다.

그리고 그날그날 배당된 객실은 될 수 있는 데로 깨끗이 청소하고 정돈해 두는 것은 룸 메이드의 책임이며 임무인 것이다.

만약 객실정비 작업을 할 때 각 단계를 기억하면서 절차대로 작업을 해나가지 않는다면 정비를 마치고 다시 한번 점검해 볼 시간적 여유가 없을 것이다.

따라서 룸 메이드는 좋은 업무습관을 발전시켜 나가야만 하며, 같은 일을 매일 같은 방법으로 되풀이하는 것만이 숙련을 위한 유일한 방법이다. 그렇게 함으로써 일단 습관이 형성되면 저절로 단계적으로 업무를 해나가게 된다.

(1) 룸 메이드의 주요 실무

① 일정수의 객실정비를 한다.
② 담당구역의 객실사용현황 보고를 한다.
③ 객실 내의 분실물 및 습득물에 관한 보고를 한다.
④ 고장 난 객실에 대한 보고를 한다.
⑤ 호텔규정에 따른 열쇠를 취급한다.
⑥ 린넨 룸을 청소한다.
⑦ 미니 바(Mini Bar)를 체크한다.
⑧ 담당구역의 복도 정비를 한다.
⑨ 턴다운 서비스(Turn down service)를 한다.

표4-3 객실장비요소

Maid Cart	메이드 작업용 기구
Vacuum Cleaner	진공청소기
Canvas wagon	린네 나르는 기구
Room Service Cart	음식 나르는 바퀴달린 식탁
Shampoo Cleaner	세척기
Bell Men Cart	고객의 짐 나르는 운반카
Deodorant	악취제거기

룸메이드의 사전 점검사항

- 출근시간을 엄수해야 하며 10분정도 빨리 출근하여 제복과 몸가짐을 단정히 한다.
- 룸의 열쇠를 하우스키퍼로부터 받은 후 청소에 임한다.
- 룸메이드 웨곤의 장비와 지급품을 점검확인하고 청소에 임한다.

(2) 룸 메이드의 근무자세

① 항상 몸가짐은 바르고 깨끗하게 한다.

② 인사는 언제나 웃는 얼굴로 한다.

③ 복도에서 되도록 좌측 한 쪽으로 다니며, 손님과 마주치면 가볍게 인사한다.

④ 손님이 투숙하면 그 방은 고객의 전용 방이므로 필요 외에는 출입하지 않는다.

⑤ 방에 들어갈 때는 반드시 노크를 하고 입구의 문은 반만 열고 너무 활짝 열지 않는다.

⑥ 복도에서 뛰거나 콧노래를 부르거나 껌을 씹지 않는다.

⑦ 손님이 잊은 물건은 얼른 보아서 귀중하지 않는 것이라고 생각되어도 소홀히 다루지 말고 상급자에게 즉시 보고하여야 한다.

⑧ 객실 청소 도중 어떤 용무로 객실을 떠날 때는 문을 꼭 잠가야 한다.

⑨ 일상 사용하는 린넨 타올 등은 정확히 인수인계하여야 한다.

⑩ 청소용구, 더러워진 린넨류, 휴지통, 룸서비스 기물, 빈병 등은 지정장소에 치우고 가능한 복도에 놓아두지 않는다.

⑪ 청소 도중 파손했거나 잘못했을 때는 우선 교체하고 필히 보고하도록 한다.

(3) 객실 청소 요령

표4-4

객실 문 개방
↓
객실 내부 확인
↓
환기, 통풍 시키기
↓
분실물 확인 조치
↓
비품 파손 여부확인
↓
침대꾸미기(Bed Making)
↓
욕실 청소
↓
가구 비품의 청소정리
↓
카페트 청소
↓
최종 점검 및 확인

4) 침대 꾸미기

① 침대 꾸미기에 필요한 린넨류

- 누비요(Bed pad)
- 침대시트(Sheet)
- 담요(Blanket)
- 베개와 베개 커버
- 침대덮개(Bed Spread)

② 침대꾸미는 요령

- 메트리스 및 패드가 침대 위에 적당히 놓여져 있는가를 확인하고 침대위에 속 시트를 덮는다.
- 시트 왼쪽 윗모서리를 접어 넣는다.
- 왼쪽 아래 윗모서리를 접어 넣는다.
- 겉 시트를 덮는다.
- 겉 시트 위에 담요를 편다.
- 겉 시트를 담요위로 윗부분을 25㎝정도 뒤집어 넣는다.

- 머리 쪽 부분의 겉 시트와 함께 줄을 맞추어 살짝 접어 넣는다.
- 아래 왼쪽에 처진 시트와 담요 모서리를 접어 넣는다.
- 속 시트 오른쪽 아래 모서리를 접어 넣는다.
- 시트 오른쪽으로 돌면서 접어 넣는다.
- 침대 오른 쪽 아래 모서리의 겉 시트와 담요를 함께 접어 넣는다.
- 머리 부분에서 시트를 접어 넣는다.
- 겉 시트를 담요 위에 포개서 접고 탄력이 있도록 당겨서 접어 넣는다.
- 머리맡에 베개 2개(무거운 것 아래, 가벼운 것 위)를 놓는다.
- 침대 덮개를 보기 좋게 덮어 놓는다.
- 시트를 침대 모서리 위로 자연스럽게 늘어놓는다. 침대발치 오른쪽의 한 자락을 끼워 넣는다.
- 침대 모서리에서 대략 30cm 떨어진 지점의 시트자락을 잡아 날개 모양으로 똑바로 잡아당긴다.
- 편편하고 주름이 지지 않도록 날개 모양을 잡아당긴다.
- 날개 모양 맞은편 자락을 끼워 넣는다. 이 때 깔끔하게 처리하여야 함을 명시하여야 한다.
- 날개 모양 자락을 근무자 쪽으로 힘껏 잡아당긴 후 침대 밑으로 내린다.
- 모서리가 모나지 않고 깔끔하도록 끼워 넣는다.

침대 꾸미기 (Bed Making)

① 베개 커버(Cover)와 침대 시트(Sheet)를 벗긴 후 모아서 린넨 카트(Cart)에 넣는다.
② 청결한 깔개(Pad)를 매트리스에 깐 후, 첫 번째 시트를 바르게 펴고 팽팽히 당겨 매트리스 밑으로 접어 넣는다.
③ 두 번째 시트는 안팎을 구별하여 중앙선을 맞추고 매트리스 상단에서 10~30㎝ 여분을 둔다.
④ 담요를 매트리스 상단에서 20~25㎝ 떨어져 바르게 편 후 세 번째 시트를 모포와 같게 맞추어 편다.
⑤ 베개의 옆 부분을 가볍게 쳐서 부풀려 베개 커버를 씌운다.
⑥ 양쪽 끝을 안으로 집어넣어 베개 커버깃이 보이지 않게 한다.
⑦ 침대 덮개(Bed Spread)를 사방이 고르게 펴고 베개 위나 밑 중간에 집어 넣는다.
⑧ 침대 덮개는 카페트 바닥에서 2~3㎝ 정도 여유를 둔다.

[그림4-1] Duvet/Bed runner

(5) Turn down Service

Turn down Service는 고객을 위하여 18 : 00시부터 22 : 00시 사이에 이루어지는데 침구 정리와 객실 내 시설의 간단한 청소, 음료와 간식거리 등을 제공하고 Bed Spread를 개어 대각선 모양으로 손님이 편하게 사용할 수 있도록 한다. 따라서 투숙객이 바로 누워서 잘 수 있게끔 침구를 준비해 주고 투숙객에게 배려하는 차원으로 서비스하는 방식이다. 또한 커튼을 닫은 후 책상의 램프를 켜고 가능하다면 미네랄워터를 준비하는데 글라스는 코스터 위에 거꾸로 놓는다. 룸서비스 아침메뉴 카드(Door Knob Menu), 즉 아침식단 메뉴를 표시하는 카드로서 주로 비즈니스 고객을 위하여 준비하는데 저녁시간에 고객이 직접 작성하여 취침 전 바깥 문고리에 걸어두면 야간에 룸서비스 담당직원이 수거하여 고객이 원하는 시간에 정확하게 배달해 줌으로서 시간개념이 강한 비즈니즈 고객이 주로 이용한다. 따라서 Door Knob Menu는 침대시트 접힌 곳 위에 위치하여 Laundry card는 침대시트 접힌 곳 위에 위치하거나 Night Stand 위에 놓는다. 가능하면 Ice Basket을 채워 놓는다.

투숙한 고객의 편안한 잠자리를 마련해 주기 위한 준비 작업으로 객실 청소 이후 고객이 투숙 전 실시한다.

① 준비 및 입실

- 메이트 카트(Maid Cart)를 정돈하고, 고객현황 및 청소스케줄을 확인한다.

- 객실 벨을 2번씩 3회 누르고 룸 메이드(Room Maid)라고 알리며 입실하고, 객실 문고리에 턴 다운 서비스 표(Turn Down Service Tag)를 부착해 둔다.

② 침대 및 기타 정리

- 입구 내측 침대부터 정리하도록 하며, 침대 이용이 편리하도록 상단 시트는 고객이 들어갈 자리 부분을 삼각으로 접어놓는다.
- 재떨이와 휴지통을 점검한 후 커튼을 닫아 놓는다.

③ 욕실 정리

- 사용한 린넨은 새 것으로 교체, 정리한다.
- 화장실 문은 열어두어 환기가 되도록 한다.
- 침실정리가 정돈되어 있는지 확인 후 퇴실한다.

④ 마무리 및 보고하기

- 객실 문고리에 걸어둔 표(Tag)를 치우고 퇴실한다.
- 체크리스트를 작성하고, 미 정비 객실은 없는지 확인한다.

턴 다운(Turn Down) 서비스의 대상고객은 VIP 고객과 어메니티(Amenity)가 들어간 고객, 장기고객 및 기타 지시된 고객 등이 있다.

(6) 객실점검

① 전등을 전부 켜고 이상 유무를 확인한 후 소동한다.

② 전화기는 사용이 가능하며 줄이 엉켜 있지 않는가?

③ 라디오는 정상인가, 볼륨이 정상위치에 위치하고 있는가?

④ 텔레비전, 냉장고는 정상적인가?

⑤ 커튼레일은 정상적으로 가동 되는가?

⑥ 가구는 흔들리거나 파손된 부분이 없는가?

⑦ 비품과 소모품은 충분하며, 빠진 품목이 없는가?

⑧ 온도 조절기는 정상으로 가동 하는가?

⑨ 옷장문은 부드럽게 움직이는가?

⑩ 객실문과 욕실문, 창문은 정상적이며 창문고리는 잠겨 있는가?

⑪ 도장 부분의 칠이 벗겨졌거나 퇴색된 부분은 없는가?

⑫ 카펫은 더럽혀졌는가? 훼손된 부분은 없는가?

⑬ 액자는 바르게 걸렸거나 거울은 정상으로 보이는가?

⑭ 모든 배수는 정상인가?

※ 모든 고장난 부분이나 이상이 있는 사항은 기재하여 해당부서에 즉시 수리 의뢰 조치한다.

(7) 습득물 처리(Lost and Found)

고객이 분실 사고를 당하여 호텔에 도움을 청하는 경우 분실물의 종류에 따라 처리 방법을 달리 적용하여 불안한 고객을 안심시키는 것이 가장 중요하므로 성의 있는 처리를 해야 한다. 고객의 분실물 습득신고 및 보관센터. 객실 및 호텔의 부대시설을 포함하는 호텔의 건물내에서 호텔고객의 소지품이나 수하물을 호텔 고객이 분실하고 타인 또는 호텔 종사원이 습득했을 때 이의 신고를 받고 그 습득물을 관리하여 소유주가 나타났을 때에 이를 확인하고 정당하게 반환하여 주는 업무를 의미한다.

또한 호텔 내·외부에서 습득물을 발견한 경우 이를 바로 기록하고 분실물 대장과 확인한 후 일치하는 사항이 있으면 즉시 습득물을 인계하고 그렇지 않은 경우 습득물의 종류에 따라 신고 또는 호텔이 정하는 기간 동안 습득물을 안전하게 보관한다.

⑥ 분실물 및 습득물 처리(Lost and Found)

■ 분실물 처리

고객이 분실 사고를 당하여 호텔에 도움을 청하는 경우 분실물의 종류에 따라 처리 방법을 달리 적용하여 불안한 고객을 안심시키는 것이 가장 중요하므로 성의 있는 처리를 해야 한다.

단 계	서비스 내용
접수	•고객으로부터 분실 사고를 **접수**한다. •분실물의 종류를 정확히 파악한다(신용카드, 여권, 현금 등). •분실 사고의 **위치, 시간 등을 파악**한다. •가능한 고객을 안심시킬 수 있도록 최선을 다한다.
⬇	
기록 및 처리	•분실 사고를 분실물 **대장에 기록**한다. •신용카드 분실일 경우 해당 카드사에 분실 신고한다. •관할 경찰서 민원실에 분실 신고를 한다(필요한 경우 동행한다). •여권일 경우 여권 사진 준비 후 출입국 사무소에 분실 신고를 한 후 해당 **대사관에 신고**를 한다. •현금이나 귀중품의 경우 여행자 보험 가입 여부를 확인한 후 보험사의 문의에 대한 답변을 보조한다.
⬇	
분실물의 회수	•분실물이 회수될 경우 즉시 고객에게 통보한다. •회수된 분실물을 고객의 확인을 받은 후 즉시 인계한다.

※ 고객이 공항에서 짐을 분실했을 경우

- 어디서 잃어버렸는지 상세히 물은 후 해당 부서에 먼저 문의한다.
- 고객에게 찾을 수 있다는 안도의 말을 전한 후 고객이 원하는 경우에 따라 먼저 호텔에 가실 것을 권하거나 해당 부서까지 안내해 드린다.
- 찾았을 경우 기쁘다는 말로 고객에게 위안을 준다.

■ 습득물 처리

호텔 내·외부에서 습득물을 발견한 경우 이를 바로 기록하고 분실물 대장과 확인한 후 일치하는 사항이 있으면 즉시 습득물을 인계하고 그렇지 않은 경우 습득물의 종류에 따라 신고 또는 호텔이 정하는 기간 동안 습득물을 안전하게 보관한다.

단 계	서비스 내용
습득물 발견	• 주인이 없어 보이는 물품을 발견하면 일정 시간 관찰한다. • 관찰 후 주인이 나타나지 않으면 즉시 물품을 습득한다.
⬇	
기록 및 처리	• 습득물을 **대장에 기록**한다(일시, 종류, 위치). • 신용카드, 현금, 귀중품의 경우 관할 경찰서와 카드사에 신고한다. • 기타 물품일 경우 **일정 기간 호텔에 안전하게 보관**한다. • 분실물 대장과 동일한 물품이 있는지 확인한다. • 습득물에 대한 내용을 **고객이 열람**할 수 있도록 한다.
⬇	
습득물 인계	• 분실물 대장과 동일한 물품이 있는 경우 즉시 고객에게 연락한다. • **고객 확인 후** 습득물을 인**계하고 습득물 대장에 기록**한다. • 신용카드, 현금, 귀중품의 경우, 관할 경찰서에서 요구시 인계하고 기록한 후 경찰관의 서명을 받는다. • 습득물의 주인이 나타나는 경우 확인 후 **인계하고 서명**을 받는다.
⬇	
보관 습득물 처리	• 습득물의 주인이 나타나지 않은 경우 일정 기간 이후 **폐기 처분**하거나 **호텔 재산으로 처리**한다.

■ 유실물 관련법(민법 제 250조, 253조)

○ 민법 제 250조(도품, 유실물에 대한 특례)

- 전조의 경우에 그 동산이 도품이나 유실물인 때에는 피해자 또는 유실자는 도난 또는 유실한 날로부터 2년 내에 그 물건의 반환을 청구할 수 있다. 그러나 도품이나 유실물이 금전인 때에는 그러하지 아니한다.

○ 민법 제 253조(유실물의 소유권취득)

- 유실물은 법률에 정한 바에 의하여 공고한 후 1년 내에 그 소유자가 권리를 주장하지 아니하면 습득자가 그 소유권을 취득한다.

(1) 분실물 처리 서비스 단계

① 접수

- 고객으로부터 분실 사고를 접수한다.
- 분실물의 종류를 정확히 파악한다(신용카드, 여권, 현금 등).
- 분실 사고의 위치, 시간 등을 파악한다.
- 가능한 고객을 안심시킬 수 있도록 최선을 다한다.

② 기록 및 처리

- 분실 사고를 분실물 대장에 기록한다.
- 신용카드 분실일 경우 해당 카드사에 분실 신고한다.
- 관할 경찰서 민원실에 분실 신고를 한다(필요한 경우 동행한다).
- 여권일 경우 여권 사진 준비 후 출입국 사무소에 분실 신고를 한 후 해당 대사관에 신고를 한다.
- 현금이나 귀중품의 경우 여행자 보험 가입 여부를 확인한 후 보험사의 문의에 대한 답변을 보조한다.

③ 분실물의 회수

- 분실물이 회수될 경우 즉시 고객에게 통보한다.
- 회수된 분실물을 고객의 확인을 받은 후 즉시 인계한다.

고객이 공항에서 짐을 분실했을 경우

- 고객의 입장이 되어 안타깝게 생각하는 마음이 기본적으로 있어야 한다.
- 어디서 잃어버렸는지 상세히 물은 후 해당 부서에 먼저 문의한다.
- 고객에게 찾을 수 있다는 안도의 말을 전한 후 고객이 원하는 경우에 따라 먼저 호텔에 가실 것을 권하거나 해당 부서까지 안내해 드린다.
- 찾았을 경우 기쁘다는 말로 고객에게 위안을 준다.

(2) 습득물 처리 서비스 단계

① 습득물 발견

- 주인이 없어 보이는 물품을 발견하면 일정 시간 관찰한다.
- 관찰 후 주인이 나타나지 않으면 즉시 물품을 습득한다.

② 기록 및 처리

- 습득물을 대장에 기록한다(일시, 종류, 위치).
- 신용카드, 현금, 귀중품의 경우 관할 경찰서와 카드사에 신고한다.
- 기타 물품일 경우 일정 기간 호텔에 안전하게 보관한다.
- 분실물 대장과 동일한 물품이 있는지 확인한다.
- 습득물에 대한 내용을 고객이 열람할 수 있도록 한다.

③ 습득물 인계

- 분실물 대장과 동일한 물품이 있는 경우 즉시 고객에게 연락한다.
- 고객 확인 후 습득물을 인계하고 습득물 대장에 기록한다.
- 신용카드, 현금, 귀중품의 경우, 관할 경찰서에서 요구 시 인계하고 기록한 후 경찰관의 서명을 받는다.
- 습득물의 주인이 나타나는 경우 확인 후 인계하고 서명을 받는다.

④ 보관 습득물 처리

습득물의 주인이 나타나지 않은 경우 일정 기간 이후 폐기 처분하거나 호텔 재산으로 처리한다. 룸 메이드가 객실청소 중 발견되는 습득물은 전화로 그 객실에서 즉각 보고되는데 그 습득물 인수와 동시 카드에 다음 사항을 기재한다.

① 발견일시
② 품명, 수량(필요시 규격과 단위)
③ 습득 장소
④ 습득자

⑤ 직명

⑥ 서명

⑦ 부서

이상을 기입하고 소정의 봉투에 카드를 부착 습득물 대장에 기록·보관하게 한다.

표4-5 〈GUEST LOST & FOUND RECORD

번호	습득 월일시	장소 호실	고객 성명	품 명	습득자	인수 보관자	인출일	확인			인출자확인 (주소, 성명, 전화)
								담당			

(8) 분실물 처리요령

① 고객이 놓고 간 모든 물건들은 가격대를 막론하고 습득일로부터 90일간 보존되어야 하며 그 이전에는 처분이 불가하다.

② 습득한 물건은 각 부서를 통하여 습득한 경로와 함께 당직지배인에게 전달한다.

③ 습득물에 대한 문의는 모두 당직지배인 또는 GRO에 일임되어야 하며 기타 부서에서는 이에 대한 정보의 회답을 할 수 없다.
그 이유는 부서간의 분실물처리의 잘못과 유사한 물건에 대한 부정확하고 신뢰할 수 없는 정보 및 회답을 고객에게 하는 것을 방지하는 데 있다.

④ 모든 분실물 및 습득물은 Lost & Found Slip을 작성하도록 한다.

⑤ 습득물은 각각 Tag에 자료를 기입하여 분별할 수 있게 한다.

⑥ 물품을 반환 후 담당직원은 습득물 인계부서에 Slip작성 날인 후 전말을 통지하여 장부를 정리한다.(전표보관은 반환 후 6개월 간)

⑦ 습득물은 본인이 날인한 우송청구서가 있기 전에는 임으로 우송하면 안 되며 우송은 등기우편을 원칙으로 한다.

(9) 무주물 처리 요령

무주물이라 함은 습득물 고객이 일정기간이 경과한 후에도 나타나지 않은 물건을 말한다. 이를 어떻게 처리해야 하는 것이 결정되어야 할 사항이다. 이 때 문제가 되는 사항으로는 첫째 관리기간이 얼마나 되나? 둘째 관리기간이 경과한 후에 주인이 나타나지 않았을 때에 이 물건은 어떻게 처리할 것인가의 처리방법, 셋째 분실물처리 후 그 물건의 귀속자는 누구를 할 것인가의 문제이다.

보관기간으로는 호텔별 내규에 따라 다르기는 하나 대개의 호텔이 3개월, 6개월, 1년이며, 다른 호텔은 귀중품(금전, 귀금속)은 1년 기준으로 3개월간 또는 6개월간으로 정하는 호텔도 있으나 대부분의 호텔이 보관기간을 1년을 초과하는 경우는 없다.

처리방법으로는 호텔내규에 따라 관리기간 경과 후 자동적으로 처리하는 경우, 내부결재를 받아 처리하는 경우, 발견자에게 돌려주는 경우, 경찰관 입회 하에 처리하는 경우, 자선단체에 기증하는 경우 등 다양하다.

무주뭄 귀속자는 일정기간 경과 후에도 습득물의 주인이 없었을 때 이를 누구에게 귀속시키느냐 하는 사항으로 발견자에게 귀속시키는 경우, 매각 처분하여 종사원 복지후생에 사용하는 경우, 사우회 기금, 자선단체에 기증하는 경우 등 여러 가지 사례들이 있다.

■ 유실물 관련법(민법 제 250조, 253조)

○ 민법 제 250조(도품, 유실물에 대한 특례)

- 전조의 경우에 그 동산이 도품이나 유실물인 때에는 피해자 또는 유실자는 도난 또는 유실한 날로부터 2년 내에 그 물건의 반환을 청구할 수 있다. 그러나 도품이나 유실물이 금전인 때에는 그러하지 아니한다.

○ 민법 제 253조(유실물의 소유권취득)

- 유실물은 법률에 정한 바에 의하여 공고한 후 1년 내에 그 소유자가 권리를 주장하지 아니하면 습득자가 그 소유권을 취득한다.

* **방해금지** [Do Not Disturb, **妨害禁止**]

호텔의 객실에 종업원의 출입을 금지한다는 표시로서 손님이 문에 걸어 두는 표지가 있는데 이 표지에 쓰는 문구이다. 이 “Do Not Disturb" 카드 뒷면에는 “Make-Up" 카드로서 객실정비원(Room Maid)이 청소를 하기 바란다는 표시의 문구가 되어 있다.

* **호텔 편의용품** [Amenity, **便宜用品**]

단어의 뜻은 기분 좋음, 쾌적함, 상냥함, 사람을 유쾌하게 하는일 등으로 설명하고 있다. 또한 호텔에서 Amenity류란 고객에 대한 Plus α 의 매력물로서, 일반적이고 기본적인 서비스 외에 “부가적인 서비스의 제공”을 의미한다. 따라서 Amenity류란 협의로, 객실의 “욕실 내의 비품” 즉 비누, 샴푸, 린스, 면도기, 칫솔, 치약, 헤어드라이기, 빗, 로션, 헤어 캡뿐만 아니라 “객실 내의 비품", 즉 반짇고리, 구두 닦기천, 구둣솔, 구두 주걱, 옷솔 등도 역시 어메니티류라고 할 수 있다.

* **베개** [Pillow]

베개는 딱딱한 것, 부드러운 것, 높은 것, 낮은 것 등이 있으나 대체적으로 내용물에 따라서 다르다. 스폰지(Sponge), 메밀 껍질(Buckwheat), 깃털(Feather) 등이 있는데, 호텔에서는 깃털 베개를 많이 사용하고 있다. 베개로 싱글 침대에는 2개, 더블 침대에는 4개가 준비되어 있다.

*** 베드 사이드 테이블** [Bed Side Table]

나이트 테이블(Night Table) 반대편의 침대 옆에 위치하며 서랍이 달려 있는 테이블을 말한다.

*** 베드 패드** [bed pad]

매트리스의 바로 위에 깔며 스프링 매트리스의 평균된 부드러운 느낌을 내는 역할과 체내에서 발산하는 땀을 시트를 통해서 흡수하는 역할을 다한다. 천은 면과 폴리노직 등을 사용하며 안 솜에는 목면, 염화비닐솜, 양모솜 등을 쓴다.

06 Mini Bar 서비스 실무

Mini Bar는 일종의 작은 Bar로서 객실내의 냉장고에 간단한 주류와 음료를 구색에 맞추어 전시하여 셀프 서비스(Self Service)로 고객이 편리하게 이용함에 따라 객실의 부가가치 발생을 유도한다. 또한 Mini Bar는 심야 객실 투숙객에게 룸서비스를 부르지 않고 곧바로 준비된 냉장고 안의 음료를 후불형식으로 편리하게 이용할 수 있도록 함으로써 고객의 편리성을 도모하고 전 객실에 비치되어 있어 직원의 확인 및 매출 발생과정이 어려워 신중한 관리가 필요하다.

객실에서 다양한 식음료를 즐길 수 있도록 하는 미니 바는 호텔의 고객에게 항상 신선한 상품을 제공하여 고객의 만족도를 향상시키도록 한다.

① 미니 바 체크

- 미니 바의 체크 항목 리스트를 작성하고, 미니 바의 작동상태와 청결상태 등을 확인한다.

② 상품진열 및 계산서(Bill) 발행

- 체크리스트의 모든 상품들이 모든 구비되어 있는지 확인한다.
- 사용된 객실의 미니 바 사용여부에 따른 계산서를 정확하게 작성하고 보고한다.

③ 물품 관리 및 주문, 재고품 관리

- 회의시 전일 매출 사항을 확인하고, 물품 수불관리 리스트와 일일 재고품 리스트를 작성한다.
- 상품에 대한 시장 상황을 파악하며, 적용 물품을 용도별로 보충한다.

④ 판매기여도 및 품목별 조사

- 일주일, 월별로 매출 집계를 작성하고 분석한다.
- 미니 바 품목별 물품들을 분석하고, 새로운 상품 개발로 매출 증대에 힘쓰도록 한다.

(1) 운영상 문제점

후불형식이므로 Skipper가 발생할 수 있으며 Cashier Bill에 항목이 정해져 있어서 중간에 즉각 아이템을 바꿀 수 없는 단점이 있다.

(2) Mini Bar의 점검사항

투숙객의 편의를 제공하기 위한 것으로 담당자는 고객 필요에 맞는 품목개선에 유의하여야 하며, 사전에 객실현황을 파악한 뒤 고객에게 방해가 되지 않는 범위 내에서 미니바를 체크한다.

① 물품 정리 및 세팅

- 물품은 냉장고에 세팅시키기 전에 깨끗하게 닦고 가지런하게 정돈하여 세팅해 놓는다.

② 품목기록 및 컴퓨터 입력

- 소모품 목록 기록 시에는 객실번호와 수량을 정확히 기록한다.
- 소모품 목록은 컴퓨터에 입력하여 재고관리를 한다.

③ 재고품 체크

- 물품 재고품(Stock Inventory)체크와 정리는 매일 실시한다.

④ 품목 파악 및 경쟁사 조사

- 고객의 요구에 맞는 품목들을 파악하고 상품개선에 노력하며, 필요에 따라 경쟁사를 조사하고 파악한다.
- 냉장고의 체크시간은 오전 9시~10시 사이에 시행한다.

표4-6 Mini-bar 운영상 문제점의 원인과 대책

발생경위	원 인	대 책	비 고
H/K 업무 마감 후 익일 07시 출근전까지	H/K 업무종료(P.M 7:00) 후 Bell desk에서 Bell Man 1명이 Bell 업무 및 H/K 업무를 병행하고 있어 업무의 공백이 자주 발생함	1. C/out 시간이 조금 지연되더라도 미니바 Check가 이루어질 때까지 고객을 잠시 기다리게 한다.	Front, Front cashier 협조가 신속한 C/out이 이루어지지 않을 경우 고객의 Complaint이 발생할 수 있음.
Deposit 부족	손님께서 객실 요금만 지불하거나 Deposit을 아주 조금하고 C/IN하여 M-BAR를 사용하고, C/OUT 절차를 밟지 않고 그냥 가는 경우	C/IN 고객에게 충분한 Deposit을 요구하면, 1. 미니바를 사용하지 않는다고 하시는 고객, 2. 내가 투숙 안하고 다른 분에게 접대한다고 하시는 고객 3. 방값 이외에는 절대 보관시킬 수 없다고 하는 경우 (손님을 도둑으로 본다고 화를 냄) 이와 같은 경우가 빈번히 발생하여 충분한 Deposit 금액은 방값의 약 50~60% 정도를 받을 수 있다.	
손님이 정당한 C/OUT 절차를 밟지 않고 가는 고객	고객이 Deposit을 안했거나 조금만 하여 미니바 사용한 금액이 방값 포함하여 예치금액보다 더 추가되었을 것이라는 것을 알고 F/C에서 C/out 절차를 밟지 않고 다른 출구로 가버림.(3F이나 지하주차장)	Credit Card를 Open시키거나 현금을 충분히 예치시킨다.	
일행 중 한명이 먼저 C/OUT하고 한명은 계속 객실에 잔류하고 있을 때	먼저 C/OUT하는 고객이 Open 시킨 Credit Card로 마감 계산하거나 예치된 현금으로 계산하고 잔돈을 찾아갈 경우 잔류했던 고객이 미니바를 사용하고 나갈 경우 Room maid가 발견하기 쉽지 않음.	고객에게 Open된 Card나 예치된 현금을 후에 C/OUT하는 분에게 정산하고 드리겠다고 유도해야 함.	동숙자가 유흥업소 여성일 경우 고객이 미리 계산하는 경우가 있음.
객실 방문객이 마시고 가는 경우	객실에 방문객이 왕래가 잦아 누가 마셨는지 확인할 수 없을 때 투숙객은 안 마셨다고 함.	투숙객에게 당일 Bill에 Sign을 받아둔다.	

Maid 점심시간에 층이 공백생김	메이드 점심식사 시간(12:00~12:30)까지 일괄적으로 내려오기 때문에 층에 공백생김.	메이드 점심식사 시간(12:00~12:30)까지 하우스맨 1명이 층에 대기하여 신속히 Check하여 연락해야 함.	
Room maid 실수	Room maid가 업무가 바쁘다 보면 Check시 빠뜨리는 경우가 있음	원인을 확인하여 교육을 시키며 사유서를 받아 정신적으로 이완되는 것을 방지해야 함.	

(3) Mini Bar에 들어가야 할 상품

음료의 특성화, 즉 건강음료, 과즙음료, 스포츠음료 등에 대한 고객취향의 변화와 청량음료에 대한 기피에 따른 현상으로 건강을 중시하는 현대인의 욕구에 따라 음료에 대한 인식이 변화해 가는데 적응하기 위해서는 고객의 라이프 사이클에 대한 모색이 필요하다.

표4-7 Mini Bar에 들어갈 상품 명

Aperitif-2Brand Single MALT Whiskey Vodka-1 Brand Gin- 1Brand Rum Cognac-1Brand Champagne Liqueur Wine Mineral water(1sparkling과 1still도 준비)	Premium Beer Local Beer 와 Non Alcoholic Beer Soft drink Soda Tonic weter Snack(Nut)

(4) Mini Bar와 관련된 부서의 업무분담

① 벨맨의 직무

■ Check in 할 때

벨맨은 고객을 안내할 때에 다음과 같이 설명한다.

표4-8 Mini-bar 계산서

<table>
<tr><td colspan="5">MINI BAR</td></tr>
<tr><td>DATE</td><td>ROOM NO.</td><td>D/C%</td><td>COVERS
K.F.</td><td>CHECK NO.</td></tr>
<tr><td>CODE NO</td><td>ITEMS</td><td>PRICE</td><td>Q'TY</td><td>AMOUNT</td></tr>
<tr><td></td><td>BEER</td><td></td><td></td><td></td></tr>
<tr><td></td><td>MIXED NUTS</td><td></td><td></td><td></td></tr>
<tr><td></td><td>SHIK HYE</td><td></td><td></td><td></td></tr>
<tr><td></td><td>VISION</td><td></td><td></td><td></td></tr>
<tr><td></td><td>JUJUBE TEA</td><td></td><td></td><td></td></tr>
<tr><td></td><td>CARROT JUICE</td><td></td><td></td><td></td></tr>
<tr><td></td><td>ORANGE JUICE</td><td></td><td></td><td></td></tr>
<tr><td></td><td>COCA COLA</td><td></td><td></td><td></td></tr>
<tr><td></td><td>POCARISWEAT</td><td></td><td></td><td></td></tr>
<tr><td></td><td>MINERAL WATER</td><td></td><td></td><td></td></tr>
<tr><td></td><td></td><td></td><td></td><td></td></tr>
<tr><td></td><td></td><td></td><td></td><td></td></tr>
<tr><td></td><td></td><td></td><td></td><td></td></tr>
<tr><td></td><td></td><td></td><td></td><td></td></tr>
<tr><td colspan="3">상기 금액에는 10% V.A.T가 별도로 가산됩니다.</td><td>AMOUNT</td><td></td></tr>
<tr><td colspan="3"></td><td>V.A.T</td><td></td></tr>
<tr><td colspan="3"></td><td>TOTAL</td><td></td></tr>
<tr><td colspan="2">PRINTED NAME</td><td colspan="3">SIGNATURE</td></tr>
<tr><td colspan="2">ROOM NO.</td><td colspan="2">PASSPORT NO.</td><td>NATIONALITY</td></tr>
</table>

"당신이 체제하시는 동안 미니바 직원에 의해 매일 Check 되어지며 소비된 품목은 손님의 객실계정에 Charge됩니다. 출발하실 때에 마지막까지 드신 품목을 계산서에 기재하신 후에 프런트 캐셔에게 제출해 주십시오."

■ Check out 할 때

고객의 수화물을 옮길때에 벨맨은 미니바에서 소모 유무를 물어보고 Check해야 한다. "미니바를 체크해 드릴까요?"라고 물어보고 만약 어느 품목이 잘못된 것을 발견하면 룸 익스팩터는 계산서에 올바로 기재할 수 있도록 도와주고 프런트 오피스 캐셔에게 갖다 준다.

② 룸 메이드의 직무

- 미니바를 체크할 때 컨트롤 시트(control sheet)에 소모량을 기재하고 난 후 전화로 품목별로 확인 후에 정확히 입력한다.
- 냅킨과 소모품을 채우고 그라스를 깨끗하게 제공한다.
- 냉장고를 정규적으로 청소하고 얼음과 성에를 제거한다.
- 미니바 체크를 철저히 한다.
- 객실에 들어갈 수 없으면 층에 다른 객실을 철저히 체크한 후에 다시 돌아와서 체크한다.
- 객실정비 시에 이상 유무 상태를 미니바 직원에게 알려준다.
- 객실 안에 있는 냉장고를 채운 뒤에 소비된 품목에 대해서는 미니바 직원에게 알려주고 늦은 시간에 투숙 시나 D/D, D/L된 객실 체크는 최대한 협력한다.

③ 미니바 감독자의 직무

- 미니바 창고의 입출고와 재고유지, 직원스케줄을 작성하고 물건의 소모량에 따라 물품의 청구, 재고조사와 향후의 품목선정에 관해 책임진다.
- 각 층으로부터 미니바의 소모에 대한 정보수집을 하고 프런트의 긴급 요청 시 check-out 객실의 소모량을 체크하고 프런트에 알려준다. 각층의 급한 체크 시 룸 메이드를 돕고 Double Posting된 것은 프런트에 알려주어 정정해 준다.
- 미니바 체크리스트와 국내외 브랜드의 인쇄와 각층에 국내외 품목의 Set up에 관한 사진을 준비한다.
- 미니바의 글래스류, 냅킨, 소모품에 대한 인벤토리 리스트(inventory list)를 준비하고, 메이드의 교육을 돕는다.
- 트레이, 냅킨, 스틱, 얼음통과 얼음집게 등을 주문하고 컴퓨터 시스템의 이상 유무를 체크한다.

관광호텔 등급결정기준에 수록되어 있는 '룸서비스 상태'의 평가내용은 룸서비스의 가능시간, 메이드 콜(Maid Call)의 신속성, 메이드 콜의 접객태도로 구성되어 있다.

07 공공장소 관리 서비스

(1) 출입문·현관 청소

호텔에서의 공공장소(출입문·현관)는 일반 호텔고객에게 가장 눈에 잘 띄는 장소로 이를 관리하는데 많은 관심과 주의를 기울여야 한다. 이곳은 수시로 종사원이 순회하면서 청소하고 정리하도록 하여 고객에게 깨끗하고 좋은 이미지를 줄 수 있도록 관리해야 한다.

① 청소 분담표 확인

- 준비되어 있는 청소 분담표를 매일 업무시간 전에 확인하여, 업무수행시 차질이 없도록 한다.
- 당일 행사장 이용객 및 행사시간 등을 고려하여 반드시 인원을 유동적으로 배치한다.

② 청소용품 준비

- 청소를 실시하기 전에 반드시 청소도구와 카트를 깨끗이 정비하고, 특히 청소세제와 관련된 화학제품을 조심히 다루도록 한다.

③ 청소

- 해당 구역의 문과 유리, 재떨이, 기타 물품들을 청소하되, 지나가는 고객에게 불편을 끼치지 않도록 항상 조심한다.
- 특히 액체 종류를 사용하여 청소할 경우에는 바닥에 미끄럼방지 조심 표지판을 세워두어야 하며 안전하게 시행하도록 한다.

④ 마무리 및 확인

- 청소가 마무리되면 모든 청소도구와 카트를 수거하고 재확인하며 이상이 없는지

점검한다.

- 업무시간 중에는 정기적으로 해당 담당구역을 순회하며 점검하며, 인수인계표를 작성하여 다음 근무자를 위해 준비해 둔다.

> 공공장소 관리 서비스는 행사와 요일에 따라 사용하는 인원의 편차가 심하므로 당일 행사장 이용객 및 행사 시간 등을 고려하여 인원을 유동적으로 배치해야 한다.

(2) 화장실 청소

호텔에서의 공공화장실은 일반 호텔고객의 현관(Robby)지역 외에 가장 많이 이용하는 곳으로서 작은 공간임에도 불구하고 호텔의 이미지를 좌우할 수 있는 공간이므로 이를 관리함에 있어 청결에 각별히 유의해야 할 것이다. 담당 종사원이 수시로 점검함과 동시에 냄새가 나지 않도록 항상 깨끗한 상태를 유지하도록 노력하도록 한다.

① 점검

- 공공화장실의 전반적인 이용에 불편함이 있는지 점검하고 이용 불가능한 것이 있는지 확인한 후, 매니저에게 알린다.

② 청소도구 및 청소약품 준비

- 청소에 필요한 도구와 물품을 준비하고 특히 화학 세제는 따로 준비하고 사용 시 주의하도록 한다.
- 비누, 타월, 휴지, 재떨이 등의 소모품을 준비해 둔다.

③ 청소

- 거울과 세면대는 모두 마른걸레로 물기를 제거한다.
- 금속류는 상처가 나지 않도록 광택이 나게 닦는다.
- 변기의 내부는 반드시 솔을 이용하여 바닥까지 닦으며, 좌석과 커버는 마른걸레로 깨끗이 닦는다.

④ 마무리와 편의용품 보충
- 청소를 마친 후 도구와 청소 약품들을 정리정돈하고, 부족한 편의용품들은 가지런히 적재해 놓고 정돈한다.
- 이용에 불편함이 없는지 두루 살피고, 나오기 전에 방향제를 뿌려 놓는다.

(3) 벽·바닥·천장 청소

호텔 공공장소의 청결한 환경을 유지함으로써 호텔 고객에게 신선하고 안락하며 편안한 분위기를 제공해야 함은 하우스키핑의 당연한 임무이다. 호텔의 작은 부분까지 세심하게 관찰하고 손질함으로써 고객에게 좋은 이미지를 제공하고, 호텔의 자산관리(Property Management)에 있어서는 비용절감의 효과를 얻을 수 있도록 한다.

① 업무계획 확인
- 벽, 천장, 바닥 청소를 위한 업무 계획서를 확인하고, 해당구역을 위임받는다.

② 청소 준비
- 청소에 필요한 도구와 물품들을 청소도구적재함에 구비하고, 안전하게 청소 장소로 이동한다.
- 청소구역을 표시하기 위한 표지판을 준비하여 고객에게 불편을 끼치지 않도록 한다.

③ 청 소
- 벽은 주로 일주일에 한번 정도 청소한다. 단 필요에 따라서는 그 이상 청소한다.
- 천장의 경우 대개 한달에 한번 정도, 고객의 이동이 적은 시간에 실시한다(단 천장의 조명 청소는 전문가에게 의뢰한다).
- 바닥은 수시로 점검하고 청소하며 보수가 필요한 경우 해당부서에 즉시 알리고 신속하게 처리한다.

④ 마무리와 확인
- 모든 청소를 마친 후, 청소도구와 물품들을 정돈하며 청소도구 적재함도 청결하게 유지·보관한다.
- 업무 계획서에서 청소를 실시한 날짜와 담당자의 성명을 기입해 둔다.

제3장 린넨(Linen Room) 서비스 실무

01 린넨 업무

린넨 책임자는 객실지배인을 보좌하며 린넨류 공급업무와 유지·관리에 책임을 지며 린넨실 종사원을 지휘、감독한다. 또한 객실에 필요한 일체의 린넨류와 비품 및 소모품을 수령하여 공급하는 것이 린넨원의 주 업무이며 전날의 객실판매상황을 보고 그에 따른 소요수량을 불출한다. 따라서 필요량의 예측과 판단으로서 인원, 소모품, 기구 등을 주별, 월별로 수급 량을 결정하기 위해서는 현관사무실의 예약계원과 긴밀한 연락이 이루어져야 한다.

표4-9

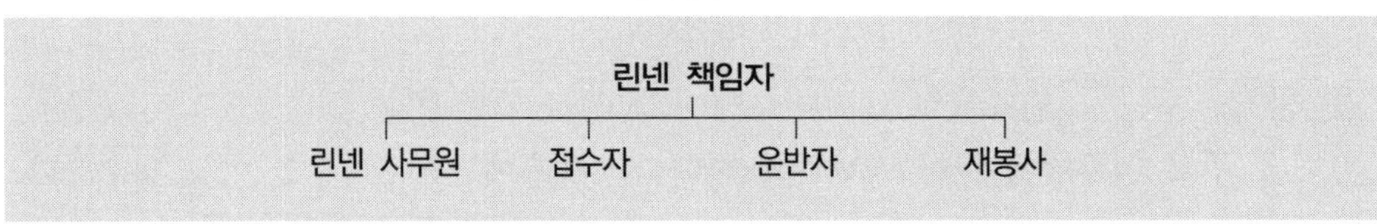

표4-10 욕실&객실의 고객용품

구 분	고 객 용 품
욕 실	베스 타올, 핸드 타올, 워시 타올, 매트 타올, 휴지통, 샤워 커텐, 거울, 헤어 드라이기, 손톱줄, 면봉, 화장솜, 샴푸, 손비누, 샤워젤, 핸드 & 바디 로션, 샤워 캡, 위생대 등
객 실	옷장, 베기지 테이블 스탠드, 티 테이블, 의자, 나이트 테이블, 라디오, 디지털 시계, TV, 스텐딩 램프, 나이트 테이블 램프, 전화기, 침대, 헤드 보드, 베드 패드, 베드 시트, 베게, 담요, 방석, 문갑, 병풍, 베드 스프레드, 구두주걱, 구두닦이 장갑, 미니 바 냉장고, 글래스, 보온병, 액자, 겉 커텐, 속 커텐, 손전등, 방독면, 객실 요금표 액자, 비상대피도 액자 등

02 린넨 공급(Linen Supply)

당일 플로어 스테이션(Floor Station)에 있는 린넨류의 파악을 각 층별로 산출하고 집계하여 수급에 차질이 없도록 하며, 린넨류의 정확한 청구와 수령으로 불필요하게 소비되는 린넨류가 없도록 하여 경비절감에 관심을 갖는다.

① 린넨 접수

- 담당자가 청구양식에 의거하여 주문서를 작성하고 각 층별로 모아진 청구서를 세탁부서에 접수시킨다.
- 사용되어진 린넨(객실, 식음료부서)은 종류별로 분류하여 수거해 놓고 수량을 정확히 파악한 후 수거를 요청해 놓는다.
- 전일 청구수량에 의해 린넨은 각 층별로 운반한다.

② 수거와 세탁 전 분류

- 수거된 린넨류는 종류별, 사이즈별, 색상별로 분류해 놓아 세탁을 용이하게 한다.
- 분류된 린넨류는 체크리스트를 작성해 두어 분실을 최소화한다.

③ 세탁과 세탁 후 정리

- 해당 린넨에 맞춰 세탁을 실시한다.
- 세탁이 완료된 린넨은 보관 장소에 항목별로 구분하여 정리하고, 객실 청소에 대비하여 몇 개는 청소 카트에도 정리·적재해 둔다.
- 정리 중 재세탁 또는 수선을 요하는 린넨은 분류하여 요청한다.

④ 마감

- 입·출고의 물량을 정확히 점검하며, 물량 확보량을 파악하여 업장 영업에 지장이 없도록 한다.
- 린넨의 원활한 지원을 위해 항상 재고사항과 상태조사를 수시로 점검하고, 새로 구입해야 할 린넨 예산을 설정해 둔다.

03 유니폼 관리(Uniform Management)

호텔에서의 유니폼은 호텔의 상징 및 이미지 창출에 주요한 역할을 한다. 또한 고객에게 종사원들의 신원을 확인해 주고, 종사원들의 소속감을 높여주는 역할을 한다. 따라서 유니폼 관리를 효율적으로 함으로써 고객만족을 창출하도록 노력한다.

① 유니폼 보유량 확인 및 주문 접수

- 유니폼 관리실은 보통 린넨실과 함께 관리되지만 보다 효율적인 관리를 위해 업무 권한을 분산시키는 것이 효과적이다.
- 해당 업무별 유니폼 보유량과 주문량을 확인하며, 배분하도록 한다.
- 각 종사원에 지급된 유니폼 수와 사용할 수 있는 유니폼 수를 점검 하여 관리·통제해야 한다.

② 유니폼 세탁 및 교환

- 더러워진 유니폼을 깨끗한 유니폼으로 교환할 때는 반드시 더러워진 유니폼을 접수한 후에 새것으로 교환해 준다.
- 유니폼의 세탁 시에는 옷감의 종류와 색상에 따라 구분하여 세탁하며 손실을 최소화하도록 한다.

③ 보관·수선

- 유니폼 관리실에서는 유니폼을 옷걸이에 걸거나 혹은 접어서 업무 부문별, 사이즈별, 성별 등으로 구분하여 보관한다.
- 수선 요청된 유니폼의 경우, 재봉사에게 신속히 주문·수선토록 하여 종사원들의 유니폼 착용에 차질이 없도록 해야 한다.

④ 재고 정리와 관리

- 종사원들의 이직과 신입사원의 유니폼에 대한 사항을 지속적으로 파악하여 유니폼

의 관리비용 지출을 최소화한다.

- 서비스의 성격과 분야에 따라 디자인하고 제작하며, 시장조사와 경쟁사분석을 통해 업무를 보다 효율적으로 수행할 수 있도록 도움을 줘야 한다.

04 린넨 창고 관리

호텔 객실의 각 층마다 린넨을 보관할 수 있는 창고를 두는데, 이는 각 층 객실의 린넨을 공급해주는 장소이다. 각 층의 린넨 창고는 객실층 감독자나 객실 정비원들이 린넨을 지급받을 경우를 제외하고는 항상 출입을 통제하여 분실을 막도록 한다.

① 린넨 창고 체크

- 린넨 창고를 체크한다.
- 재고관리는 객실 침대의 형태별, 평균객실점유율, 린넨류의 교환 횟수, 긴급 상황에 대한 내용을 포함하고 있어야 한다.

② 각 업장별 구분 적재 파악

- 린넨 창고는 각 업장별(객실/식음료/기타 공공장소) 용도에 따라 품목별, 사이즈별, 색상별로 구분하여 적재해 놓았는지 확인한다.

③ 청결도 확인 및 손상 파악

- 모든 린넨의 청결도와 손상 상태를 파악하고, 상태가 불량한 것은 따로 모아 처리한다.

④ 소모량 및 재고량 파악

- 마감 집계에 따른 회전수량을 파악·관리하며, 익일 분출 예상 수량을 파악하고 적절히 저장하여 지원업무에 이상이 없도록 한다.
- 마감 집계를 실시하여 재고량을 파악하고 필요한 양은 물품 구입의뢰서를 작성한다.

린넨류의 적정 재고 설정 시 참고사항

- 침대의 수량, 예상 객실 이용률, 린넨류의 교체 횟수, 린넨류의 세탁 소요시간, 여벌의 수량 참작, 수선 소요시간, 긴급사태 예측 등

05 린넨 취급 요령

① 린넨 담당 룸메이드는 당일 사용한 더럽혀진 린넨류를 퇴근시까지 종류별로 구분, 수량을 정확히 파악하여 이를 다음날 오전 10시부터 11시 사이에 세탁소에서 수거하도록 한다.

② 세탁소와 룸메이드간에 입회하에 인계인수한다.

③ 품목, 수량은 전표에 의해 서명을 하여 정확을 기한다.

④ 전표는 2매 1조로 되어 1매는 룸메이드, 1매는 세탁소에서 보관ㆍ관리한다.

⑤ 세탁된 린넨류는 매일 오후 2시에 린넨실에서 룸메이드가 가져오며 담당 각 층별 린넨 보관창고에 정리해 입고한다.

⑥ 전표에 의해 매월 말에 총사용량 조사를 실시한다.

06 린넨류 관리

객실 각층 린넨 보관창고에 필요한 수량의 각종 린넨류가 보관 사용되고 룸 메이드에 의해 관리되며 린넨류 취급에 관한 지식을 가져야 한다.

적정재고수량의 설정

적정재고(보유수량)는 다음 사항을 고려하여 설정한다.

❶ 침대의 수(형태별)
❷ 린넨류 교환횟수
❸ 세탁 소요시간
❹ 긴급사태의 예측

호텔 린넨류의 적정재고 수준에 관하여 확고한 기준이 설정되어 있는 것은 아니나 전통적 호텔경영에서 침대당 4 내지 5 회전의 수량이 필요하다는 것이 대체적으로 이상적인 수준으로 볼 수 있다.

그 이유로서는

· 한 벌은 사용 중
· 한 벌은 각층 린넨 창고에 보관
· 한 벌은 세탁을 위해 대기 중
· 한 벌은 세탁 중
· 한 벌은 긴급사태에 대비용(예비)

■ 타올 규격과 시트류 규격 및 수명

표4-11 타올 규격

	가로(㎝)	세로(㎝)	무게(g)
WASH CLOTH	30	30	40
FACE TOWEL	80	36	120-140
BATH TOWEL	120	65	350-450
FOOT TOWEL	80	50	140-180

표4-12 SHEET 규격

구 분	가로(㎝)	세로(㎝)
SINGLE	180	220
DOUBLE	220	240
KING SIZE	240	260

품 목	폐기까지의 회전수
SHEET	382회
BATH MAT	193회
WASH CLOTH	191회
FACE TOWEL	249회
BATH TOWEL	344회
FOOT TOWEL	193회
PILLOW CASE	352회

07 객실 공급품

객실상품의 완성을 위해서는 가장 중요한 것이 청소이지만 그 다음에 열거하는 것이 비품과 소모품의 공급에 있는 것이다.

각종 소모품은 1월에 3분하여 10~11일에 1회씩 플로어 키퍼에게 분출한다. 플로어 키퍼로부터 정기분출일 이외에도 필요하다는 청구가 있으면 수시로 공급하여 객실상품이 완성되도록 신속히 지원해야 한다.

언제 어떤 품목을 분출하던지 정확히 명세를 장부에 기입하여 사용량을 파악한다. 공급한 물건이 객실사용에 이상이 있다고 생각될 때는 플로어 키퍼에게 재확인 하도록 한다. 객실용 소모품 공급에 대한 충분한 준비를 항상 해야 한다.

표4-13 객실 필수 공급품

	공 급 품
객실부분	유아용침대, 물병, 우산, 가위, 헤어드라이기, 가습기, 반창고, 옷솔, 정제 소금, 위생타올 등

근무 스케줄(Working Schedule)의 기능

옷장, 베기지 테이블 스탠드, 티 테이블, 의자, 나이트 테이블, 라디오, 디지털 시계, TV, 스탠딩 램프, 나이트 테이블 램프, 전화기, 침대, 헤드 보드, 베드 패드, 베드 시트, 베게, 담요, 방석, 문갑, 병풍, 베드 스프레드, 베스 타월, 핸드 타월, 워시 타월, 매트 타월, 미니 바 냉장고, 글래스, 보온병, 휴지통, 샤워 커텐, 거울, 액자, 겉 커텐, 속 커텐, 손전등, 방독면, 헤어 드라이기, 확대경, 객실 요금표 액자, 비상대피도 액자 등

제4장 세탁 서비스 실무(Laundry service)

01 세탁물 취급 요령

호텔마다 차이가 있으며, 룸 메이드 또는 하우스 맨, 플로어 키퍼가 주로 취급하게 된다. 그러나 누가 담당을 하던지 세탁물 인수시 주의하여 취급을 정확히 하여야 한다.

세탁물은 대부분 오전 9시를 전후하여 많이 주문해 온다. 야간에 하우스 맨 근무 중 접수된 세탁물은 오더 테이커가 출근하는 즉시 인수인계 되어야 한다. 또한 모든 세탁물은 오전 10시까지 거두어가야 하며 다음 사항에 유의하여 취급한다.

① 고객세탁물 접수시 주머니속에 귀중품 기타 물건이 있는지 확인한다. 만일 물건이나 귀중품이 발견되면 하우스키핑 오피스 지배인에게 보고한다.

② 각종 세탁물 접수시 세탁물에 이상이 있을시(담배 불 구멍, 찢어진 곳 등)고객에게 통보·확인시킨 뒤 세탁·의뢰한다.

③ 세탁의뢰전표는 철하여 보관하며 고객으로부터 문의가 있을시 즉시 응답할 수 있도록 해야 한다.

④ 세탁물 사고(분실, 훼손 등)
발생시 상세한 내용을 확인 후 즉시 상급자에게 보고해야 하며 고객의 의사(변상)를 따르도록 한다.

⑤ 만약 고객의 요구가 지나치다고 생각되었을 때는 즉시 객실 지배인에게 보고, 처리방안에 대한 지시를 받는다.

⑥ 배상방법

Laundry, Dry cleaning, Pressing에 따라 각각 세탁요금의 15배를 계산하여 고객에게 지불토록 한다.(세탁물 분실 또는 훼손 시 국제관례에 따른 방식이다.)

세탁물 배상 관련법(소비자 보호법 제 12조 제 2항)

○ 하자발생(탈색, 변·퇴색, 재오염, 손상 등)
- 원상회복 또는 손해배상을 한다.

○ 분실 또는 소실
- 손해배상을 한다.

○ 손해배상액 산정방식
- 배상액 = 물품의 구입가격 × 배상비율
- 다만, 소비자와 세탁업자간의 배상에 대한 특약이 있는 경우에는 그에 따른다.
- 배상비율은 소비자 보호법 제 12조 제 2항에 따른다.

○ 배상액의 일부공제
- 소비자의 과실이 사고의 일부원인이 되었음을 세탁업자가 증명할 경우와 세탁업자가 배상액지급과 동시에 소비자의 동의를 얻어 사고 물품을 소비자에게 인도할 경우에는 배상액의 일부를 공제한다.

○ 배상의무의 면제
- 소비자가 세탁물 인수증 등에 의거 이상이 없음을 확인하고 세탁물을 인수한 경우와 세탁물 완성약속일을 경과한 세탁물에 대해 소비자가 미인수시, 세탁업자가 세탁물 인수를 통보한 후 30일이 경과하도록 인수하지 않은 경우에는 배상의무를 면제한다.

02 세탁서비스 단계별 요령

(1) 세탁물 확인(Certification)

고객의 세탁물은 하우스키핑의 세탁(Laundry)부서와 린넨(Linen)부서의 업무 중 중요한 부분이다. 특히 고객의 세탁물을 취급할 경우에는 세탁물 사고를 최소화하기 위해 접수에서부터 고객에게 세탁물 전달까지 각별히 신경써야 한다.

① 고객의 세탁물 접수

- 고객의 세탁물 접수 시 에는 입고, 발주, 서비스 내용을 숙지해야 하며, 세탁물 서비스의 종류와 약관에 대해 미리 알려주도록 한다.
- 고객세탁물 접수 시 고객의 세탁물 흠집 또는 파손을 체크한다.

② 세탁물 수거 (Pick Up Service)

- 고객이 원하는 시간에 맞춰 세탁물을 수거하고, 옷에 손상된 곳이 발견되면 즉시 통보하고 확인한 후 세탁을 하도록 한다.
- 세탁물 수거시 세탁의뢰서를 반드시 작성하여 보관하고 고객의 문의가 있을 때에는 바로 응답하도록 한다.
- 세탁물을 객실번호, 성명, 수량 등을 정확히 점검하여 받는다.

③ 세탁물 분류 및 관리

- 수거된 세탁물을 천의 종류와 취급법에 따라 분류하여 세탁기계의 종류와 특성에 맞게 세탁할 준비를 마련한다.
- 세탁시 분실과 훼손 등의 사고 발생을 최소화하도록 각별히 주의한다.

④ 확인

- 세탁되어진 세탁물을 고객의 주문서에 의거하여 품목과 수량을 확인한다.
- 세탁후의 건조 상태, 떨어진 단추여부, 손상여부, 다림질 상태, 탈색된 부분, 불량세탁의 재세탁 여부를 점검하고 확인한다.

(2) 세탁물 전달(Delivery)

고객의 세탁물 전달은 고객의 요구사항을 정확히 파악하여 정확한 서비스로 원하는 시간 내에 배달이 될 수 있도록 하여야 한다.

① 세탁물 확인

- 세탁되어진 세탁물을 전달시간에 맞춰 고객에게 도착할 수 있도록 준비해 놓는다.

- 고객의 객실번호, 성명, 수량을 재확인한다.

② 세탁물 전달

- 세탁물 전달에 있어 시간을 엄수하여 즉시 배달한다.
- 빠른 세탁 서비스(Express Service)는 고객이 맡긴 세탁물을 4시간이내에 배달해야 한다.
- 일반서비스는 아침에 맡긴 세탁물을 오후에 배달한다.

③ 세탁물 전달 후 확인

- 고객이 객실에 있는 경우, 세탁물 전달 후에는 이상이 있는지 바로 확인하고 대처한다.
- 고객이 객실에 없는 경우, 세탁물을 안전하게 배달하고 연락을 취할 수 있도록 메모와 담당자의 이름을 남겨둔다.

④ 마감

- 세탁의뢰전서를 보관하고, 고객의 기타의뢰 및 불평사항에 대해 상세히 기록하여 보관한다.
- 경우에 따라 호텔컴퓨터시스템을 이용하여 기록·보관할 수 있다.

세탁 업무의 중요성

- 깨끗하게 세탁 · 정돈된 린넨류는 호텔에 대한 좋은 인상을 심어 주며, 쾌적하고 산뜻한 분위기를 느끼게 한다.

03 세탁의 기능별 직무분담

(1) 세탁부문 지배인

세탁부문 지배인은 고객용 세탁과 호텔용 세탁을 원활하게 수행할 수 있는 책임자로서 세탁관리와 세탁기계의 유지관리 및 세탁장 종사원들을 지휘·감독한다.

(2) 세탁 분류 종사원

세탁 분류자는 린넨이나 섬유에 대한 지식이 풍부한 자가 그 소임을 다할 수가 있다. 세탁에 있어서 가장 중요한 과정이 분류작업이므로 분류가 잘못되어 드라이 클리닝해야 할 것을 물세탁을 하든가 해서 세탁물을 망쳐버리는 결과가 되었다면 고객의 불평을 사고 호텔에 크나큰 손실을 가져다주게 되는 것이다. 그러므로 철저한 분류로 책임있는 세탁이 되도록 한다.

(3) 세탁자

분류자가 분류한 세탁물이 세탁자에게 넘겨지면 세탁자에 의해 세탁책임을 완수한다. 그리고 세탁장의 환경위생과 정비의 책임이 있다.

(4) 롤러

롤러는 대형세탁물(시트, 배드메트, 스크래드, 담요 등)을 다리는 기계로서 여기에 소요되는 종사원에 대한 책임분담이 있으며 통상 기계 1대에 6명의 종사원이 소요된다.

표4-14 세탁업무진행과정

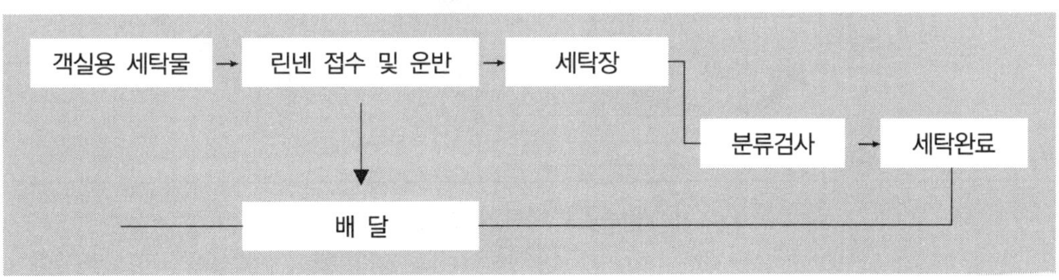

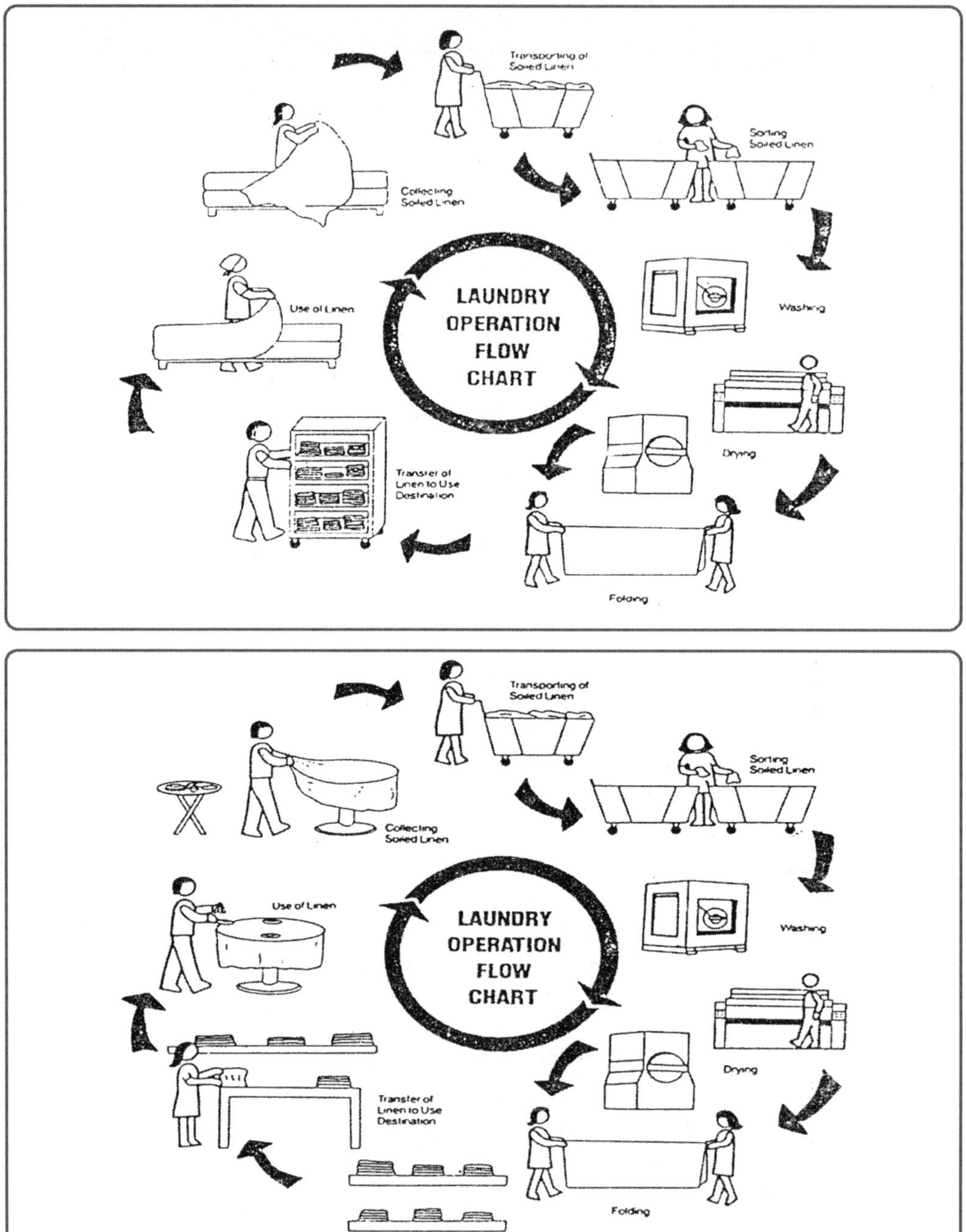

[그림4-2] 세탁의 흐름도

자료 : 관광협회 서비스 매뉴얼

04 세탁물 분류

세탁물 종류는 3가지로 분류되며 서비스 방법은 2가지로 구분된다.

(1) 물세탁 서비스

① 당일 서비스

오전 10시까지 수거된 세탁물은 고객의 별다른 요구가 없는 한 당일 서비스로 간주하고 당일 오후 6시까지 손님에게 배달하게 한다.(오전 10시 이후 접수된 것은 다음날 오후 6시까지 배달한다.)

② 특별 서비스

고객으로부터 빠른 시간 내에 세탁이 완료되게 요청이 있을 시는 일반세탁요금에 50% 가산된다는 안내를 하고 고객으로부터 좋다는 승낙을 얻은 뒤 기록 접수하여 "Special" 스탬프를 찍어 시간 내에 배달토록 조치한다. (수거시간은 오전 9시부터 14시까지이다.)

(2) 드라이크리닝

① 당일서비스

오전 10시까지 접수된 것은 당일 오후 6시까지 고객에게 배달하게 한다.

② 특별 서비스

오전 9시부터 오후 3시까지 접수, 요금은 일반요금의 50%를 가산한다.

(3) 프레싱

① 당일 서비스

오후 3시까지 접수된 것은 당일 오후 6시까지 완성·배달한다.

② 특별 서비스

오전 9시부터 5시까지 접수, 요금은 일반요금의 50%를 가산한다.

05 배달시 주의사항

① 특별 서비스의 세탁물은 특히 시간을 엄수하여 속히 배달토록 한다.

- 세탁소에서 세탁물이 도착하면 객실번호, 성명, 수량, 품목을 정확히 점검하여 인수한다.

② 세탁물 배달시는 배달시간, 객실번호, 성명(본인 서명)을 정확히 세탁 기록장에 기재한다.

③ 확인점검사항

- 품목 및 수량을 확인한다.
- 다시 세탁할 필요가 없는지 점검한다.
- 건조 상태는 양호한가 확인한다.
- 단추가 떨어진 것이 없는가 점검한다.
- 다리미질 상태를 점검한다.
- 훼손된 곳은 없는가 확인한다.
- 탈색된 곳은 없는가 점검한다.
- 포장상태는 양호한가 확인한다.

④ 세탁물 보관 (Holding Laundry)

세탁을 의뢰한 손님이 갑자기 귀국한다든가 타 호텔로 옮긴다든지 하여 그 때 그 세탁물이 전달 안 될 경우의 세탁물을 보관하여 처리하는데, 주문 접수자 책임 하에 다음과 같은 양식에 의해 보관·처리한다.

표4-15 세탁물 보관 기록서

LAUNDRY HOLDING RECORD

발생일자	객실번호	숙박객명	세 탁 요 금		비고	인 수 자	인 도 자
			완불	미불			

표4-16 세탁물 보관 기록서

LAUNDRY, DRY CLEANING, PRESSING

DATE	LAUNDRY	DRY CLEANING	PRESSING	TOTAL
	Q'TY AMOUNT	Q'TY AMOUNT	Q'TY AMOUNT	Q'TY AMOUNT
SUB TOTAL				

⑤ 세탁물실적조사(Valet Inventory)

1개월간 손님으로부터 주문된 물세탁, 드라이 클리닝, 프레싱을 품목별, 종류별로 산출한다.

구분은 고객용 세탁과 호텔용 세탁으로 하나 요금은 종류에 따라 다르므로 산출할 때 계산에 정확을 기하도록 주의해야 한다.

표4-17 LAUNDRY, SERVICE

ROOM NO. NAME DATE
お部屋番號 お名前 日付

☐ Regular Service : Articles collected before 10:00 a.m
☐ Special Service :
1-hours service 100% Special service charge

☐ 年前10時前の主文品は、當日内にもどれます。
☐ 1時間內サーヒス :100%の料金を加算いたします。

Special Instruction 特別要求事項

LAUNDRY 洗濯物

COUNT		Gentleman 紳 士 服	Price 單價	COUNT		Ladies 婦 人 用	Price 單價
Guest	Hotel			Guest	Hotel		
		Jacket 상 의 上 衣				Jacket 상 의 上 衣	
		Trousers Long 바지 ズボン 長				Slacks 바 지 ズボン	
		Trousers Short 반바지 ズボン 短				Blouse 부라우스 ブラウス	
		Y-Shirt 와이셔츠 ワイシャツ				One-Piece 원피스 ウンビス	
		Sport Shirt 스포츠셔츠 スポツシャツ				Skirt 스커트 スカート	
		T-Shirt 티셔츠 テイツャツ				Skirt Pleated 주름스커트 フレイト	
		Under Shirt 런닝셔츠 テイツャツ				Nightgown 잠 옷 パジャマ	
		Underpants 팬티 パソツ				Sweater 스웨타 セーター	
		Handkerchief 손수건 ハソカチー				Slip 속치마 スリップ	
		Socks(pair) 양말 靴下				Panties 팬티 パソツ	
		Sweater 스웨타 セーター				Stocking 양말 靴下	
		Pajamas Suit 잠옷한벌 パジャマ				Brassiere 부라자 ブラジヤ	
		Working Clothes 작업복 作業服				Scarf 스카프 スカーフ	

표4-18

PRESSING プレス

COUNT		Gentleman 紳 士 服	Price 單價	COUNT		Ladies 婦 人 用	Price 單價
Guest	Hotel			Guest	Hotel		
		Suit 양복한벌 スーツ				Jacket 상의 上衣	
		Jacket 상의 上衣				slacks 바지 ズボン	
		Trousers 바지 スボン				Blouse 부라우스 ブラウス	
		Vest 조끼 ベスト				Skirt 스커트 スカート	
		Neckite 넥타이 ネクタイ				One-Piece 원피스 ワツビス	
		Overcoat 오바코-트 オーベコート				Dress, 2-pcs 투피스 ツビス	
		Sweater 스웨타 セーター				Overcoat 오바코트 オーバコート	
		Y-Shirt 셔츠(실크) ワイシャツ				Sweater 스웨타 セーター	
		Sport Shirt 스포츠셔츠 スポツシャツ				Blouse Silk 실크부라우스 ブラウスシルク	
		Rain Coat 레인코트 レイソコート				Dress Pleated 주름드레스 フレイト	
		Korean Suit 한복 コリーアンスーツ				Scart 스카프 スカーフ	

Collector
Checker
Marker
Deliverer

NOTICE

Please fill in blank with your full name, room No, and quantily of each article and put this slip in the laundry bag, unless quantily is specified. Ourlaundry count must be accepted as correct.

◈ We can not be responsible for shrinkage or fastness of color. We can neither be responsible for valuables left, in or on garments, or loss of buttons or ornaments.

◈ Any claim concerning the finished articles must be reported with this list with in 12hours, our liablities for either loss or damage shall not exceed 10times the amount of the laundry charge in question.

お願い

御芳名、御部屋番号、點數は御客様御自身で御記入下さい。

尙、

點數の御記入なき場合は係員が記入致しますが、基の場合ホテル側の點數をお認お願います。

◇品物の紛失、破損及び御不滿等に付いては納品後24時間以內に比のりストを添えて御申出下さい。尙、いかなる場合も

弁償額は洗濯料金の10倍以內にて御容赫願 います。

◇ちいみ、色あせ等の

れのあるもの、特に注意を要するものはトめ御申出下さい。尙、ポケツト內のお忘れ物等についてはその責任を負いかねますので御出しになる前に充分御調べ下さい。

06 현재 상황 사례

(1) 고객 세탁물을 손실 또는 분실했다.

고객 세탁물의 분실이나 손실이 생겼을 경우에는 부서장에게 즉시 보고한다. 부서장은 세탁 담당자와 동행해 고객에게 정중히 사과를 하고 호텔에서 정하는 규정을 통해 보상을 해 준다.

(2) 고객 세탁물이 잘못 전달됐다.

세탁물 담당자의 착오로 세탁물이 잘못 전달된 경우, 늦어도 고객의 출발 전날까지 세탁물을 찾은 후 사과의 말씀과 함께 무료 음료권 등의 적절한 부가 서비스를 통해 고객의 기분을 전환시킨다. 그러나 세탁물을 찾지 못할 경우 정중한 사과는 물론 호텔에서 정하는 규정을 통해 보상을 해 준다.

호 텔 프 런 트 오 피 스 객 실 실 무 론

제5장 객실 보수 작업

01 보수 작업

호텔 객실이란 많은 객실에 각종의 다양한 가구, 비품, 소모품, 시설, 카펫 등이 설치되어 있는데, 이를 한정된 인원으로 동시에 보수하기는 어려운 문제이다.

물론 완전고장, 판매 불가능한 정도의 객실은 예외이다. 그렇기 때문에 다음과 같은 객실 현황카드를 비치하여 부문별로 점검을 해서 계획적으로 보수·유지함이 이상적이다. 그리고 이 기록에 의해 연간, 월간, 주간별 작업계획을 수립하여 보수작업실시로 비용의 절감은 물론 작업의 우선순위, 작업량의 판단 등 효율적인 작업의 실시가 가능하다. 또 그 객실의 보수는 물론 가구류의 관리에 계획적인 절차가 필요하다.

02 영선의뢰 접수

영선의뢰 접수와 영선작업의뢰 신청은 하우스키핑 근무에 있어서 중요한 비중을 차지하고 있다. 주로 전기, 목공, 공조부문 등(객실 일일점검 표와 현황 양식 참조)으로 분류되며 이 중 어느 부문이라도 이상이 발생시는 객실판매가 불가능함으로 항상 주의 깊게 점검하여 만약 이상이 있을 때는 신속히 처리하여 객실판매에 지장이 없도록 해야 한다.

또한 하우스키핑에서 직접 할 수 없는 것이기 때문에 신속히 영선과에 수리의뢰를 내야하며 수리의뢰를 낸 후에도 자주 확인하여 빨리 수리완료 되도록 하고 수리완료와 동시 프런트에도 통보해서 객실판매에 지장이 없게 한다.

(1) 접수 및 처리

고장발견으로 수리의뢰가 들어오면 오더 테이커(Order Taker)는 고장장소와 고장내용을 오더 북에 기록함과 동시 영선과에 서면으로 통보, 수리케 하는 것이나 전기, 수도와 같이 긴급을 요하는 것은 서면통보하기 전 우선 유선상으로 긴급통보 수리케 한다.

(2) 수리의뢰의 기록

오더 테이커는 별첨 작업의뢰 및 지시서를 매일같이 체크하여 수리여부를 구분하여 기록을 남긴다. 수리 안 된 것은 수리가 지연되는 이유, 원인을 그리고 수리완료 가능 일시 등 상세한 것을 하우스키핑 지배인에게 보고토록 한다.

Chapter

05

객실 안전관리 및 보안 시스템 (Room Safety & Security System)

호 텔 프 런 트 오 피 스 객 실 실 무 론

제1장 Key Handling

호텔 Front Desk에서 Key를 보관, 관리하는 일은 무엇보다 중요한 일중의 하나이며 Key는 객실의 안전과 직접적인 관계가 있으므로 신중하게 관리하지 않으면 뜻하지 않은 사고가 발생함으로 Key를 내어 줄 때에는 각별한 주의가 필요하다.

01 Key의 보관 방법

고객이 Front Desk에 도착하여 Room Clerk으로부터 Key를 인계받아 Check-Out시까지 소유하게 되며 외출 시에는 Front Desk에 맡기고 외출하는 것이 통례로 되어 있으나 대규모 Hotel에서는 각각 그 방법에 조금씩 차이를 두고 있는 실정이다. 어떤 Hotel에서는 고객의 편의에 따라 Front Desk에 맡기기도 하고 또는 직접 가지고 다니기도 한다. Key가 맡겨져 있으면 손님이 Room에 있지 않는다는 것을 쉽게 알 수 있어 Information을 정확하고도 쉽게 할 수 있으나 Key가 없고 "Where are you?"도 없을 때에는 손님의 행방에 관한 Information은 Message Lamp에 의존하는 수밖에 없다.

02 Key의 분류와 순환과정

Front Desk에서 보관되는 Key는 Indicator의 상태에 따라 나뉘어 지는데 첫째는 투숙객이 맡겨놓고 외출중인 Key와, 둘째는 판매되지 않은 객실의 Key이다. 고객의 Check-Out절차가 끝나면 Key는 Front Cashier에 맡겨지게 되며 Front Desk Clerk은 이 Key를 Key Box에 넣게 된다. 이 때 Indicator Light는 깜박이게 되며 객실이 완전하게 정비되면 Light가 on되면서 고객에게 판매가능한 객실로 되는 것이다.

03 Key Control시 주의사항

① Key는 Box의 Room No를 확인한 후 제 번호에 잘 넣어야 한다.
이 때 잘못 넣어서 손님이 외출 후 돌아와 Key를 찾을 때 Key가 없으면 불평을 받게 된다.

② Key를 고객에게 내어드릴 때
외출 후 돌아오는 손님에게 꼭 본인인가 확인하여야 하는데 I.D Card 및 Computer로 확인하고 Key를 내어준다. 이 때 Room No., Guest Name, Duration 등을 잘 확인하여 내어 주어야 한다.

③ 객실에 두고 나왔거나 다른 곳에 두었을 때
고객이 입실을 원할 때에는 Key의 행방을 확인한 후 H/K이나 B/D에 의뢰하며 Master Key로 열어드린다.

④ Key가 분실되었을 때
Key의 분실경위를 파악하여 특별한 일이 없으면 Room Change시키거나 Key Man에게 의뢰하여 Cylinder Change를 하여 사고를 예방하여야 한다.

⑤ Second Key관리
Second Key는 객실 수와 같이 예비로 객실당 한 개씩 더 준비하여 사무실에 보

관하고 있으며, 손님으로부터 S/Key의 요구가 있을 때는 몇 명이 투숙을 하며 얼마동안 사용하는가를 기록장부에 Date, Guest Name, Room No., Duration을 기록한 후 서명을 하고 Key Box에 Stock Card를 넣는다. 손님이 C/O시에는 Key가 1개만 회수되면Key Box에 있는 S/Key out Stock card를 제거함과 동시에 Key는 2nd Key Box에 넣고, 장부에 "In"이라고 기록하고 오후 16 : 00정도까지 기다렸다가 H/K이나 Floor, 또는 Rm에서 Key가 나오지 않으면 Lost로 처리하고 Red Stock Card를 Key Box에 2nd Key Stock Card를 정리하여 넣고, 2nd Key Box에도 Key 1개를 정리해두고, 장부에 기록하면 된다.

04 키(Key) 관리

1) 고객의 키(Key) 관리

○ 키 변경((Key Change)

- 빙 카드식 키(Ving Card Key)는 분실 또는 마모되는 경우가 많으며 프론트 데스크로 부터 키 교체의 요청이 오면 새로 교체될 키와 키 변경 시 사용되는 도구를 가지고 해당 객실로 가서 룸 메이드(Room Maid)에게 습득된 키가 있는지의 여부를 필히 확인하고 낭비되는 경우가 발생하지 않도록 한 다음 키를 교체시킨다.

○ 고객이 방에 키를 두고 나왔다며 문을 열어달라고 할 때

- 패스 키(Pass Key)를 사용하여 문을 열어 줄 때는 항상 신중해야 한다.
- 먼저 고객의 방이 맞는가를 확인하여야 하며 확인이 곤란할 때는 고객이름을 물어 프론트데스크에 연락하여 확인한 후 문을 열어 주도록 한다.
- 고객의 입장에서 불친절하다고 느낄지 모르나 호텔의 원칙을 설명하고 이해를 시켜야 하는데 이는 큰 문제가 생기는 것보다 낫기 때문이다.
- 룸 메이트(Room Mate)가 문을 열어 달라고 하면 사전에 고객께서 메시지를 남겼는지 프론트데스크에 확인한 후 열어주고, 그 외엔 절대 열어 주지 않는다.

○ 키가 출입문에 꽂혀 있을 때

- 고객이 문을 연 후 가지고 들어가는 것을 잃어버렸을 때는 초인종을 눌러 사실을 설명하고 키를 드린다.
- 객실에 고객이 없으면서 키만 꽂혀있을 때는 키를 뽑고 즉시 신고한다.

○ 객실방문이 열려 있을 때

- 키가 꽂혀 있는 상태에서 문이 열려 있으면 고객이 방에 계신지, 일행의 방에 계신지 잘 살피고 도난 사고 예방을 위해 고객이 돌아올 때까지 출입자가 있는지 확인한다.
- 키가 꽂혀 있지 않은 상태에서 문이 열려 있으면 즉시 문을 닫고 보고한다.

2) 마스터 키(Master Key) 관리

철저한 마스터 키(Master Key)관리는 고객의 인명과 재산을 보호하기 위함이므로 그 중요성을 인식할 필요가 있다.

호 텔 프 런 트 오 피 스 객 실 실 무 론

제2장 Ving Card System

최근 들어 많은 호텔들은 객실문 잠금장치로써 일반 Key에서 Ving Card System을 채택하고 있다. Ving Card System을 첨단컴퓨터를 이용하여 사용하므로 가격이 비싸고 관리 및 유지, 사용을 정확히 하여야만 불편한 점을 초래하지 않을 수가 있다. 따라서 Front Desk 종사원은 Ving Card System에 대한 정확한 이해가 필요하다. Ving Card System을 사용하는 경우에는 Metal Key와 Card Key 두 종류가 함께 쓰인다.

01 Metal Key의 종류

Metal Key는 Set up 후에는 잘 사용되지 않으며 Set up은 Front Ass't Manager가 하므로 사용방법을 잘 이해해야 한다.

02 Card Key의 종류

① Guest Key

② Guest one Shot Key

③ Manual back up Key

④ Floor Master Key

⑤ Black Master Key

⑥ Area Master Key

⑦ Grand Master Key

Level 의 Key

❶ New Key ❸ Delete
❷ Copy Key ❹ Sequental Key

03 Card Key의 발행

Key는 Front Clerk에서 발행할 수 있는 Key(Security Password Level)와 Front책임자(Management Password Level)가 발행하는 Key가 있다.

Front 책임자 발행 Key3

❶ Floor Master Key ❸ Area Master Key
❷ Block Master Key ❹ Grand Master Key

Front Clerk 발행 Key

❶ New Guest Key ❹ Delete
❷ Copy Guest Key ❺ Sequential Guest Key
❸ One Shot Guest Key

04 여러 종류 Key의 기능

① New Guest Key

고객이 Check in 하였을 때 발행한다.

② Copy Key

고객의 요청에 의해 발행 인원수 초과의 경우 사용한다.

③ One Shot Key

5분 이내에만 사용가능하고 Room Show를 한다든지 객실 이상이 생겼을 때 신분이 확인된 사람에게 발행한다.

④ Delete

Boom의 Key 자체를 발행할 수 없도록 삭제한다.

⑤ Sequential Key

모든 Level의 New Key의 발행 후 사용하지 않고 3번을 발행했을 때 사용할 수 없도록 되어있다. 이 경우 Metal Key와 함께 사용이 가능하다.

⑥ Floor Master Key

1개동 혹은 1개층을 열 수 있는 Key이며 주로 각층의 Inspector가 사용한다.

⑦ Area Master Key

Block Master Key를 여러개 합쳐 놓은 것으로 Housekeeper나 Front Ass't Manager가 사용한다.

⑧ Grand Master Key

호텔전체를 열 수 있는 Key이며 G.M이나 R.D.M이 사용한다.

05 Sequential Key 사용법

이 Key는 S(Set up) Key와 같이 사용되며 Ving Card System을 이해하는 종사원만이 사용가능하다.

① Metal Key S'을 Key Sylinder에 꽂는다.
② 문손잡이의 반대방향으로 90°회전시킨다.
③ 화살표 반대방향으로 된 카드를 Holder에 넣으면 "삐"소리가 들린다.
④ 카드를 빼어내고 S'Key를 원위치 시킨 후 뺀다.
⑤ 화살표 방향의 카드를 넣으면 "삐"소리가 2번 들리고 그 후부터는 2번째 사용한 카드가 사용가능하다.

Manual Backup 사용법

카드를 발행할 수 없는 상황에 사용되는 Key로써 이미 발행해두었다가 특별한 상황에서 사용하는 Key는 S' Key와 같이 사용한다.

❶ S' Key를 Sylinder에 꽂는다.
❷ 문손잡이의 반대방향으로 90°회전시킨다.
❸ Manual Backup Key를 Holder에 넣는다.
❹ "삐"소리와 함께 그 카드를 Guest Key로 사용할 수 있다.

다. 키(Key) 관리

1) 고객의 키(Key) 관리

○ 키 변경((Key Change)

- 빙 카드식 키(Ving Card Key)는 분실 또는 마모되는 경우가 많으며 프론트 데스크로 부터 키 교체의 요청이 오면 새로 교체될 키와 키 변경 시 사용되는 도구를 가지고 해당 객실로 가서 룸 메이드(Room Maid)에게 습득된 키가 있는지의 여부를 필히 확인하고 낭비되는 경우가 발생하지 않도록 한 다음 키를 교체시킨다.

○ 고객이 방에 키를 두고 나왔다며 문을 열어달라고 할 때

- 패스 키(Pass Key)를 사용하여 문을 열어 줄 때는 항상 신중해야 한다.
- 먼저 고객의 방이 맞는가를 확인하여야 하며 확인이 곤란할 때는 고객이름을 물어 프론트데스크에 연락하여 확인한 후 문을 열어 주도록 한다.
- 고객의 입장에서 불친절하다고 느낄지 모르나 호텔의 원칙을 설명하고 이해를 시켜야 하는데 이는 큰 문제가 생기는 것보다 낫기 때문이다.
- 룸 메이트(Room Mate)가 문을 열어 달라고 하면 사전에 고객께서 메시지를 남겼는지 프론트데스크에 확인한 후 열어주고, 그 외엔 절대 열어 주지 않는다.

○ 키가 출입문에 꽂혀 있을 때

- 고객이 문을 연 후 가지고 들어가는 것을 잃어버렸을 때는 초인종을 눌러 사실을 설명하고 키를 드린다.
- 객실에 고객이 없으면서 키만 꽂혀있을 때는 키를 뽑고 즉시 신고한다.

○ 객실방문이 열려 있을 때

- 키가 꽂혀 있는 상태에서 문이 열려 있으면 고객이 방에 계신지, 일행의 방에 계신지 잘 살피고 도난 사고 예방을 위해 고객이 돌아올 때까지 출입자가 있는지 확인한다.
- 키가 꽂혀 있지 않은 상태에서 문이 열려 있으면 즉시 문을 닫고 보고한다.

2) 마스터 키(Master Key) 관리

철저한 마스터 키(Master Key)관리는 고객의 인명과 재산을 보호하기 위함이므로 그 중요성을 인식할 필요가 있다.

단 계	서비스 내용
키(Key) 사용	• 업무 시 담당 관계자에 한해 키(Key) 사용이 가능하다. • 마스터 키 관리 대장에 **사용자 날짜, 사용기간, 사용목적, 사용 층과 사용자 성명을 기재한다.** • 키를 인수할 때 해당 층 근무인원에 맞게 필요한 수량만 가져간다.
⬇	
반환	• 반환은 반드시 퇴근 이전에 실행한다. • 단, 키(Key) 인수인계시에는 야간 근무자에게 직접 건네준다. • **대장에 기록하며 매일 결제를 받는다.**
⬇	
체크	• 주간 책임자인 인스펙터(Inspector)와 야간 책임자인 나이트 하우스키퍼(Night Housekeeper)는 회수된 키가 해당 층 키(Key)인지 확인한다. • 수량의 이상유무 확인한다. • 수량자 확인 후 이상이 발견되면 부서장에게 보고한다.
⬇	
보관	• 각 층별 수량을 확인 후 장부에 기록, 야근 사용 현황을 기록 유지한다. • 키(Key) **보관함을 시건한 후 키를 보관한다.**

※ 주의사항

- 키는 퇴근 전 반납할 때까지 절대로 몸에서 떠나서는 안 된다.
- 층에서 공사나 특별한 작업이 진행되어 문을 자주 열어주더라도 키를 다른 근무자에게 주어서는 안 되며 필요시 사무실에 지원을 요청한다.
- 누구든지 문을 열어달라고 해도 열어 주어서는 안 되며 고객일지라도 프론트에 연락해 고객임을 확인한다.
- 키는 깨끗이 관리하며 파손되거나 손상이 가지 않도록 한다. 키 파손 시 반납하고 신규 제작하여 사용한다.

호 텔 프 런 트 오 피 스 객 실 실 무 론

제3장 객실 위험관리 및 비상사태

01 객실부의 역할

안전 프로그램은 모든 직원이 참여했을 때 그 실효를 거둘 수 있다고 본다. 객실부 직원은 계속적으로 들어오고 나가는 사람 누구나 관찰할 수 있기 때문에 가장 중요한 역할이라고 할 수 있다. front desk 직원은 정확히 상대의 신분을 확인하기 전에는 직원 열쇠, 메시지, 우편물 등을 누구에게라도 주거나 객실번호를 알려 주어서는 안 된다. 고객의 짐은 안전한 곳에 보관하고 등록 영수증을 발급하여 후에 고객이 영수증을 제시하고 짐을 찾아가도록 한다. 또 주차된 고객의 차량 열쇠는 안전하게 보관해야 한다.

1. 고객의 안전관리

1) 호텔 보안상의 특이점

호텔을 이용하는 고객에게 최대한의 서비스를 제공하고 철저한 신변안전을 확보하기 위해서는 빈틈없는 재난 방지 대책을 확립하여 안전사고를 미연에 방지하도록 하며, 전 직원은 보안수칙에 따른 책임과 의무를 반드시 숙지하여 고객의 신변보호와 호텔안전에 총력을 기울여야 한다.

- ○ 무기류 또는 무기로 추정되는 물건을 휴대하고 있을 때
- ○ 서류 봉투나 일용물품, 가방 외에 폭발물로 인정되는 물건을 지참할 때
- ○ 종사원에게 짐을 맡기지 않고 본인이 짐을 챙길 때

○ 호텔 내의 주변을 자주 살피면서 아무데서나 담배를 피울 때
○ 작은 짐으로 무게가 있거나 있어 보일 경우
○ 포장지로 싼 소지품이 내용과 다른 경우
○ 쇠붙이가 들어 있는 보따리를 소지한 때
○ 필요 이상으로 장시간 출타 후 귀가하지 않을 때
○ 대화 중 불온언동을 할 때
○ 투숙객이 초조, 공포, 불안, 방황하는 태도를 보일 때
○ 호텔 구석, 화장실에 장시간 머물고 있거나 이유 없이 자주 왕래할 때
○ 객실에 방문객이 유난히 많이 찾아올 때
○ 호텔 종사원에게 이유 없이 시비를 걸어 사람들의 시선을 집중시킬 때
○ 부부의 연령이 아닌데 부부인 체 투숙할 때
○ 호텔 투숙자처럼 장시간 커피숍, 대기실 등에 머물러 있을 때

2. 고객 재산 유지 보호

1) 귀중품 보관

○ 호텔은 귀중품 보관함 또는 금고에 고객의 귀중품을 맡아주고 분실에 대한 책임을 진다.

- 귀중한 보관함의 열쇠를 발급, 보관, 되돌려 받을 때 완벽한 요구가 관리되며 관리책임하의 종사원이외의 어느 누구도 귀중품 보관함 열쇠에 접근할 수 없다. 귀중품 보관함 열쇠가 하나인 경우 고객이 열쇠를 잃어버리면 고객이나 법적으로 승인된 고객의 대리인과 호텔 종사원 중 한 명과 목격자 한 명이 지켜보는 가운데 보관함의 고리를 부수어 연다.
- 고객이 서명한 귀중품 보관 조약에는 고객이 열쇠를 분실함으로써 발생한 모든 비용에 대해 책임이 있음을 명백히 해야 한다.

○ 접근관리는 모든 귀중품 보관 책임의 가장 중요한 부분으로 다음과 같은 절차를 따른다.

- 고객의 확인은 접근을 승인하기 전에 반드시 실시되어야 하고 고객은 주로 접근 요청 양식에 서명한다.
- 종사원은 고객이 처음 귀중품 보관 발급 신청서에 서명한 것과 필체를 비교 확인한다.
- 또한 고객에게 귀중품 보관 발급 신청서에 적어 둔 고객의 개인적인 정보를 질문한다.
- 고객임이 확인되면 종사원은 고객을 모시고 보관함으로 가서 고객이 보는 동안 보관함을 연다.
- 보관함에 보관되는 품목은 고객에 따라 다양하고 오직 고객만이 그 물건을 만질 수 있다.
- 용무가 끝나면 고객이 보는 동안 보관함을 잠그고 열쇠를 고객에게 돌려주고 고객과 종사원이 같이 관리대장에 서명한다.

○ 고객이 퇴숙하면서 귀중품 보관함을 인수하지 않은 경우 호텔은 고객에게 연락을 하여 인수할 것을 요청하고, 법정 기한 내에 고객으로부터 응답이 없을 경우 호텔은 물건을 적법한 절차에 따라 처분한다.

- 만약 고객이 호텔로 열쇠를 배달해 왔을 경우 호텔은 열쇠를 보관하고 방출 서명을 부탁하며 보관함 속의 내용물이 재산에 버금가는 것일 경우 고객에게 인수할 것을 요청하거나 법정 대리인을 보내 인수토록 요청한다.

2) 고객의 도난사고

○ 고객의 재산이 도난당하는 경우는 고객이 문 잠그는 것을 잊었다든지, 룸 메이드가 조심하지 않아 문을 완전히 닫지 않았다든지, 또는 프런트에서 고객을 확인도 하지 않고 열쇠를 달라는 사람에게 내어 주었다든지 등의 원인에 의하여 발생되는 경우가 많다.

○ 도난사고가 발생하였을 경우에는 다음과 같이 행동하여야 한다.

- 도난사고에 대한 신고가 접수되면 경비 근무자를 대동 현장에 가서 사건 정황을 정확히 청취 기록한다.
- 사고발생 직후 사건에 대한 신고가 접수되면 모든 경비력을 동원하여 외곽으로 통로를 차단하고 용의자를 수배하여야 한다.

- 도난사고 신고를 접수하면 그 내용을 간단명료하게 구두로 우선 총지배인에게 보고하고, 그 처리에 대한 지시를 받는다.
- 사건을 부득이 관계기관에 알려야 할 상황이라도 총지배인 또는 관리팀장의 허락을 받은 후에 이를 유관기관에 알려야 한다.
- 사건에 대한 모든 조치가 끝난 후 즉시 당직지배인은 사건에 대한 보고서를 작성하고 총지배인에게 보고하여야 한다.

○ 보고서 작성 요령

- 발생일시, 발생장소, 고객의 이름, 주소 등 고객의 신원에 대한 내역, 고객 추천서, 피해정도, 사건이 발생되기까지의 경위 등을 상세히 기술 후 보고서 작성일시, 서명날인 등의 순으로 작성함

02 접근 감시(Surveillance and Access Control)

호텔은 고객의 사생활을 보장하여야 한다. 가능한 front desk 직원은 로비에서 입구, 승강기, 에스컬레이터 계단을 주시해야 한다. 그 때 거울을 적절히 설치하면 도움이 될 수 있다. 감시는 근본적으로 사람에 의존하나 다양한 종류의 기자재의 사용은 감시를 강화할 수 있다. 특히 관제실의 모니터는 비상사태에 효과적으로 대처하는 데 도움이 된다.

03 Fund의 보호(Protection of Funds)

Fund는 front desk cashier에 의해 각자의 cash bank에 입금이 되어야 하고 근무조가 끝날 때는 다음 근무자에게 정확히 인계한다.

04 비상사태

화재, 지진, 홍수, 태풍, 도난, 강도, 의료소송 등의 비상사태에 적절히 대처하기 위해 비상 절차(emergency procedure)가 있다.

1) 의료 비상사태(Medical Emergency)

고객이나 직원의 질병, 죽음과 같은 사고에 대비하여 의료기관과 연계되어야 한다.

2) 절도 사태(Robbery)

호텔은 최소한의 현금을 가지고 있기 때문에 무장 강도의 습격을 받을 가능성을 갖고 있다.

Front Cashier는 무기 사용을 초래할 어떤 행동도 하지 말아야 하며 현금함에 Silent alarm을 설치하여 일정 묶음의 현금이 없어지면 자동으로 작동되게 하여 강도가 현금을 달라고 했을 때 아무 말 없이 일정 묶음의 현금을 빼내어 alarm을 작동시킨다.

3) 화재

객실부는 주로 화재경보체계를 관리하는 책임이 있다. OSHA (Occupational Safety & Health Administration)는 예상되는 화재에 대해 비상 탈출 경로와 과정, 탈출 전 호텔의 특정 기계를 작동시키는 과정, 탈출 후 모든 직원에 대한 회계처리과정, 구조 및 화재대책담당자와 책임 부서명 등의 계획을 수립해야 한다.

05 접근(Access)

접근 관리는 모든 귀중품 보관 책임의 가장 중요한 부분이다. 고객의 확인은 접근을 승인하기 전에 반드시 실시되어야 하며, 고객은 주로 접근요청양식에 서명한다.

직원은 고객이 처음 서명한 것과 필체를 비교 확인해야 하며 고객의 귀중품 보관 발급 신청서에 적어둔 개인적인 정보를 질문할 수도 있다. 따라서 서명한 고객 이외에는 누구도 귀중품 보관함에 접근할 수 없다. 고객임이 확인되면 직원은 고객이 보는 동안 보관함을 열고 용무가 끝나면 보관함을 잠근 후 열쇠를 고객에게 돌려주고 고객과 직원이 같이 관리대장에 서명한다.

06 특별한 접근(Unusual Access)

만일 고객이 퇴숙하면서 귀중품 보관함을 인수하지 않은 경우 호텔은 고객에게 우편으로 인수할 것을 요청하고 응답이 없을 경우 적법한 절차에 따라 처분할 수 있다. 만일 고객이 열쇠를 배달해왔을 경우에는 열쇠를 보관하고 고객에게 방출 서명을 부탁한다. 보관함속의 내용물이 재산에 버금가는 것일 경우 고객에게 인수를 요청하거나 법정 대리인을 보내 대신 요청할 수 있다.

1. 사건·사고 및 파손 처리

1) 사건·사고 처리

단 계	서비스 내용
사건·사고 목격	• 지배인에게 **내용을 간략하고 신속히 보고하고 지시에 따른다.** • 외부인의 접근을 통제하고 **사건·사고현장을 보존한다.** • 현장의 접근을 피한다**(멀리서 감시만 함).**
⬇	
사건·사고 처리요령	• **자신의 판단으로 사건·사고수습을 하지 말아야 한다.** • **6하 원칙에 의해 보고**한다. • 사건·사고현장에 **타인이 접근하지 못하도록 한다.** • 위급한 환자발생 시는 119 구급대에 신고하여 **신속히 병원으로 후송할 수 있도록 한다.**
⬇	
사후 처리	• **현장을 보존한다.** • **관계기관의 지시**를 받는다. • 외부인에게 **누설되지 않도록 한다.**

2) 파손 처리

○ 호텔에 의한 고객 물품 파손

- 잘못하여 고객의 소지품을 파손하였을 때에 실수로 있을 수 있는 일이라고 생각하면 잘못이며 사무실에 연락하여 충분히 납득시킬 수 있는 종사원을 고객에게 소개시켜 정중히 사과하고 대책을 세워야 한다.

○ 고객에 의한 호텔 물품 파손

- 가구 파손의 경우 사무실에 연락하여 객실 판매에 지장이 있는지를 확인하고 빨리 수리하여 재실인 경우 고객과 상의하여 변상을 받을 수 있는 물건인가 사무실에서는 정확한 사유를 알아야 한다.

3) 응급환자 발생

○ 응급환자 발생 시 우선 당직지배인에게 보고를 한 후 당직지배인의 지시에 따르고 만일 긴급한 상황일 경우에는 119에 신고하여 조치하며 환자가 의식이 있고 이동할 수 있는 상황일 경우에는 환자와 동행하여 근처 병원 응급실로 안내를 한다.

○ 부상, 발병, 사망 등 각종 긴급사태 시에는 상급자에게 그 내용을 상세히 보고하고 보고의 내용에는 아래의 사항이 기본적으로 포함되어야 한다.

- 원인 및 긴급 사태가 자연발생인지 가해 원인이 있는지 조사한다.
- 피해자의 성명과 인적사항을 확인한다.
- 사고발생의 정확한 일시, 장소 등을 기록·보관한다.

○ 환자의 상태를 점검하여 신속히 응급처치를 하며 다음의 사항에 주의하여야 한다.

- 환자를 안정시켜야 한다.
- 병세경과를 주시한다.
- 출혈 시에는 출혈부위에 지혈대를 감아야 한다.
- 경화상일 때는 우선 맑은 물로 씻고 중화상일 때는 화상부위를 손으로 대거나 물집을 터뜨리지 말고 의사의 지시를 받는다.
- 사지골절일 때는 지혈하고 부목을 대어 안정시킨다.
- 머리를 다쳤을 때는 조심스럽게 지혈처리하고 의사를 부르거나 병원으로 옮긴다.

※ 외국인일 경우에는 안내절차상 고객의 여권과 현금이 필요하므로 가능하면 미리 준비하도록 하고 또한 의사소통이 잘 안 되는 경우에는 치료가 끝날 때까지 환자와 동행한다.

4) 화재 발생시 대피요령

○ 화재가 발생하여 대피를 하여야 할 때에는 안내원이 있으면 안내원의 지시에 따라 통로의 유도 등을 따라 낮은 자세로 침착하고 질서 있게 신속히 대피하여야 한다.

○ 화재 시 경보기의 벨을 눌러 다른 사람에게 화재사실을 알리면서 대피하고, 비상구 등 개구부를 통하여 대피할 때에는 반드시 문을 닫고 대피하여 화재와 연기의 확산을 지연시켜야 한다.

○ 화재의 진행방향에 주의하여 막다른 골목을 피해야 한다.

○ 아래층으로 대피가 불가능할 경우 옥상으로 대피하여 구조를 요청해야 한다.

○ 연기가 창문이나 문틈 사이로 새어 들어오면 담요나 시트, 양말 등을 물에 적셔 틈을 막아야 하며 낮은 자세로 바닥에 엎드려 짧게 숨을 쉬어야 한다.

○ 실내에 물이 있으면 불에 타기 쉬운 물건이나 칸막이, 커튼 등에 물을 뿌려 확산을 지연시켜야 한다.

○ 엘리베이터는 화재발생 층에서 문이 열리거나 정전으로 멈추어 갇히는 경우가 있기 때문에 화재 시 승강기를 절대 이용하지 말아야 한다.

○ 계단에 들어서기 전에 연기나 불길이 확산되었는지를 확인한 후 조심해서 대피하여야 한다.

- 비상구 등 출입문을 열고 대피할 때에는 출입문을 함부로 열지 말고 우선 문에 손을 대어본 후 문이 뜨겁거나 문틈에서 연기가 새어 들어오면 이미 밖에 불길이 번져 있거나 유독가스와 연기가 차 있다는 증거이므로 문을 열고 대피하여서는 안되며 다른 피난구를 찾아야 한다.
- 그러나 출입문 밖에 화기가 없다고 판단되면 문과 반대방향으로 고개를 돌리고 숨을 멈춘 후 조심해서 비상구나 출입문을 열고 대피하여야 한다.

○ 건물 내에 화재가 발생한 경우 불길이나 연기가 주위까지 접근하여 대피가 어려울 때에는 무리하게 통로나 계단을 통하여 대피하기보다는 건물 내에서 안전 조치를 취한 후 외부로 알려 구조를 기다려야 한다.

○ 위급한 상태일지라도 최선을 다하여 구조를 기다려야 하며 창밖으로 뛰어 내린다던가 불길이 있는데도 불구하고 함부로 출입문을 열어서는 절대로 안 된다.

호텔 프런트 오피스 객실 실무

Chapter
06

객실 판매 촉진 실무

제1장 객실 판매(Room Sales)의 개요

객실 매출은 호텔수익의 가장 큰 소득원임이 틀림없다. 그리고 이것은 가장 높은 이익 마진을 가져오며, 호텔경영이익의 주요부문을 차지하고 있다.

호텔업무 중 세 종류의 업무가 부가적인 객실매출을 구성하고 있다. 즉 호텔 리셉션(Hotel Reception), 유니폼 서비스(Uniformed Service)와 하우스키핑(Housekeeping)이다. 이것은 호텔의 다른 업무에도 나름대로 기여를 하고 있지만 투숙객의 욕구에 따른 기능으로 호텔이 투숙객에게 제공하는 주요 서비스이다.

따라서 호텔상품은 유형상품과, 인적서비스상품으로 나뉨을 쉽게 알 수 있다. 여기서의 객실상품과 식음료상품은 유형의 상품이며, 인적인 서비스상품은 무형의 상품인 것이다. 이들 상품 중에서도 호텔경영의 단위와 척도가 되는 것은 유형의 상품인 객실상품이다. 그 이유는 모든 호텔의 규모나 등급도 객실 수와 연결되고 객실의 판매성과에 따라 호텔 전체의 이윤율도 높아지기 때문이다. 따라서 객실을 판매하기 위해 보다 주력해야하며 무형의 상품인 프론트 직원의 서비스도 철저히 접목시켜 좋은 이미지로 고객을 응대해야 할 것이다.

(1) 프런트 종사원의 객실판매

① 고객과의 만남을 효율적으로 이용한다.(Controlling the encounters with the guest)

고객의 판단에 의존하고 구체적인 질문, 예를 들어 “어떤 객실을 원하십니까” 등의 물음은 피하고 고객이 중, 고가의 객실을 선택하도록 유도한다.

② 기존관념을 탈피한다.(Getting rid of natural inhibitions)

호텔직원은 투숙객이 하룻밤 사용하는 금액에 비해 급여가 훨씬 적은 것은 사실이다. 따라서 직원 입장에서 하룻밤에 수백만원이 넘는 객실을 제한한다는 것은 꺼려질 수 있다. 하지만, 좀 더 고가의 객실 판매를 위해 기존의 관념은 탈피해야 할 것이다.

③ 판매를 실행한다.(Asking for the sale)

그 다음은 판매방법을 배워야 하는데, 호텔직원이 원하지도 않는데 고객이 더 나은 객실을 선택하는 경우는 드물기 때문이다. 전문적인 sale men교육을 받은 종사원은 판매를 위한 여러 기술을 터득하고 기술의 종류에는 강제적인 것과 비강제적인 것이 있는데 이 중 비강제적인 것으로 판매를 시도한다.

(2) 객실 판매를 위한 요령

① 미소를 띤다.

② 고객의 눈을 응시한다.

③ 가능한 항상 고객의 이름을 부른다.

④ 유쾌하고 친절하고 효율적인 업무 이미지를 보여준다.

⑤ 좋은 객실의 위치를 제안하고 판매하도록 노력한다.

⑥ 단정한 외모를 유지한다.

⑦ 기록은 정확하고 깨끗이 한다.

⑧ 침착성을 잃지 말고 고객 개개인에게 골고루 관심을 갖는다.

⑨ 모든 약속은 꼭 지킨다.

(3) 객실 판매 계약서 및 신청서

표6-1 객실 판매 계약서

契 約 書

(이하 "갑"이라 칭한다.)과 호텔 ○○○(이하 "을" 이라 칭한다)간의 긴밀한 관계를 유지하기 위하여 하기와 같이 합의하여 계약을 체결한다.

1. 을은 객실요금의 %를 갑이 예약하려고 하는 객실 요금에 할인하여 제공한다.
   이 할인율은 필요하다고 인정될 때에는 재조정될 수 있다.
2. 갑은 을에게 여행사를 경유하지 않고 직접 객실을 예약하되 가능한 한 연간 객실 이상 사용하도록 상호 협조한다.
3. 을은 갑의 긴급한 상황 하에서의 예약신청에 대하여 우선으로 접수한다.
4. 을은 갑의 계약이 인정되어 있는 상태에서 예상하지 못하였던 천재지변의 경우에는 타숙박업소에 객실을 확보하도록 협조한다.
5. 이 합의는 서명한 날로부터 ○○년 동안 유효하며, 만기일 30일 이전에 서면으로 통보하지 않을 경우 이 합의의 효력을 계속 유효한 것으로 한다.

본 계약의 원만한 이행을 위하여 양사의 책임 있는 자가 날인하여 각각 1부씩 보관한다.

20 년 월 일

갑: 을:

총지배인

창립기념일:
업 종:
담 당 자:
전 화:
F A X:

(4) 리셉션 사무실에서의 객실 판매

① 예약 양식이나 카드(reservation form or card)

각 예약의 세부사항을 표준화하고 이와 관련된 서류와 함께 보관이 되며, 제일 중요한 기록이다. 어떤 경우에도 손쉽게 참고할 수 있도록 정리가 되어 있어야 한다.

② 예약대장(reservation diary), 일일 도착 명부(daily arrival list)

도착 일자별로 기록이 되어 있으며, 특정한 날에 도착한 모든 고객의 기록을 한 눈에 볼 수 있도록 작성이 되어 있어야 한다.

③ 예약 차트(reservation chart)

일정기간의 모든 예약상황을 도표로 만들어 예약이 된 객실과 판매 가능한 객실을 한눈에 볼 수 있도록 되어 있어야 한다.

④ 호텔 등록부(hotel register)

호텔에 투숙하는 모든 고객이 도착하는 대로 기록을 하게 되며, 현재 또는 과거의 모든 호텔 투숙객에 대한 정보를 제공하여야 한다.

⑤ 리셉션 현황판, 객실 현황판

모든 객실을 객실번호별, 층별로 나타내며, 특정한 일자의 객실 현황 및 예상 객실 현황을 나타내고 고객의 객실 여부를 나타내어야 한다.

⑥ 고객색인(guest index)

모든 고객의 이름을 알파벳 순서로 정리하여 객실번호와 함께 기록을 하게 되어 있으며, 규모가 큰 호텔에서는 손쉬운 참고자료가 되도록 한다.

01 객실 마케팅

객실수입은 호텔경영에 있어서 가장 큰 비중을 차지하여 근래 호텔경영이 객실수입 외에도 식음료, 연회행사 등에 많은 비중을 두고 있으나, 그 이익에 있어서는 객실수입이 가장 높다. 호텔의 객실판매과정으로서 객실유형(room type)보다도 마케팅수단은 실료의 결정에 직접적인 영향을 미친다.

고객들에게 제공된 객실요금은 예약 당시에 판촉부서의 판촉지배인 사이에 가격협상을 거쳐 결정된 것이다.

동일지역에서 호텔측과 특수한 유대관계를 맺고 있는 회사나 단체고객인 경우 이미 체결된 계약이나 관례상 정해진 일정한 할인율에 따라 할인요금을 적용하여 예약을 허용한다.

대조적으로 Walk in guest인 경우 대체적으로 Room Rack에 기재된 할인 없는 공표요금을 적용한다. 또한 당일의 특정 시장수요에 따라 요금을 탄력성 있게 적용해야 하고 객실 판매촉진 지배인의 판단에 따라 신축성 있는 요금으로 실제의 시장실세에 맞추어 객실요금을 조정하여야 할 것이다.

따라서 평균실료(average room rate)와 객실점유율(room occupancy)을 높여 성수기(on Season)와 비수기(off season)에도 수익목표를 달성하고 수익률로 인한 고객들의 구매성향을 충분히 인식하고 현재의 고객수요시장을 정확히 예측하고 지속적인 마케팅활동을 통한 예상되는 객실을 판단해야 한다. 또한 마케팅부서는 판매촉진 할 수 있는 시장변동에 따라 호텔경영자가 가장 유효하게 가격을 통제할 수 있는 범위 안에서 수급관계를 맞추어야 한다. 따라서 객실요금은 고객의 수요에 영향을 미치고 경쟁호텔간의 가격덤핑, 패키지상품판매 등 다양한 행사를 기획하여 경쟁심화로 객실요금이 하락하면서 영업의 실태에 중대한 영향을 미치므로 객실시장을 세분화하여 가격탄력성(price elastic)에 따라 마케팅부서의 판촉지배인의 시간감각(time sensitivity)에 민감하게 대처하여 객실세분화시장을 공략하여야 한다.

개별독립고객으로 전 객실이 판매된다면 가장 이상적이라고 하겠지만 어느 호텔이고 그런 호텔은 아직 없다. 근래에 와서는 패키지 플랜(package plan)에 의한 판매촉진이 강화되고 서비스믹스를 통한 판매촉진도 많아지고 있다.

(1) 개별독립고객

개별독립고객의 매력은 호텔의 자금회전을 원활하게 하는 것이다. 각 호텔마다 개별적 독립고객에 대한 판매촉진을 집중적으로 하기 때문에 경쟁도 치열하고 판매촉진기법도 다양하고 복잡해진다. 한국관광호텔은 아직 몇몇 관광지에 있는 지방호텔을 제외하고는 외래관광객이 대부분의 객실고객이기 때문에 회사와 기타기업체 및 각국 대사관등 예상고객이 대량잠재한 곳을 호텔판매조직과 연결시켜야 한다.

(2) 집단고객

집단고객은 업무위주의 단체고객으로 기업체의 판매회의, 항공기나 선박직원, 경기에 참가할 선수들, 친목단체의 행사, 숙박을 겸한 각종 세미나, 기술용역을 위한 기술자의 단체 등이 여기에 속한다. 집단고객의 유치는 개별독립고객 다음으로 전문화된 판매촉진기법이 요구되므로 판매원의 세련된 노하우(know-how)가 유치에 많은 도움이 된다.

(3) 관광단체

관광단체란 관광위주의 단체고객으로 고객에 대한 질적서비스를 펼쳐 개별독립고객을 창출해야 한다. 관광단체고객은 점유율을 높이는 데는 최고이므로 여행사의 본지사(本支社)와 여행도매업자를 상대로 촉진활동을 펴야한다. 우선 객실의 예상고객을 분류한 후에 객실에 부수적으로 안락함, 편의성, 분위기, 서비스, 특정욕구에 대한 기호 등 무형재를 결합해 상품차별화를 도모해야 하며 객실상품의 특성보다는 편익을 강조해야 한다.

- 신혼부부에 대한 판촉
- 전국적인 주간행사시의 판촉
- 국제 행사자에 대한 판촉
- 패밀리 플랜(family plan)
- 패키지 플랜(package plan)
- 객실상품 교환원(gift certificates)
- 지역사회의 특별행사에 대한 판촉

또한 특수한 목적을 가지고 숙박과 더불어 단기 호텔 생활에 필요한 일체 부수적인 것들을 묶어 저렴한 가격으로 고객을 유치하는 작전도 좋을 것이다.

패키지 플랜(package plan)

- 주변 환경에 맞는 적절한 유치활동과 요금할인 등의 객실 이용률 증가방법
- 호텔시설과 고객을 결합시킨 판매촉진으로 특별행사를 통한 고객 유치방법
- 신혼부부의 허니문 유치 판매촉진방법
- 호텔 패키지 상품판매로서 국가별 행사나 인기있는 스포츠 행사개최와 때를 같이 하여 요금할인 및 아침, 저녁식사 포함하는 고객의 편의도모 형식의 판매증가 방법
- 일반예약없이 오는 고객(walk-in guest)의 특별할인 및 선물증정 등의 방법으로 판매전략을 구상하여 실시함과 동시에 TV프로그램의 효과적인 노출방법과 신간이나 잡지의 기사란에 기고를 통해 호텔의 이름과 서비스 내용이 소개되는 포괄적인 판매방법

02 객실판매 운영현황

(1) Club 운영현황

특급 호텔의 예약채널(Channel)은 아주 다양하다. Guest가 직접 예약하는가 하면 여행사, 항공사예약 체인시스템 등을 통해 하기도 한다. 무역회사 및 대사관, 대기업 등의 호텔객실예약담당자는 특급호텔의 주 판촉 대상이 되는 것이다. 대기업 등의 호텔객실 예약담당자는 주로 여성이며 특히 비서직으로 근무하는 여성이 많다.

이러한 직종별·성별의 특성을 살려 호텔들은 이를 예약담당자나 고객을 위하여 호텔이미지에 맞추어 Club(모임) 제도를 만들어 운영하고 있다. 이러한 클럽운영현황은 객실판매증대에 큰 효과를 주고 있으며, 또한 호텔기업 이미지홍보 및 기타 부대수입 증진에 큰 영향을 미치고 있다. 또한 호텔은 이러한 club을 회원제로 운영하고 있으며 그 회원에게는 호텔의 할인혜택을 부여하고 있다. 또한 객실예약담당자나 비서진을 위해 특별행사를 마련하고 있으며 호텔 선호도를 늘여 객실판매증진을 위해 노력하고 있다. 예를 들면 다음과 같다.

① Royal Club(귀빈 카드) 운영 현황

- 객실 20% 할인, 세탁 20% 할인, 제과 10% 할인
- 식음료 10% 할인, 사우나·입욕료 30% 할인

② Member club(멤버 카드) 운영 현황

- 객실 주중 이용 30%, 주말 이용 20%, 세탁 20% D/C(1실 1박에 한함)
- 객실 주중 50% 할인권 2매, 주말 50% 할인권 1매 증정
  (쿠폰 1매당 주중 1실 1박, 주말 1실 1박 사용)
- 주말은 금, 토, 공휴일, 일본 연휴 및 ○○ 호텔 여름철 성수기
  (7.20~8.20) 포함
- 이용 객실 중 특실(Deluxe, Suite Room)은 제외

(2) Tele–Marketing 운영 현황

현재 각 기업에서 채택 운영하고 있는 Tele-Marketing은 불과 3~4년간 After Service 라는 측면에서 시작해서 오늘날 모든 호텔에서 활용하여 크나큰 효과를 보고 있는 판매 기업체로 이용되고 있다.

이러한 Tele-Marketing의 기능은 대표적으로 고객의 욕구충족 및 객실 판매증진으로 볼 수 있는데, 부속적인 시장조사 기능과 광범위한 시장 개척 등 적은 비용으로 거래선을 관리, 궁극적으로 기업홍보 기능도 갖추고 있다.

이와 같이 다양한 기능을 보여주는 Tele-Marketing이란 최고경영층의 전략 정책으로부터 시작되는 인간적인 접촉시도인 동시에, 비대면 접촉의 인적판매로 볼 수 있는데, 큰 효과를 기대하기 위해선 계획화·조직화·전문화된 운용이 필요하다.

따라서 각 주요 특급호텔에서는 궁극적으로 객실판매를 증진하기 위하여 Tele-Marketing Team을 따로 마련·운영하고 있다.

표6-2 회원가입신청서

회원가입신청서 접수일자 : 20 . . . 접수번호

1. 성명 Name	2. 영문표기 Name in English	□□□□□□□□□□□□□□□□□□□□
3. 주민등록번호 ID.Number	□□□□□□-□□□□□□□	
4. 생년월일(양력, 음력) Date of Birth	5. 결혼기념일 Date of Wedding	
6. 근무지 Employer of Firm Name	7. 부서 Division	8. 직위 Position
9. 근무자주소 Business Address		□□□-□□□
10. 근무지전화번호 Business Phone		
11. 자택주소 Home Address		□□□-□□□
12. 자택전화번호 Home Phone		
회원규약 준수를 약속하며 ○○○○카드를 신청합니다. 20 . . . 신청인 서명 Signature of Applicant ______ 추천인 : 부서 성명 ______		
13. 특기사항		
14. 카드부여번호	□□□□ □□□□□	

표6-3 회원규약

제13조(명칭)
본 클럽은 ○○클럽이라고 칭한다.
제2조(회원)
회원이라함은 본 규약을 승인하고 본 카드를 발급 받은 분을 말한다.
제3조(카드관리)
회원은 카드 사용 또는 관리에 주의를 요하며, 카드를 타인에게 대여하거나 양도 또는 담보행위를 할 수 없다.
제4조(카드 발행)
1. 카드는 본 클럽의 규정에 의하여 카드를 발급한다.
2. 카드 분실, 도난·교환기간의 만료, 파손 등으로 회원의 재발행 요구가 있고 본 클럽이 인정하는 경우 재 발행한다.
제5조(카드 사용 및 특전)
1. 회원은 본 호텔내에서 카드를 제시함으로써 회원만의 특전을 받는다.
2. 회원은 본 호텔의 체인점에서도 동일한 특전을 받을 수 있다.
3. 본 클럽회원의 특전
· 객실 20%할인 · 세탁 20%할인 · 제과 10%할인
· 식음료 10%할인 · 사우나·입욕료 30% 할인
제6조(카드 분실 도난)
카드를 분실 또는 도난당했을시 본 클럽에 통보한다.
제7조(변경통보)
회원의 주소, 성명, 직장, 연락처 기타 사항의 변경이 있을시 즉시 본 클럽에 통보한다.

(3) 장기 투숙객(Long-Term Guest) 특별 서비스 운영

최근 한국의 무역시장이 개방됨에 따라 새로이 한국시장에 진출하는 외국기업이 늘고 있는 상황으로 장기간 체류하는 방문객을 각 호텔로 유치하기 위해 호텔은 새로운 상품의 일환으로 장기투숙객(Long-Term Guest)을 위한 특별 서비스 제도를 마련하여 운영하고 있다.

호텔에서는 장기투숙객 기간은 보통 15일 이상으로 보고 있으며 그에 따른 객실요금은 40%의 할인혜택이 주어진다.

이런 시점에서 장기투숙객을 위한 객실시설문제는 재고되어야 한다고 본다.

표6-4 장기투숙객 및 특별 서비스 운영 현황

순위	할인종류 (SOURCE 별)	기준	성수기(4,5,6,9,10,11월)		비수기(1,2,3,7,8,12월)	
				할인율		할인율
1	객실 계약서	100실이상 100실미만		30~40% 20~30%		30~40% 30~40%
2	일반 거래 업체	1실		20~30%		30~40%
3	FITNESS CLUB CARD	1실		20~30%		30~40%
4	ROYAL CARD	1실		20~30%		30~40%
5	FAMILY CARD	1실		50%		50%
6	AIRLINE CARD	1실		20~30%		30~40%
7	공공협회, 정부행사	1실		20~30%		30~40%
8	공항(TELEGUIDE)	1실		30%		30~40%
9	외국인(F.I.T)	1실		20~30%		30~40%
10	내국인	1실		20~30%		30~40%
11	내국인(M/GUEST) (24시 이후 투숙자)	1실		40%		40%
12	여행자	1실~4실 : 5실 이상 씨리즈 : 15+1실 COMP			1실~4실 : 5실 이상 씨리즈 : 15+1 COMP	
13	동종업계 임원 및 거래 여행사 임원	1실		40%		
14	회사직원, 직계가족	1실		40%		
15	DAY USE(10:00 ~ 18:00)			40%		
16	LONG TERM GUEST		15일 이상	40%		

(4) 비수기 특별 프로그램

특급 호텔들이 여름겨울 비수기철에 객실판매증진을 위해 마련한 여름 패키지(package) 상품으로 여름 7, 8월에, 겨울 12, 1, 2월에 객실 요금할인을 비롯한 각종 내국인 호텔이용률을 높이는데 큰 기여를 하고 있다.

① 경쟁 호텔 하절기 비수기 특별 패키지(package) 프로그램

표6-5 경쟁 호텔 하절기 비수기 특별 패키지

구분 호텔명	행사 기간	판매금액	내 역	비 고
A 호텔		₩	객실1박, 조식 뷔페(2인 1식), 한식 뷔페(중식 or 석식) 1식, 환영 음료 제공	스위트룸 50%할인, 신문 무료 제공, 세탁, 제과 10% 할인
B 호텔		₩	딜럭스트윈룸+조식뷔페	오후 4시까지 check-out 연장 자녀 1명 동반 허용 스위트룸 50% 할인 환영 음료 제공 세탁, 제과점 10% 할인, 신문 무료 제공
		₩	슈페리어 딜럭스트윈룸+조식뷔페	
			〈특전〉 수영장, 체련장 무료 골프 레인지, 스쿼시코트, 테니스 코트, 사우나 40%	
C 호텔		₩	2인 1실, 조식 제공	
		₩	1인 1실, 조식 제공	
D 호텔		₩	객실 1박, 조식 뷔페(2인 1식) 한식 뷔페(중식 또는 석식) 1식 환영 음료 제공	

- 판매 대상 : 내국인에 한함
- 객실 사용 고객에 한함

② 동절기 비수기 특별 프로그램

- 목적 : 호텔의 홍보 및 매출증가 기대 및 이미지메이킹의 효과 활용을 위하여 겨울 프로그램을 마련하여 객실수익을 높이는 데 기여하고 있다.

표6-6 동절기 비수기 특별 프로그램

구 분	호 텔
행사 기간	12. 1 ~ 2. 28
내 역	· 객실 · A/B'F 제공 (2인 기준 1회)
비 고	· 사우나 무료입장(2인 기준) · 세탁, 제과 15% 할인

- 판매 대상 : 내국인에 한함
- 객실 사용 고객에 한함

(5) 광고·홍보 운영 현황

현 호텔에서 객실 판매 촉진 광고는 총광고비의 46%를 차지한다.

① 그룹 사보에 상품판매안내 게재

② 관광 매체지에 광고 · 홍보자료 송부 · 기사화

③ 스포츠지 호텔란에 광고 · 홍보자료 송부·기사화

판매촉진의 중요한 수단으로서는 인적판매·광고·홍보의 판매 촉진이 있다.

기업은 자사에 맞는 적절한 수단을 선택하여 효율적 판촉을 시행하도록 하여야 한다. 광고란 스폰서가 돈을 내고 상품·서비스·아이디어 등을 사람이 아닌(Non-Personal) 다른 매체를 통해 널리 알리고 촉진(promotion)하는 모든 형태의 커뮤니케이션(communication) 수단을 말한다.

호텔의 경우 대량광고가 가능한 TV나 라디오 등의 전파매체는 비용이 많이 들어 거의 이용하지 않고 있으며, 무역전문지나 관광전문지, 일간지를 국내와 국외 등을 복합적으로 이용하고 있다.

④ 고객관리시스템(Guest History System)

호텔업계의 극심한 경쟁과 신속한 Check In과 심도 깊은 서비스를 원하는 고객의 요구에 부응키위해 대고객 서비스의 마련이 시급한 설정으로 이의 고객관리시스템을 우량고객의 정보를 보관·관리함으로써 On-Season시 예약우선권, DM강화, Check In 시간단축 등이 가능하다. 이로써 우량고객의 확보 및 대고객 서비스 증진을 기대할 수 있다.

⑤ VIP Member 관리

중요한 손님에게 특별히 발급되는 VIP카드를 발급받아 고객에게 전달한다. 익일 Check-In 예정인 고객 중에서 VIP Member를 찾아 실적이 누락되지 않도록, 예약 시 VIP No.를 잘 입력하고 점수를 Check하도록 한다.

03 국제회의 객실판매촉진

최근 국제회의산업이 국가경제발전에 기여도가 높은 고부가가치 산업으로 각광 받게 되고, 이에 각국은 국가간의 자국 유치에 치열한 경쟁을 하고 있다.

국제회의산업의 파급효과는 사회 전반에 걸쳐 나타나게 되나 객실판매를 통한 경제적인 효과가 뛰어나다.

국제회의 참가자는 일반 관광객에 비해 잠재기간이 길고 평균 소비단가에 있어서도 1.9배에 달한다. 또한 대량 관광객의 유치 효과를 가져 올 수 있다. 특히, 계절적 변수가 비교적 적은 국제회의를 관광 비수기에 유치함으로써 관광객의 계절적 수요편재 현상을 해결할 수 있다. 그러므로 국제회의 유치를 통해 객실판매촉진의 효과까지 얻을 수 있다.

호텔 프런트 오피스 객실 실무

Chapter

07

각종 체크리스트 및 양식 (Check List & Formats)

예약서비스에 관한 체크리스트

프론트 데스크 서비스에 관한 체크리스트

컨시어즈 서비스에 관한 체크리스트

비즈니스 서비스에 관한 체크리스트

하우스키핑 부문에 관한 체크리스트

예약서비스에 관한 체크리스트
(Reservation Service Check List)

항 목 내 용		상	중	하	비 고
전화 예약	•친절한 목소리로 감사인사를 하는가?				
	•고객에게 기본 예약 정보를 접수하고 예약현황을 확인하는가?				
	•고객에게 필요한 정보 및 공지 사항을 정확히 전달하는가?				
	•고객에게 전체 예약사항을 재확인한 후 감사인사를 하는가?				
팩스 예약	•수신된 예약 내용을 정확히 확인하는가				
	•고객에게 투숙 가능 여부와 희망 객실 여부 등의 내용을 전송하는가?				
	•예약확인서 및 기타 정보와 함께 감사인사를 전송하는가?				
	•예약 관련 발·수신된 모든 서류의 관리가 잘 이루어지는가?				
단체 예약	•친절하고 정중한 태도로 고객에게 응대하는가?				
	•단체 예약 정보를 접수하고 예약현황을 확인하는가?				
	•단체 고객의 인솔자에게 전체 예약 사항을 재확인하는가?				
	•예약파일 작성을 마감한 후 관련 부서에 공지하는가?				
인터넷 예약	•접수된 예약 내용을 확인하고 투숙여부와 희망객실을 확인하는가?				
	•객실 이용에 대한 보증금 처리 절차를 정확히 수행하는가?				
	•보증금 처리가 마무리되면 예약 확인 메일을 인터넷 예약 고객에게 정확히 전송하는가?				
	•예약 내용을 호텔 예약파일 양식으로 재작성하고 관련 부서에 해당 사항을 공지하는가?				
객실현황 관리	•정확한 객실 현황을 확인하여 유지하고 있는가?				
	•예약변경 및 취소 사항을 확인하고 관련 부서에 공지하는가?				
	•현재 적정 예약율을 유지하고 있는가?				
예약 변경	•예약변경이 요청된 고객의 기존 예약사항을 확인하는가?				
	•예약 변경사항 및 객실이용 가능 여부를 고객에게 알리는가?				
	•변경된 예약정보를 확인하고 추가정보를 제공하는가?				
	•예약변경에 따른 기록 정정과 관련 부서 공지를 하는가?				

예약 취소	•기존 예약정보를 확인하는가?				
	•예약취소 사항을 접수하고 예약취소 사유를 확인하는가?				
	•고객에게 예약취소 여부를 확인하고 처리결과를 통보하는가?				
	•예약파일 삭제 및 예약 현황을 정정하는가?				
초과 예약	•적정 초과예약율을 유지하고 있는가?				
	•초과예약 접수 및 예약사항을 확인하는가?				
	•초과예약 기록 유지 및 지속적인 현황 확인은 하는가?				
	•처리결과를 사전 통보하고 사후처리를 실시하는가?				
이중판매 방지	•객실 및 예약 현황에 대한 최신 기록을 유지하고 있는가?				
	•관련 부서간 의사 전달 과정에 있어 누락 및 오류는 없는가?				
	•다음 근무자와의 업무 인수인계는 정확히 이루어 졌는가?				
예약금 기록	•규정된 절차에 따라 예약금(Deposit) 수령을 하는가?				
	•예약금 수령내용을 예약파일에 기록하는가?				
	•수령된 예약금에 대한 기록을 관련 부서에 통보하는가?				

프론트 데스크 서비스에 관한 체크리스트
(Front Desk Service Check List)

항목 내용			상	중	하	비고
고객 유형별 체크인	개인 고객	•친절하고 정중한 태도로 고객을 영접하는가?				
		•고객의 예약된 정보를 확인하는가?				
		•등록카드 작성은 빠짐없이 되는가?				
		•고객에게 지불 조건을 확인하는가?				
		•도착 고객에게 온 전달물을 확인하여 전달하는가?				
		•배정된 객실의 정비여부를 확인하는가?				
		•규정에 따라 객실 키(Key) 인도 절차를 수행하는가?				
		•벨 서비스 필요유무에 따라 객실 안내절차를 수행하는가?				
		•등록 절차 종료 후 각종 관련 파일, 카드, 현황을 정리하는가?				
	단체 고객	•체크-인 전 준비사항을 확인하는가?				
		•친절하고 정중한 고객영접 및 신속한 등록절차를 수행하는가?				
		•인솔자 및 단체고객들에게 관련 규정 및 정보를 전달하는가?				
		•단체등록 관련 업무를 마감하고 관련 부서에 해당사항을 전달하는가?				
	VIP 고객	•체크-인 전 준비 사항을 확인하는가?				
		•규정에 따라 VIP 영접 절차를 수행하는가?				
		•등록업무를 정리하고 관련 부서에 해당 정보를 전달하는가?				
	Walk-In 고객	•친절하고 정중한 고객영접 및 객실형태를 확인하는가?				
		•등록카드 작성을 요구하고 예약금(Deposit)을 수령하는가?				
		•객실 키(Key) 인도와 호텔관련 규정 및 정보를 설명하는가?				
		•등록 업무 정리 및 관련 부서에 해당사항을 전달하는가?				
객실 배정		•예약파일 확인을 통해 고객의 예약사항을 점검하는가?				
		•호텔규정에 따른 객실배정을 하는가?				
		•배정된 객실의 정비 및 제공 서비스 준비 사항을 확인하는가?				
		•전반적인 업무에 대한 재확인 절차를 수행하는가?				

객실 변경	•변경 가능 객실을 확인하여 고객이 원하는 객실을 결정하는가?				
	•고객이 원하는 시간에 객실 변경이 이루어지는가?				
	•신속하게 객실 변경 업무를 수행하는가?				
	•고객의 기타 전달물을 전달하는지 확인하는가?				
메시지 전달	•절차에 따른 전화응대를 하는가?				
	•고객의 성명과 객실번호를 확인하는가?				
	•메시지 접수시 정확하고 빠짐없이 내용을 기입하는가?				
	•메시지 전달 및 보관에 따른 절차를 정확히 수행하는가?				
웨이크-업 콜 (Wake-Up Calls)	•친절하고 정중한 태도로 고객 응대를 하는가?				
	•고객 성명, 객실 번호를 정확히 확인하는가?				
	•웨이크-업 콜(Wake-up Calls) 시간을 접수하고 재확인하는가?				
	•웨이크-업 콜(Wake-Up Calls) 로그 북 작성 후 해당 부서에 통보하는가?				
지역정보 제공	•친절하고 정중한 고객 응대와 고객요청사항을 확인하는가?				
	•정확한 정보제공을 위해 필요한 자료를 확인하는가?				
	•정확한 정보를 설명하고 준비된 자료를 전달하는가?				
	•정보전달을 재확인하는가?				
체크아웃 서비스	•체크-아웃 전 관련 현황을 확인하는가?				
	•친절하고 정중하게 고객 환대를 하는가?				
	•신속한 객실 확인이 이루어지는가?				
	•정확한 요금 산출이 이루어지는가?				
	•절차에 따른 요금 수령이 이루어지는가?				
	•객실 키(Key)는 확실히 수령하는가?				
	•고객 의견 조사 및 친절하고 정중한 환송이 이루어지는가?				
	•체크아웃 절차 완료 후 관련 파일 및 서류를 확인하여 정리하는가?				
야간 업무 서비스	•당일 업무 마감 및 점검 업무를 수행하는가?				

	•슬립-아웃(Sleep-Out) 및 논-슬립(Non-Sleep)을 확인하고 규정된 절차에 따라 처리하는가?				
	•노 쇼우(No-Show) 및 예약취소를 확인하는가?				
	•당일 처리된 회계 계정에 대한 점검 및 처리를 하는가?				
	•야간 업무 수행과 관련된 모든 보고서(Report) 작성은 하는가?				
	•익일 예약 현황 및 사전 준비 사항에 대한 확인은 하는가?				
	•당일 전달물 처리현황을 확인한 후 미처리 전달물을 조치하는가?				
	•익일 예정된 고객 요청 서비스를 확인 및 점검하는가?				
	•아침 근무 조에게 업무 인계를 정확하고 빠짐없이 하는가?				

컨시어즈 서비스에 관한 체크리스트
(Concierge Service Check List)

항 목 내 용		상	중	하	비 고
고객영접	•호텔 도착시 정중히 영접하며 고객 질문시 적절히 안내하는가?				
	•고객의 하차와 하물을 돕는가?				
	•차량의 유도가 원활히 이루어지는가?				
	•벨맨과의 인수인계와 고객의 현관 안내를 돕는가?				
고객환송	•벨맨과의 수하물 인수와 고객의 수하물을 확인하는가?				
	•차량의 호출이 원활히 이루어지는가?				
	•수하물의 적재와 고객의 안전한 승차를 돕는가?				
	•고객을 정중히 환송하는가?				
고객요청 사항확인	•고객의 요청사항을 반갑게 접수하는가?				
	•고객 요청 사항을 즉시 진행하고 수행결과를 통보 받는가?				
	•수행결과를 고객에게 통보 및 확인하는가?				
교통 정보 서비스	•이용 가능한 차량을 알선하는가?				
	•고객의 요구 차량을 정확히 수배하는가?				
	•고객의 차량 탑승을 보조하는가?				
	•고객을 정중하게 전송하는가?				
렌탈 서비스	•렌탈 기물을 숙지하고 사용 가능하게 보관하는가?				
	•고객의 렌탈 요청시 정확한 정보를 신속히 제공하는가?				
	•렌탈 내용을 일지에 기록하는가?				
	•반환된 렌탈 기물의 이상유무를 확인하여 보관하는가?				
차량호출	•차량 호출접수시 고객으로부터 차량 정보를 정확히 인지하는가?				
	•차량을 정확히 호출하며 차량의 진입을 원활하게 하는가?				
	•고객의 탑승을 준비하고 수수하물을 적재하는가?				
	•고객을 정중히 배웅하는가?				
차량주차	•차량주차시 키(Key)를 인수하고 물품꼬리표(Tag)을 교부하는가?				
	•차량을 정확히 주차하고 주차장소를 기억하는가?				

	•주차정보를 일지에 기록하고 키를 키고리에 두는가?				
	•차량을 고객에게 정확히 인계하고 정중히 환송하는가?				
정보 제공	•호텔 내·외부의 행사 및 정보를 정확히 숙지하는가?				
	•고객이 원하는 정보를 제공하는가?				
	•제공된 정보에 대하여 고객의 만족여부를 확인하는가?				
	•제공 정보를 지속적으로 업데이트(Update)하는가?				
고객 호출 (Paging) 서비스	•객실고객 또는 방문객의 접수를 정확히 받는가				
	•규정된 절차에 의해 방문객이 객실고객을 찾게 하는가?				
	•규정된 절차에 의해 객실고객이 방문객을 찾게 하는가?				
수하물 운반 (도착시)	•고객에게 반갑게 인사하고 수수하물을 정확히 인수받는가?				
	•고객 등록시 수하물을 안전하게 보관하며 대기하는가?				
	•고객의 수하물을 안전하게 배달하는가?				
	•객실의 이상유무를 고객으로부터 확인 받는가?				
수하물 운반 (출발시)	•수하물 운반요청의 접수된 사항을 잘 이행하는가?				
	•고객에게 수하물을 정중히 인수받는가?				
	•수하물 인계시 계산여부와 이상여부를 확인하는가?				
	•고객의 수하물 적재와 차량탑승을 돕는가?				
수하물 보관	•고객의 수하물 보관 요청을 친절하게 받는가?				
	•수하물을 구분하여 보관하고 기록하는가?				
	•수하물의 인도요청을 받고 배달장소를 확인하는가?				
	•고객 수하물의 보관장소를 확인하고 정확하게 배달하는가?				
고객 배달물 처리	•고객 배달 요청 접수 후 접수 순서별로 배달준비를 하는가?				
	•일지에 배달물을 기록하며 고객정보가 일치하는지 확인하는가?				
	•배달시 고객에게 공손하게 서명을 받는가?				
	•배달결과를 일지에 기록하는가?				
우편물 처리	•우편물 및 소수하물에 따른 발송 방법을 숙지하고 있는가?				
	•우편물의 처리에 따른 요금, 시간 등을 고객에게 통보하는가?				

	•우편물 발송 의뢰시 일지에 정확히 기록하는가?				
	•발송 내역을 고객에게 신속히 통보하는가?				
분실물 처리	•분실 사고시 고객을 안심시키도록 최선을 다하는가?				
	•분실물에 따른 절차를 적절히 고객에게 안내하는가?				
	•분실물이 회수될 경우 즉시 고객에게 통보하는가?				
습득물 처리	•습득물 발견시 주인이 없으면 즉시 물품을 습득하는가?				
	•습득물의 기록과 보관이 안전하고 정확하게 이루어지는가?				
	•습득물의 인계시 확인을 하고 서명을 받는가?				
	•호텔규정에 따라 습득물을 공정하게 처리하는가?				
항공예약 및 변경	•항공 스케줄 표를 비치 및 보관하고 있는가?				
	•항공 예약 요청시 즉시 가능 여부를 고객에게 전달하는가?				
	•출발 전 항공 예약에 대하여 재확인을 하는가?				
	•항공예약 변경시 항공사에 확인 후 즉시 고객에게 안내하는가?				

비즈니스 서비스에 관한 체크리스트
(Business Service Check List)

항목내용		상	중	하	비고
인터넷 서비스	•인터넷 연결 절차 및 방법을 숙지하고 요금을 공지하는가?				
	•노트북 보유를 확인하고 없으면 렌탈 서비스를 제공하는가?				
	•인터넷 연결시 미숙함이 없이 원활하게 진행하는가?				
	•인터넷 연결이 되었는지 확인하고 고객 만족 여부를 확인하는가?				
팩스 서비스	•팩스가 작동하도록 관리하고 팩스 수신을 장부에 기록하는가?				
	•수신자를 정확하게 확인하는가?				
	•수신자가 확인되면 벨 데스크로 정확히 전달하는가?				
	•팩스 송신시 영수증(Bill)을 작성하고 고객에게 안내하는가?				
렌탈 서비스	•고객이 원하는 렌탈 기물을 확인하고 요금을 공지하는가?				
	•렌탈 약정 체결 및 기록 후 고객에게 렌탈하는가?				
	•렌탈 기물의 반납시 이상 유무, 대여 기간을 확인하는가?				
	•렌탈 사용 내역을 일지에 기록하는가?				
회의 서비스	•회의실이 항상 이용 가능하도록 청결을 유지하는가?				
	•고객 요청시 회의실 이용 여부에 대한 확답을 즉시 하는가?				
	•회의실 비품 세팅과 고객의 긴급 주문에 적절히 대응하는가?				
	•회의실 반납시 고객의 의견을 청취하고 다음 대여를 준비하는가?				

하우스키핑 부문에 관한 체크리스트
(Housekeeping Department Check List)

		항 목 내 용	상	중	하	비 고
린넨 서비스	린넨공급	•린넨 서비스의 접수와 청구를 정확하게 하는가?				
		•수거된 린넨류를 잘 구분하여 분리하고 처리하는가?				
		•린넨 체크리스트와 물품 보고서를 정확히 작성하고 확인하는가?				
		•원활한 린넨 공급을 위해 정기적으로 점검, 확인하는가?				
	유니폼 관리	•유니폼의 보유량과 해당 주문에 정확하게 인지하고 처리하는가?				
		•사용된 유니폼의 정확한 교환과 관리가 이루어지는가?				
		•유니폼 및 국기를 청결하고 안전하게 보관 및 수선하는가?				
		•유니폼 관리비용을 최소화하고 유니폼 시장분석을 하는가?				
	창고 관리	•각 업장별 린넨 창고를 정기적으로 점검하고 확인하는가?				
		•각 업장별 용도에 따라 품목을 구분하여 적재하는가?				
		•창고의 청결과 손상상태를 파악하여 조치하는가?				
		•소모량 및 재고량을 파악하여 부족 분은 구입의뢰서를 작성하는가?				
세탁물 서비스	세탁물 확인	•세탁물 접수 시 관련정보를 알려주며 세탁물 상태를 체크하는가?				
		•고객이 원하는 시간에 세탁물을 수거하고 세탁의뢰서를 작성하는가?				
		•수거된 세탁물을 종류와 특성에 맞게 분류하고 처리하는가?				
		•세탁후의 세탁물 상태를 꼼꼼히 점검하고 확인하는가?				
	세탁물 배달	•배달 세탁물의 고객정보를 재확인하고 세탁물을 준비하는가?				
		•방침에 따라 세탁물을 정확한 시간에 배달하는가?				
		•세탁물 전달 후 이상이 있는지 확인하는가?				
		•세탁에 대한 고객 불평에 대해 정확히 접수하고 처리하는가?				

DAILY INSPECTION CHECK LIST

DEPT. : HOUSEKEEPING

DATE		ROOM No	CHECK LIST	CONFIRM	REMARKS

INSPECTED BY :

ROOM REPORT

20 . . .(요일)

Rm. / No	5th	6th	7th	8th	9th	10th	11th	12th
1	OS	OS	TS	TS	TS	TS	TS	TS
2	OS	O	T	TS	DS	DS	D	D
3	O	O	T	DA	DA	DA	D	D
4	O	O	T	DA	DA	DA	D	D
5	OSA	O	T	TS	DS	DS	D	D
6	OSA	O	T	D	D	D	D	D
7	OSA	O	T	D	D	D	T	D
8	O	O	T	D	D	D	ES	D
9	O	O	T	D	D	D	D	D
10	O	O	T	T	T	T	D	D
11	O	O	T	T	D	D		D
12	O	O	T	T	D	T		T
13		O	T	T	D	T		T
14		O	T	T	D	T		T
15		O	T					T
16		O	T					T
TO								
C/O		RMS	H/C	RMS	COMP	RMS	D/U	RMS
					GRAND TOTAL :			RMS

작성자 ㊞

일일린넨류사용기록부

20 . . . 요일

층별 / 품명	5	6	7	8	9	10	11	12		일 계	누 계
SHEET(D)											
SHEET(S)											
BATH TOWEL											
FACE TOWEL											
WASH TOWEL											
FOOT TOWEL											
PILLOW CASE											
BLANKET(D)											
BLANKET(S)											
SPREAD(D)											
SPREAD(S)											
BED PAD(D)											
BED PAD(S)											
BATH MAT											
SHOWER CURTAIN											
GOWN											
한실 요닛											
한실 베개닛											
한실 패드											
한실 이불(시트)											
한실 이불											
방석 카바											
보료 카바											

소모품수불대장

품 명 :

월일	규 격	단위	단가	수령	불 출		잔고	비고
					수량	금액		

참고문헌

[국내문헌]

- 강남국 편저, 「프런트 오피스의 실무」, 빅벨, 1986.
- 김정근, 「호텔경영론」, 대왕사, 1997.
- 김근종·정종훈, 「호텔실무개론」, 기문사, 1997.
- 김충호, 「호텔 경영학」, 형설출판사, 1987.
- 김재민·신현주, 「현대호텔경영론」, 대왕사, 1986.
- 김상우, 「호텔 룸메이드 교육지침서」, 남영문화사, 1982.
- 김진섭, 「호텔 경영론」, 형설출판사, 1993.
- 김근종외 공저, 「호텔정보시스템」, 기문사, 1995.
- 김충호, 「관광사업 경영」, 남영문화사, 1984.
- 김상준, 「관광학 개론」, 집문당, 1988.
- 박대한외 「호텔 객실영업론」,, 백산출판사, 2013
- 오종환, 「현대호텔경영론」, 기문사, 1988.
- 정종훈·김근종·변찬복, 「호텔전산시스템」, 백산출판사, 1993.
- 주종대, 「호텔객실업무론」, 대왕사, 1992.
- 윤영미, 「호텔 경영 입문」, 학문사, 1996.
- 오정환·강종숙, 서비스산업론, 명보출판사, 1987.
- 이선희, 호텔서비스마케팅론, 기문사, 1990.
- 이항구, 관광법규학, 남영문화사, 1982.

[논문]

- 윤여송,「관광호텔 후론트오피스 운영개선방안에 관한 연구」, 1994
- 유도재,「호텔 포지셔닝 전략에 관한 연구」, 1996
- 전홍진,「관광호텔 룸서비스 업무의 개선방안에 관한 연구 – 서울지역 특1급 호텔을 중심으로 –」, 한국관광정보학회, 1995
- 유정남,「관광호텔운영에 있어서의 객실환경 중심설에 관한 연구」, 경기대학교 대학원, 1993
- 윤전용,「호텔마케팅 방법에 관한 연구」, 경희대 경영대학원
- 전홍진,「관광호텔 Housekeeping 업무개선 방안에 관한 연구」, 관광정보학회, 1999
- 최복수,「한국관광호텔의 마케팅운영에 관한 연구」, 경기대 경영대학원 석사학위논문, 1992
- 손해식,「우리나라 관광산업의 마케팅에 관한 연구」, 부산대, 1989
- 이상우,「관광호텔의 효과적인 객실 실내디자인 및 시설물 구조 배치에 관한 연구」, 한국관광정보학회, 1997 창간호
- 신형섭,「객실 판매 촉진 운영 개선 방안에 관한 연구」, 식음료 경영 연구, 1997
- 신형섭,「호텔 비수기 마케팅 전략 운영 방안에 관한 연구」, 한국관광정보학회, 1997 창간호
- 전홍진,「관광호텔 Mini Bar 업무의 합리적 운영에 관한 연구」, 한국관광정보학회, 1997 창간호
- 구태회, G.D.S를 통한 호텔 판매의 유통구조와 역할에 관한 연구, 한국관광정보학회, 1999
- 황현식, Executive Floor가 호텔객실 매출액에 미치는 영향에 관한 연구, 세종대학교 대학원 석사학위, 1990.
- 허용덕, 관광호텔 객실정비업무의 합리적인 운영방식에 관한 연구, 경희대 경영대학원 석사 학위, 1990.

[기타]

- 호텔 신라, 객실 메뉴얼
- 호텔 롯데, 객실 메뉴얼
- 관광 숙박업 서비스 업무 메뉴얼
- 인터콘티넨탈 호텔, 객실 매뉴얼, 1994.
- 한국관광협회, 서비스 메뉴얼 1985.
- 리베라 호텔, 서울 객실·판촉 매뉴얼, 1996.
- 호텔신라, Complaint 사례집, 1982.
- 쉐라톤 워커힐, Housekeeping 메뉴얼
- 경주관광 교육원, 현관 객실관리
- 관광호텔 서비스 메뉴얼, 2002.
- 호텔 뉴월드 종사원 서비스 편람
- 호텔 신라 서비스 교육 센터, 프런트 오피스.
- www.Daum.net
- Inter Continental Room Manual
- www.Naver.net

[국외문헌]

- Branson Joan C. Lennox Margaret Hotel, Hotel and Hospital Housekeeping : Edward Amold, 1983.
- Margaret M. Kappa, Chhe and Aleta Nitschke, Cha and Patrica B. Schappert, Chhe, Managing Housekeeping Operations : Educational Institute of the American Hotel & Motel Association, 1990.
- Berry. Leonard L. Communication and Control Press in the Delivery of Service Quality, Journal of Marketing, April 1988.
- Schneider Madelin and Tucker, Georgina The Professional Housekeeper : Van Nostrand Reinhold, New York, 1989.

- Carol King, Service-oriented Quality Control, The Cornel M.R.A. Quarterly, Vol, 25, No. 3., 1984.
- Sudhir Andrews, Hotel Front Office Training Manual : Tata Mcgraw-Hill Publishing Co. Ltd., New Delhi, 1982.
- Jones, Peter and Lockwood, Andre, Management of Hotel Operations, London : Cassell Educational Ltd., 1990.
- Lundberg, D.E., The Hotel & Restaurant Business N.Y. : Van Nostrand Reinhold, 1989.
- Fay Cliford T. Jr. and Associates, Managerial Accounting for Hospitality Service industries, Iowa : Williams C, Brown Company, 1974.
- Hotel English, Pergamon Institute of English(Oxford), 1982.
- Paige G. and Jane Paige, The Hotel Receptionist, ELBS 2nd ed., 1988.
- Christopher W. L. Hart, David A. Troy, Strategic Hotel/Motel Marketing, The Educational Institute of the American Hotel & Motel Association, 1986.
- David Hertzson, Hotel-Motel Marketing : Indianapolis Bobbs-Merrill Educational Publishing, 1971.
- Daniel R. Lee. A Forcast of lodging Supply and Demand : the Cornell H.R. Quarterly Vol.25 Aug. 1984.
- Mark Ozawa, Westin Executive Club Program, Seattle, July, 1991.
- Robert C. Lewis & Richard E. Chambers, Marketing Leadership in Hospitality, New York : Van Nostrand Reinhold Co. Ltd., 1989.
- Gray W.S. and Liguori S. C., Hotel and Motel Management and Operations, New Jersey : Prentice-Hall, Inc., 1980.
- Hart Christopher W. L. and David A. Troy, Strategic Hotel and Motel Marketing, East Lansing MI : Educational Institute of the American Hotel and Motel Association, 1986.
- Lattin G.W., Modern Hotel Management : W. H. Freeman and Company, 1958.

❑ 저자 약력

신형섭(申炯燮)

세종대학교 대학원 호텔.관광경영학과 석사
세종대학교 대학원 호텔관광경영학과 박사
현) 원광보건대학교 글로벌 호텔관광과 교수
인터컨티넨탈호텔 및 여행사 · 관광산업체 12여년 근무
Germany Babaria Hotel Manament School 연수 수료
Lyceum Philppines University Hospitality Management 연수 수료
Enderun Colleges Hospitality Management 연수 수료
한성대학교 경영대학원 외래강사
세종대학교 호텔관광 대학원 외래강사
경기대학교 관광대학원 박사과정 외래강사
광운대학교 컨텐츠정보 대학원 외래강사
(사)한국호텔관광학회 정책부회장
한국호텔리조트학회 부회장
한국호텔외식관광경영학회 부회장
원광여행사 상임감사
한국관광공사 호텔 등급자격 등급심사위원
한국관광공사 관광품질 인증제 평가심사위원
한국관광협회중앙회 호텔서비스사 및 국내관광안내사 면접위원
와인소믈리에 및 커피바리스타 자격 및 심사위원
조주기능사 심사위원
한국호텔경영관리사 협회 자문위원
공정문화관광 포럼 사무총장
전북 지역 문화관광 축제 평가위원
전주 TBN 교통방송 문화관광예술 시사 해설자
시사타임지 칼럼니스트
사)외식업중앙회 전북지부 전임특강강사
(사)민족통일 문화예술진흥원 부이사장
(사)마한백제 문화예술위원회 정책기획위원장
문화관광컨텐츠진흥연구원 이사장
익산문화관광포럼 대표
전라북도지사 및 문화체육관광부 장관 표창
American Hotel Motel Association CHA 총지배인 자격
와인소믈리에 커피바리스타 자격
국내관광안내사 및 호텔 서비스사 자격
투어에스코터 자격
– 호텔기업문화가 조직구조특성과 노사안정성 및 조직성과에 미치는 영향 외 30 여편
– 호스피탈리티 경영론 외 15여권

호텔 프런트 오피스 객실 실무

발행일 | 2020년 1월 31일
발행인 | 모흥숙
발행처 | 도서출판 새로미

저자 | 신형섭

주소 | 서울 용산구 한강대로 104 라길 3
전화 | 02) 523-5903~4
팩스 | 02) 2693-2437

E-mail | seromi@seromi.kr
Homepage | www.seromi.kr

ISBN | 978-89-6476-671-2
정 가 | 20,000원